사일 동안
이것만 풀면
다 합격!

한국전력공사
고졸채용 NCS

시대에듀

2025 최신판 시대에듀 사이다 모의고사
한국전력공사(한전) 고졸채용 NCS

Always **with you**

사람의 인연은 길에서 우연하게 만나거나 함께 살아가는 것만을 의미하지는 않습니다.
책을 펴내는 출판사와 그 책을 읽는 독자의 만남도 소중한 인연입니다.
시대에듀는 항상 독자의 마음을 헤아리기 위해 노력하고 있습니다. 늘 독자와 함께하겠습니다.

앞선 정보 제공! 도서 업데이트

언제, 왜 업데이트될까?

도서의 학습 효율을 높이기 위해 자료를 추가로 제공할 때!
공기업 · 대기업 필기시험에 변동사항 발생 시 정보 공유를 위해!
공기업 · 대기업 채용 및 시험 관련 중요 이슈가 생겼을 때!

01 시대에듀 도서
www.sdedu.co.kr/book
홈페이지 접속

02 상단 카테고리
「도서업데이트」
클릭

03 해당
기업명으로
검색

참고자료, 시험 개정사항 등 정보 제공으로 학습효율을 높여 드립니다.

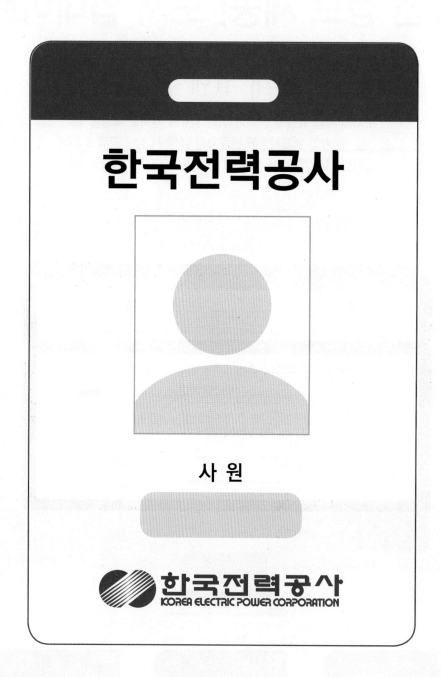

머리말 PREFACE

미래 에너지산업을 이끌 글로벌 기업으로 도약하기 위해 노력하는 한국전력공사는 2025년에 고졸 채용형인턴을 채용할 예정이다. 한국전력공사 고졸채용의 채용절차는 「지원서 접수 ➜ 1차 전형(필기시험) ➜ 자기소개서 제출 ➜ 2차 전형(직무면접) ➜ 3차 전형(종합면접) ➜ 건강검진 및 신원조사 ➜ 합격」 순서로 진행된다. 필기시험은 직무능력검사로 진행되는데, 의사소통능력, 수리능력, 문제해결능력을 공통으로 평가하고, 자원관리능력, 정보능력, 기술능력을 직렬별로 평가한다. 또한, 필기시험 고득점자 순으로 채용예정인원의 8배수에게 2차 전형 응시 기회가 주어지므로 다양한 유형에 대한 폭넓은 학습과 문제풀이능력을 높이는 등 철저한 준비가 필요하다.

한국전력공사 고졸채용 필기시험 합격을 위해 시대에듀에서는 한국전력공사 고졸채용 판매량 1위의 출간 경험을 토대로 다음과 같은 특징을 가진 도서를 출간하였다.

도서의 특징

❶ 합격으로 이끌 가이드를 통한 채용 흐름 확인!
   • 한국전력공사 소개와 최신 시험 분석을 수록하여 채용 흐름을 파악하는 데 도움이 될 수 있도록 하였다.

❷ 기출응용 모의고사를 통한 완벽한 실전 대비!
   • 철저한 분석을 통해 실제 유형과 유사한 기출응용 모의고사를 4회분 수록하여 시험 직전 4일 동안 자신의 실력을 점검할 수 있도록 하였다.

❸ 다양한 콘텐츠로 최종 합격까지!
   • 온라인 모의고사를 무료로 제공하여 필기시험에 대비할 수 있도록 하였다.
   • 모바일 OMR 답안채점/성적분석 서비스를 통해 자동으로 점수를 채점하고 확인할 수 있도록 하였다.

끝으로 본 도서를 통해 한국전력공사 고졸채용을 준비하는 모든 수험생 여러분이 합격의 기쁨을 누리기를 진심으로 기원한다.

SDC(Sidae Data Center) 씀

한국전력공사 기업분석 INTRODUCE

◇ **미션**

> 전력수급 안정으로 국민경제 발전에 이바지

◇ **비전**

> **Global Energy & Solution Leader**

◇ **핵심가치**

도전혁신	개방형 혁신을 통한 시너지 창출, 급변하는 환경에서 새로운 기회를 포착할 수 있는 변화에 대한 적응력 확보
고객감동	고객에게 최고의 서비스 제공을 위한 고객중심 경영 실천, 소비자선택권 확대를 위한 의욕적이고 열정적인 업무 추진
미래성장	글로벌 전력산업 트렌드에 선제적 대응, 혁신적인 에너지기술 및 신사업모델 개발을 통해 지속 가능한 미래 창출
기술선도	기술력과 전문성 강화를 통해 모든 분야에서 세계 최고수준 지향하며, 전력산업의 새로운 기준을 제시
상생소통	다양한 이해관계자와의 열린 소통과 협업 중시, 에너지 생태계 발전과 성장을 촉진하는 분권과 포용의 자세 견지

◇ **중장기(2025~2029년) 경영목표**

전방위 경영혁신 추진을 통한 **지속가능한 경영기반 확립**	▶	• 차질 없는 자구노력 이행 통한 재무구조 개선 • 합리적인 전력시장 제도 개선 및 요금체계 마련 • 내부역량 강화를 위한 조직 · 인력 효율화 • 디지털 · 모바일 기반 일하는 방식 혁신
국민편익 극대화를 위한 **본원사업 역량 강화**	▶	• 국민 핵심 전력망 적기 구축 • 전력설비 운영 및 인프라 효율화 • 고객 중심의 서비스 플랫폼 · 제도 혁신 • 에너지 안보를 위한 수요관리 강화
글로벌 에너지 시장 선점을 통한 **미래 전력산업 新성장동력 확보**	▶	• 핵심 에너지신기술 개발 확대 • 플랫폼 기반 에너지 신사업 활성화 주도 • 원전 · 청정에너지 중심 글로벌 시장 적극 확장 • 질서 있는 재생에너지 확산 선도
에너지산업 생태계 주도를 위한 **ESG 기반의 책임경영 고도화**	▶	• 상생 생태계 조성으로 동반성장 견인 • 안전 최우선의 경영 패러다임 정착 • 국민에게 신뢰받는 윤리준법경영 확립 • 기후위기 대응을 위한 ESG경영 확산

◇ **인재상**

통섭형 인재
융합적 사고를 바탕으로 Multi-specialist를 넘어 오케스트라 지휘자 같이 조직 역량의 시너지를 극대화하는 인재

기업가형 인재
회사에 대한 무한한 책임과 주인의식을 가지고 개인의 이익보다는 회사를 먼저 생각하는 인재

Global Pioneer

가치창조형 인재
현재 가치에 안주하지 않고, 글로벌 마인드에 기반한 날카로운 통찰력과 혁신적인 아이디어로 새로운 미래가치를 충족해 내는 인재

도전적 인재
뜨거운 열정과 창의적 사고를 바탕으로 실패와 좌절을 두려워하지 않고 지속적으로 새로운 도전과 모험을 감행하는 역동적 인재

신입 채용 안내 INFORMATION

◇ 지원자격

❶ 연령 : 제한 없음[단, 공사 정년(만 60세) 미만의 최종학력이 '고등학교 졸업'인 자]

- 고교 졸업(예정)자 지원 가능
- 전문대, 대학 재학 중인 경우 지원 가능하나, 졸업예정자는 지원 불가
  - 졸업예정자 : 최종학기를 이수(등록)한 자
  - 인턴근무 시작일 전 최종학기를 이수(등록)하는 자는 합격 제외

❷ 학력 · 전공(자격증)

- 사무 : 제한 없음
- 배전 · 송변전 : 아래 두 가지 중 한 가지 이상 조건 충족 시 지원 가능
  - 전기 기능사 + 해당분야 2년 이상 경력 보유자 또는 산업기사(전기, 전기공사) 이상 자격증 보유자
  - 졸업(예정)자 중 '전기 기능사' 자격증 보유자

❸ 병역 : 병역법 제76조에서 정한 병역의무 불이행 사실이 없는 자

❹ 한국전력공사 인사관리규정 제11조 신규채용자의 결격사유가 없는 자

❺ 인턴근무 시작일로부터 즉시 근무 가능한 자

◇ 필기시험&면접

구분	사무	배전 · 송변전
직무능력검사	(공통)의사소통능력, 수리능력, 문제해결능력	
	자원관리능력, 정보능력	자원관리능력, 기술능력
인성 · 인재상 · 조직적합도검사	한전 인재상 및 핵심가치, 태도, 직업윤리, 대인관계능력 등 인성 전반	
직무면접	전공지식 등 직무수행능력 평가	
종합면접	인성, 조직적합도, 청렴수준, 안전역량 등 종합평가	

❖ 위 채용 안내는 2024년 하반기 채용공고를 기준으로 작성하였으므로 세부사항은 확정된 채용공고를 확인하기 바랍니다.

2024년 하반기 기출분석 ANALYSIS

총평

한국전력공사 고졸채용의 필기시험은 피듈형으로 출제되었으며, 난이도가 비교적 높았다는 후기가 많았다. 특히, 수리능력에서 복잡한 계산을 요구하는 문제가 많았고, 정보능력에서 생소한 단어가 나왔다는 평이 있었다. 따라서 출제 특징을 바탕으로 꼼꼼하고 확실한 학습이 필요해 보인다.

◇ 영역별 출제 비중

구분	출제 특징	출제 키워드
의사소통능력	• 한전 관련 문제가 출제됨 • 맞춤법 문제가 출제됨	• 견고, 인하, 인지 등
수리능력	• 응용 수리 문제가 출제됨 • 그래프 문제가 출제됨	• 원가, 확률, 증감률 등
문제해결능력	• 명제 추론 문제가 출제됨 • 법 조항 문제가 출제됨	• 논리, 체류 기간, 문제해결절차 등
자원관리능력	• 모듈형 문제가 출제됨	• 예산, 날짜, 자원관리과정 등
정보능력	• 엑셀 함수 문제가 출제됨 • 모듈형 문제가 출제됨	• 정보화 시대, 1차 자료, 코드 등
기술능력	• 모듈형 문제가 출제됨	• 기술 등

주요 공기업 적중 문제 TEST CHECK

한국전력공사

문장 삽입 ▶ 유형

06 다음 중 빈칸에 들어갈 문장으로 가장 적절한 것은?

> 사회가 변하면 사람들은 새로운 생활에 맞는 새로운 언어를 필요로 하게 된다. 그 언어가 자연스럽게 육성되기를 기다릴 수도 있지만, 사람들은 대개 외국으로부터 그러한 개념의 언어를 빌려오려고 한다. 돈이나 기술을 빌리는 것에 비하면 언어는 대가 없이 빌려 쓸 수 있으므로 대개는 제한 없이 외래어를 빌린다. 특히 _____ 광복 이후 우리 사회에서 외래어가 넘쳐나는 것은 그간 우리나라의 고도성장과 절대 무관하지 않다.

① 외래어의 증가는 사회의 팽창과 함께 진행된다.
② 새로운 언어는 사회의 변화를 선도하기도 한다.
③ 외래어가 증가하면 범람한다는 비판을 받게 된다.
④ 새로운 언어는 인간의 욕망을 적절히 표현해 준다.
⑤ 새로운 언어는 필연적으로 외국의 개념을 빌릴 수밖에 없다.

한국가스기술공사

참 / 거짓 ▶ 유형

07 이번 학기에 4개의 강좌 A ~ D가 새로 개설되는데, 강사 갑 ~ 무 중 4명이 한 강좌씩 맡으려 한다. 배정 결과를 궁금해 하는 5명은 다음 〈조건〉과 같이 예측했다. 배정 결과를 보니 갑 ~ 무의 진술 중 한 명의 진술만이 거짓이고 나머지는 참임이 드러났을 때, 다음 중 바르게 추론한 것은?

> **조건**
> 갑 : 을이 A강좌를 담당하고 병은 강좌를 담당하지 않을 것이다.
> 을 : 병이 B강좌를 담당할 것이다.
> 병 : 정은 D강좌가 아닌 다른 강좌를 담당할 것이다.
> 정 : 무가 D강좌를 담당할 것이다.
> 무 : 을의 말은 거짓일 것이다.

① 갑은 A강좌를 담당한다.
② 을은 C강좌를 담당한다.
③ 병은 강좌를 담당하지 않는다.
④ 정은 D강좌를 담당한다.
⑤ 무는 B강좌를 담당한다.

한국중부발전

불량 ▶ 키워드

03 자동차 부품을 생산하는 H사는 반자동과 자동 생산라인을 하나씩 보유하고 있다. 최근 일본의 자동차 회사와 수출계약을 체결하여 자동차 부품 34,500개를 납품하였다. 다음 H사의 생산조건을 고려할 때, 일본에 납품할 부품을 생산하는 데 소요된 시간은 얼마인가?

〈자동차 부품 생산조건〉
- 반자동라인은 4시간에 300개의 부품을 생산하며, 그중 20%는 불량품이다.
- 자동라인은 3시간에 400개의 부품을 생산하며, 그중 10%는 불량품이다.
- 반자동라인은 8시간마다 2시간씩 생산을 중단한다.
- 자동라인은 9시간마다 3시간씩 생산을 중단한다.
- 불량 부품은 생산 후 폐기하고 정상인 부품만 납품한다.

① 230시간
② 240시간
③ 250시간
④ 260시간

한국에너지공단

글의 주제 ▶ 유형

01 다음 글의 주제로 가장 적절한 것은?

우리는 주변에서 신호등 음성 안내기, 휠체어 리프트, 점자 블록 등의 장애인 편의 시설을 많이 볼 수 있다. 우리는 이러한 편의 시설을 장애인들이 지니고 있는 국민으로서의 기본 권리를 인정한 것이라는 시각에서 바라보고 있다. 물론, 장애인의 일상생활 보장이라는 측면에서 이 시각은 당연한 것이다. 하지만 또 다른 시각이 필요하다. 그것은 바로 편의 시설이 장애인만을 위한 것이 아니라 일상생활에서 활동에 불편을 겪는 모두를 위한 것이라는 시각이다. 편리하고 안전한 시설은 장애인뿐만 아니라 우리 모두에게 유용하기 때문이다. 예를 들어, 건물의 출입구에 설치되어 있는 경사로는 장애인들의 휠체어만 다닐 수 있도록 설치해 놓은 것이 아니라, 몸이 불편해서 계단을 오르내릴 수 없는 노인이나 유모차를 끌고 다니는 사람들도 편하게 다닐 수 있도록 만들어 놓은 시설이다. 결국 이 경사로는 우리 모두에게 유용한 시설인 것이다.
그런 의미에서 근래에 대두되고 있는 '보편적 디자인', 즉 '유니버설 디자인(Universal Design)'이라는 개념은 우리에게 좋은 시사점을 제공해 준다. 보편적 디자인은 가능한 모든 사람이 이용할 수 있도록 제품, 건물, 공간을 디자인한다는 의미를 가지고 있다. 이러한 시각으로 바라본다면 장애인 편의 시설은 우리 모두에게 편리하고 안전한 시설로 인식될 것이다.

① 우리 주변에서는 장애인 편의 시설을 많이 볼 수 있다.
② 보편적 디자인은 근래에 대두되고 있는 중요한 개념이다.
③ 어떤 집단의 사람들이라도 이용할 수 있는 제품을 만들어야 한다.
④ 보편적 디자인이라는 관점에서 장애인 편의 시설을 바라볼 필요가 있다.
⑤ 장애인들의 기본 권리를 보장하기 위해 장애인 편의 시설을 확충해야 한다.

학습플랜 STUDY PLAN

1일 차 학습플랜   1일 차 기출응용 모의고사

_____월 _____일		
의사소통능력	수리능력	문제해결능력

자원관리능력	정보능력 / 기술능력

2일 차 학습플랜   2일 차 기출응용 모의고사

_____월 _____일		
의사소통능력	수리능력	문제해결능력

자원관리능력	정보능력 / 기술능력

3일 차 학습플랜 · 3일 차 기출응용 모의고사

_____월 _____일		
의사소통능력	수리능력	문제해결능력

자원관리능력	정보능력 / 기술능력

4일 차 학습플랜 · 4일 차 기출응용 모의고사

_____월 _____일		
의사소통능력	수리능력	문제해결능력

자원관리능력	정보능력 / 기술능력

취약영역 분석 WEAK POINT

1일 차 취약영역 분석

시작 시간	:	종료 시간	:
풀이 개수	개	못 푼 개수	개
맞힌 개수	개	틀린 개수	개
취약영역 / 유형			
2일 차 대비 개선점			

2일 차 취약영역 분석

시작 시간	:	종료 시간	:
풀이 개수	개	못 푼 개수	개
맞힌 개수	개	틀린 개수	개
취약영역 / 유형			
3일 차 대비 개선점			

3일 차 취약영역 분석

시작 시간	:	종료 시간	:
풀이 개수	개	못 푼 개수	개
맞힌 개수	개	틀린 개수	개
취약영역 / 유형			
4일 차 대비 개선점			

4일 차 취약영역 분석

시작 시간	:	종료 시간	:
풀이 개수	개	못 푼 개수	개
맞힌 개수	개	틀린 개수	개
취약영역 / 유형			
시험일 대비 개선점			

2025.02.11.(화)

한국전력공사, 전력망 적기건설을 위한 조직개편 단행

한국전력공사(이하 한전)는 11일 재생에너지 확대와 첨단 전략산업의 안정적 전력공급을 위한 국가기간 전력망 적기 확충의 중요성이 커지는 가운데 전력계통본부 산하에 '전력망 입지처'를 신설해 본격 출범했다고 밝혔다. 전력망 확충사업은 전체 사업기간의 60% 이상이 입지선정과 인허가에 소요되며 이때부터 지역주민을 비롯한 지자체, 지방의회와의 소통이 시작되기 때문에 입지선정이 전력망 사업의 성패를 좌우하는 매우 중요한 단계다.

한전은 지난 2023년 5월 제10차 설비계획에서 기존 전력망 대비 송전선로 약 60%, 변전소 약 40%를 추가 보강하는 대규모 전력망 확충계획을 발표한 바 있다. 제10차 설비계획의 신규 전력망 사업 대부분은 태양광과 해상풍력 등 재생에너지 잠재량이 큰 지역의 잉여 전력을 수요가 풍부한 수도권으로 수송하기 위한 국가기간 전력망으로 지역 간 전력연계를 위한 전력망 경과지역을 중심으로 입지선정 갈등이 확산 되고 있는 상황이다.

한전 사장은 "에너지 전환과 국가 경제의 버팀목이 되어줄 첨단 전략산업의 활성화에 필수적인 국가기간 전력망 적기 확충을 위해 전사의 모든 역량을 집중할 계획"이라고 강조했다.

Keyword

▶ 전력망 입지처 : 전원개발촉진법 개정으로 시행되고 있는 입지선정위원회 운영 절차를 고도화해 전력망 입지선정의 객관성과 투명성을 제고하는 역할을 할 것으로 기대되며, 지자체와 지방의회는 물론 시민·사회단체를 중심으로 확산되고 있는 전력망 입지선정 갈등 현장을 직접 발로 뛰면서 사업 초기단계부터 이해관계자와의 소통을 강화할 예정이다.

예상 면접 질문

▶ 전략망 입지처에 대해 아는 대로 설명해 보시오.
▶ 전략망 입지선정 갈등을 해결하기 위한 방안에 대해 말해 보시오.

한국전력공사, 제2의 창사 NEW 비전 선포

한국전력공사(이하 한전)가 10일 한전 본사 비전 홀에서 한전 사장, 노조위원장, 본사 · 지역본부 임직원 등이 참석한 가운데 2025년 NEW 비전 선포식을 개최했다.

최근 글로벌 에너지 시장이 급변하고 있고 재무위기 상황은 지속되고 있어, AI와 데이터센터 등에 따른 전력수요 급증과 신재생에너지 확대로 전력계통의 불확실성 또한 날로 증가하고 있다.

이에 한전은 'Global Energy&Solution Leader'를 NEW 비전으로 선포해 한전 임직원 모두가 한마음 한 뜻으로 위기를 극복하고, 지속가능한 경영체계를 구축해 국가 미래성장에 기여하는 명실상부한 글로벌 에너지리더로 도약할 것을 다짐했다. 또한, NEW 비전을 실현하고자 향후 10년간의 로드맵을 담아 4대 전략방향을 설정하고 2035 중 · 장기 전략을 수립했다.

한전 사장은 "새로운 비전 달성을 위한 여정을 시작했으며, 국민편익을 제고하고 에너지생태계 혁신성장 견인을 위해 전 직원이 합심해 총력을 다하겠다."라고 강조했다.

Keyword

▶ Global Energy&Solution Leader : 한전의 2025년 새로운 비전으로, 미래를 향한 강력한 선언으로 전력산업의 리더로서 전력공급의 효율과 편익을 제고하고, 가치사슬 전반에 걸쳐 핵심기술 개발과 사업모델을 혁신해 국내를 넘어 세계 최고의 유틸리티 기업으로 도약하겠다는 의미이다.

예상 면접 질문

▶ 한전의 2025년 비전과 그 의미에 대해 설명해 보시오.
▶ 한전의 4대 전략방향과 2035 중 · 장기 전략에 대해 아는 대로 말해 보시오.

2025.01.09.(목)

한국전력공사, 분산에너지 활성화 위한 'DSO-MD 제주센터' 개소

한국전력공사(이하 한전)는 9일 한전 제주본부에서 'DSO-MD 제주센터'를 개소하고 본격적인 운영에 들어갔다. DSO-MD 제주센터는 분산에너지 활성화를 지원하기 위해 전력시장에 참여하는 분산에너지사업자가 보다 계획적으로 발전할 수 있도록 입찰 가능용량 등 정보를 제공해 배전망 내 전력거래를 원활하게 관리하고 촉진하기 위한 목적으로 만들었다.

한전 관계자는 "분산에너지사업자들은 전력시장에 참여해 발전 계획을 세우고, 계획에 따라 전력을 생산하는데 날씨·설비 공사·고장 등으로 인해 계획대로 전력을 생산하기 어려운 상황이 발생할 때가 있다."라며 "DSO-MD 제주센터는 분산에너지사업자들과 제어·통신설비를 연결해 사업자들의 전력시장 입찰계획을 사전에 검증해 발전이 가능한 범위를 제공하고, 사업자들이 좀 더 계획적으로 발전할 수 있도록 지원한다."라고 설명했다.

한전은 DSO-MD 제주센터와 배전망 연계형 에너지저장장치인 LG 에너지솔루션의 VPP 플랫폼을 연결해 안정적인 전력시장 참여 지원과 더불어 제주 서귀포시 표선면 배전선로의 피크부하 저감을 통한 전력망 비증설투자대안(NWAs) 효과를 분석할 예정이다.

Keyword

▸ DSO-MD : 전력시장에 참여하는 분산에너지를 배전망운영자(DSO)가 관제해 안정적으로 배전망을 관리하고 시장 활동을 지원하는 플랫폼이다.

예상 면접 질문

▸ 한전의 DSO-MD 사업에 대해 아는 대로 말해 보시오.
▸ DSO-MD 제주센터 개소로 인해 기대할 수 있는 효과에 대해 설명해 보시오.

한국전력공사,
"일상공간으로 탈바꿈하는 주민친화형 복합변전소 건설"

한국전력공사(이하 한전)가 변전소에 대한 부정적 이미지를 개선하고 주민수용성을 확보하기 위한 '미래형 변전소'의 청사진을 제시했다.

19일 한전에 따르면 향후 건설되는 변전소는 사옥과 변전소 기능을 통합하고 미관을 개선해 지역의 랜드마크가 되도록 할 예정이다. 이를 통해 전력설비 전자파에 대한 과도한 우려를 불식시키고 주민 신뢰를 강화, 전력망 적기 확충에 박차를 가할 계획이다.

변전소에 한전 직원이 상시 근무하게 되면 설비운영 효율성 제고, 전자파 불안감 해소 등의 효과를 기대할 수 있으며, 사업지연의 주요 원인인 변전소 건설반대 민원에도 예방적으로 대응할 수 있다.

이와 관련해 한전 사장은 "변전소는 전력을 공급하기 위한 필수 인프라"라며 "이제는 변전소를 근린생활시설로 보는 인식개선이 필요하다."라고 강조했다. 한전은 변전소에 대한 불필요한 민원과 갈등을 최소화하면서, 본연의 업무인 전력망 적기 건설에 최선을 다할 계획이다.

| Keyword

▶ 미래형 변전소 : 기존에는 사옥과 인근 변전소의 입지선정, 부지매입, 설계 및 시공 등을 개별 시행했으나 앞으로는 '복합변전소 심의위원회(가칭)'를 운영하고, 사옥과 변전소의 기능을 통합한 복합변전소로 건설할 계획이다. 또한, 입지선정 단계부터 지자체 및 지역주민 의견을 수렴해 변전소 부지 내에 공원, 주차장, 체육문화시설 등을 필수적으로 확보하여 주민친화형 변전소를 도입할 예정이며, 독특한 조형미로 주목받는 해외의 우수 사례를 벤치마킹하고 주민의견을 적극 수렴하여 랜드마크형 변전소 모델을 개발할 예정이다.

| 예상 면접 질문

▶ 한전에서 추진 중인 미래형 변전소에 대해 아는 대로 말해 보시오.
▶ 미래형 변전소 건설로 인해 기대할 수 있는 효과에 대해 설명해 보시오.

이 책의 차례 CONTENTS

1일 차
기출응용 모의고사

〈모의고사 안내〉
지원하시는 분야에 따라 다음 영역의 문제를 풀어 주시기 바랍니다.

사무	배전 · 송변전
|01| 공통영역(의사소통능력, 수리능력, 문제해결능력)	
|02| 자원관리능력	|02| 자원관리능력
|03| 정보능력	|04| 기술능력

1일 차 기출응용 모의고사

문항 수 : 50문항
시험시간 : 60분

| 01 | 공통영역

※ 다음 글을 읽고 이어지는 질문에 답하시오. [1~2]

우리나라의 지명은 역사적으로 많은 우여곡절을 겪으면서 변천해왔다. 그러나 자세히 관찰하면 우리나라 지명만이 갖는 특징이 있는데, 이는 우리 지명의 대부분이 지형, 기후, 정치, 군사 등에서 유래되었다는 점이다.

우리나라의 지명에는 山(산), 谷(곡), 峴(현), 川(천), 新(신), 大(대), 松(송) 등의 한자가 들어 있는 것이 많다. 이 중 山, 谷, 峴, 川 등은 산악 지형이 대부분인 한반도의 산과 골짜기를 넘는 고개, 그 사이를 굽이치는 하천을 반영한 것이다. 그런가 하면 新, 大 등은 인구 증가와 개척·간척에 따라 형성된 새로운 마을과 관련되는 지명이며, 松은 어딜 가나 흔한 나무가 소나무였으므로 이를 반영한 것이다. 그 다음으로 上(상), 內(내), 南(남), 東(동), 下(하) 등의 한자와 石(석), 岩(암), 水(수), 浦(포), 井(정), 村(촌), 長(장), 龍(용), 月(월) 등의 한자가 지명에 많이 들어 있다. 이러한 한자들은 마을의 위치나 방위를 뜻하는 것으로서, 우리 민족이 전통적으로 남(南), 동(東) 방향을 선호했다는 증거이다. 또한 큰 바위(石, 岩)가 이정표 역할을 했으며, 물(水, 井)을 중심으로 생활했다는 것을 반영하고 있다. 한편, 평지나 큰 들이 있는 곳에는 坪(평), 平(평), 野(야), 原(원) 등의 한자가 많이 쓰였는데, 가평, 청평, 양평, 부평, 수원, 철원, 남원 등이 그 예이다.

한자로 된 지명은 보통 우리말 지명의 차음(借音)과 차훈(借訓)을 따랐기 때문에 어느 정도는 원래의 뜻을 유추할 수 있었다. 그런데 우리말 지명을 한자어로 바꿀 때 잘못 바꾸면 그 의미가 매우 동떨어지게 된다. 특히 일제 강점기 때는 우리말 지명의 뜻을 제대로 몰랐던 일제에 의해 잘못 바뀐 지명이 많다. 그 사례를 들어 보면, 경기도 안산시의 고잔동은 원래 우리말로 '곶 안'이라는 뜻이었다. 우리말 의미를 제대로 살렸다면 한자 지명이 곶내(串內)나 갑내(岬內)가 되었어야 하나, 일제에 의해 고잔(古棧)으로 바뀌었다. 한편 서울의 삼각지도 이와 같은 사례에 해당한다. 이곳의 원래 지명은 새벌(억새 벌판)인데, 경기 방언으로 새뿔이라고 불렸다. 이를 새(세)를 삼(三)으로, 뿔(벌)을 각(角)으로 해석하여 삼각지로 바꾼 것이다. 이렇게 잘못 바뀐 지명은 전국에 분포되어 있다. 현재 우리가 이 '고잔(古棧)'과 '삼각지(三角地)'에서 원래의 의미를 찾아내기란 결코 쉽지 않다.

조선 시대에는 촌락의 특수한 기능이 지명에 반영되는 경우가 많았는데, 특히 교통 및 방어와 관련된 촌락이 그러하였다. 하천 교통이 발달한 곳에는 도진취락(渡津聚落)이 발달했는데, 이러한 촌락의 지명에는 ~도(渡), ~진(津), ~포(浦) 등의 한자가 들어간다. 한편, 주요 역로를 따라서는 역원취락(驛院聚落)이 발달했다. 역은 공문서의 전달과 관리의 내왕(來往), 관물(官物)의 수송 등을 주로 담당했고, 원은 관리나 일반 여행자에게 숙박 편의를 제공했다. 따라서 역(驛)~, ~원(院) 등의 한자가 들어가는 지명은 _____ 곳이다.

해방 후 국토 공간의 변화에 따라 지명에도 큰 변화가 있었다. 국토 개발에 따라 새로운 지명이 생겨났는가 하면, 고유의 지명이 소멸하거나 변질하기도 했다. 서울의 경우 인구 증가로 인해 새로운 동(洞)이 만들어지면서 공항동, 본동과 같은 낯선 지명이 생겨났다. 반면에 굴레방다리, 말죽거리, 장승배기, 모래내, 뚝섬과 같은 고유 지명은 행정 구역 명칭으로 채택되지 않은 채 잊혀 가고 있다.

01 다음 중 윗글의 내용을 잘못 이해하고 있는 사람은?

① A : 서울 율현동(栗峴洞)의 지명은 마을이 위치한 고개 지형에서 유래되었군.

② B : 강원도의 원주시(原州市)는 주로 넓은 평지로 이루어져 있겠군.

③ C : 서울의 삼각지(三角紙)는 뿔 모양의 지형에서 유래된 지명이군.

④ D : 서울의 노량진동(露梁津洞)은 조선 시대 하천 교통의 요지였겠군.

⑤ E : 서울 공항동(空港洞) 지명의 역사는 안산 고잔동(古棧洞) 지명의 역사보다 짧겠군.

02 다음 중 윗글의 빈칸에 들어갈 내용으로 가장 적절한 것은?

① 과거에 경치가 뛰어났던

② 과거에 상공업이 발달했던

③ 과거에 왕이 자주 행차했던

④ 과거에 육상 교통이 발달했던

⑤ 과거에 해상 교통이 발달했던

03 다음은 지적 및 공간정보 용어해설집의 일부 내용이다. 밑줄 친 ㉠~㉤의 수정 방안으로 가장 적절한 것은?

지적공부	지적공부라 함은 토지대장·지적도·임야대장·임야도 및 수치지적부로서 내무부령이 ㉠ <u>정하는 바에 의하여</u> 작성된 대장 및 도면과 전산 정보처리조직에 의하여 처리할 수 있는 형태로 작성된 파일(이하 지적 파일이라 한다)을 말한다.
지적측량	토지에 대한 물권이 미치는 한계를 ㉡ <u>밝히기 위한</u> 측량으로서 토지를 지적공부에 ㉢ <u>등록하거나</u> 지적공부에 등록된 경계를 지표상에 복원할 목적으로 소관청이 직권 또는 이해관계인의 신청에 의하여 각 필지의 경계 또는 좌표와 면적을 정하는 측량을 말하며 기초측량과 세부측량으로 구분한다. 지적법의 지적측량이라 함은 토지를 지적공부에 등록하거나 지적공부에 등록된 경계를 지표상에 복원할 목적으로 소관청이 직권 또는 이해관계인의 신청에 의하여 각 필지의 경계 또는 좌표와 면적을 정하는 측량을 말한다로 규정되어 있다.
지목	지목이라 함은 토지의 주된 사용 목적 또는 용도에 따라 토지의 종류를 구분·표시하는 명칭을 말한다.
지목변경	지목변경이라 함은 지적공부에 등록된 지목을 다른 지목으로 바꾸어 등록하는 것을 말한다.
지번설정지역	지번설정지역이라 함은 리·동 또는 이에 준하는 지역으로서 지번을 설정하는 단위 지역을 말한다.
필지	필지라 함은 하나의 지번이 ㉣ <u>붙는</u> 토지의 등록단위를 말한다.
분할	분할이라 함은 지적공부에 등록된 1필지를 2필지 이상으로 나누어 등록하는 것을 말한다.
소관청	소관청이라 함은 지적공부를 ㉤ <u>관리하는</u> 시장(구를 두는 시에 있어서는 구청장을 말한다)·군수를 말한다.

① ㉠ : 띄어쓰기가 잘못되었으므로 '정하는바에 의하여'로 수정한다.

② ㉡ : 문맥상 의미에 따라 '밝히기 위한'으로 수정한다.

③ ㉢ : 띄어쓰기가 잘못되었으므로 '등록 하거나'로 수정한다.

④ ㉣ : 문맥상 의미에 따라 '붇는'으로 수정한다.

⑤ ㉤ : 맥락상 적절한 단어인 '컨트롤하는'으로 수정한다.

04 다음 중 밑줄 친 부분과 같은 의미로 쓰인 것은?

> 아이의 잘못된 습관은 부모가 바로 <u>잡아야</u> 한다.

① 경찰이 도망간 범인을 <u>잡았다</u>.
② 새로운 세력이 주도권을 <u>잡았다</u>.
③ 탐정이 미해결 사건의 단서를 <u>잡았다</u>.
④ 은행에서는 집을 담보로 <u>잡고</u> 돈을 빌려준다.
⑤ 그는 다시 마음을 <u>잡고</u> 부지런하게 살기로 다짐했다.

05 다음 중 〈보기〉의 문장이 들어갈 위치로 가장 적절한 곳은?

글을 잘 짓는 사람은 병법을 잘 알고 있는 것이로다. 글자는 말하자면 군사요, 뜻은 말하자면 장수에 해당한다. 제목은 적국이요, 전거(典據)로 삼을 지식은 전장(戰場)의 보루(堡壘)와 같다. 글자를 묶어서 구로 만들고 구를 합해서 문장을 이루는 것은 대열을 짓고 진을 짜는 것과 같으며, 운을 가다듬어 소리를 내고 수사로써 빛을 내는 것은 북과 종을 울리고 깃발을 펄럭이는 것과 같은 것이다. (가) 전투를 잘하는 사람에게는 버릴 군사가 없고 글을 잘 짓는 사람에게는 쓰지 못할 글자가 없다. 만약에 적당한 장수만 얻는다면 괭이, 자루, 막대기만 든 농군이 날래고 사나운 군사가 될 수 있다. (나) 마찬가지로 나름대로 이치를 담고만 있다면 집안에서 나누는 일상 대화도 교과서에 실을 수 있고 아이들 노래와 속담도 훌륭한 고전의 사전에 넣을 수 있다. (다) 그러므로 글이 정교하지 못한 것이 글자의 탓은 아니다.

글 지을 줄 모르는 사람이 속으로 아무런 요량도 없이 갑자기 글 제목을 만났다고 하자. 겁결에 산 위의 풀과 나무에 지레 걸려 넘어지듯 눈앞의 붓과 먹이 다 결딴나고, 머릿속에 기억하고 외우던 문자조차 쓸모없이 흩어져서 남는 것이 없으리라. 그래서 글을 짓는 사람의 걱정은 언제나 제풀에 갈팡질팡 길을 잃고 요령(要領)을 잡지 못하는 데 있는 것이다. (라) 길을 잃어버리고 나면 한 글자도 어떻게 쓸 줄 모르는 채 더디고 까다로움만을 고되게 여기게 되고, 글의 전체 핵심을 잡지 못하면 겹겹으로 꼼꼼히 둘러싸 놓고서도 글이 허술하게 된다. (마) 한마디의 말만 가지고도 요점을 찌르며 나가면 마치 적의 아성(牙城)으로 감쪽같이 쳐들어가는 격이요, 단 한 구절의 말만 가지고도 핵심을 끌어낸다면 마치 적의 힘이 다할 때를 기다렸다가 드디어 그 진지를 함락시키는 것과 같다. 글 짓는 묘리(妙理)는 바로 이와 같아야 최상이라 할 수 있다.

보기

비유해 말하자면 아무리 맹장이라도 군대가 한 번 제 길을 잃어버릴 때에는 최후의 운명을 면치 못하며, 적의 움직임을 파악하지 못하면 아무리 물샐틈없이 포위한 때에라도 적이 빠져 도망칠 틈이 있는 것과 같다.

① (가)   ② (나)
③ (다)   ④ (라)
⑤ (마)

06 다음 문단을 논리적 순서대로 바르게 나열한 것은?

> (가) 동아시아의 문명 형성에 가장 큰 영향력을 끼친 책을 꼽을 때, 그중에『논어』가 빠질 수 없다.『논어』는 공자(B.C 551 ~ 479)가 제자와 정치인 등을 만나서 나눈 이야기를 담고 있다. 공자의 활동기간으로 따져보면『논어』는 지금으로부터 대략 2,500년 전에 쓰인 것이다. 지금의 우리는 한나절에 지구 반대편으로 날아다니고, 여름에 겨울 과일을 먹는 그야말로 공자는 상상할 수도 없는 세상에 살고 있다.
>
> (나) 2,500년 전의 공자와 그가 대화한 사람 역시 우리와 마찬가지로 '호모 사피엔스'이기 때문이다. 2,500년 전의 사람도 배고프면 먹고, 졸리면 자고, 좋은 일이 있으면 기뻐하고, 나쁜 일이 있으면 화를 내는 오늘날의 사람과 다름없었다. 불의를 보면 공분하고, 전쟁보다 평화가 지속되기를 바라고, 예술을 보고 들으며 즐거워했는데, 오늘날의 사람도 마찬가지이다.
>
> (다) 물론 2,500년의 시간으로 인해 달라진 점도 많고 시대와 문화에 따라 '사람다움이 무엇인가?'에 대한 답은 다를 수 있지만 사람은 돌도 아니고 개도 아니고 사자도 아니라 여전히 사람일 뿐인 것이다. 즉, 현재의 인간이 과거보다 자연의 힘에 두려워하지 않고 자연을 합리적으로 설명할 수는 있지만 인간적 약점을 극복하고 신적인 존재가 될 수는 없는 그저 인간일 뿐인 것이다.
>
> (라) 『논어』의 일부는 여성과 아동, 이민족에 대한 당시의 편견을 드러내고 있어 이처럼 달라진 시대의 흐름에 따라 폐기될 수밖에 없지만 이를 제외한 부분은 '오래된 미래'로서 읽을 가치가 있는 것이다.
>
> (마) 이론의 생명 주기가 짧은 학문의 경우 2,500년 전의 책은 역사적 가치가 있을지언정 이론으로서는 폐기 처분이 당연시된다. 그런데 왜 21세기의 우리가 2,500년 전의『논어』를 지금까지도 읽고, 또 읽어야 할 책으로 간주하고 있는 것일까?

① (가) – (마) – (나) – (다) – (라)
② (가) – (마) – (나) – (라) – (다)
③ (가) – (마) – (다) – (나) – (라)
④ (나) – (다) – (가) – (마) – (라)
⑤ (마) – (가) – (나) – (다) – (라)

07 다음 글의 빈칸에 들어갈 내용으로 가장 적절한 것은?

최근 경제・시사 분야에서 빈번하게 등장하는 단어인 탄소배출권(CER; Certified Emission Reduction)에 대한 개념을 이해하기 위해서는 교토메커니즘(Kyoto Mechanism)과 탄소배출권거래제(Emission Trading)를 알아둘 필요가 있다.

교토메커니즘은 지구 온난화의 규제 및 방지를 위한 국제 협약인 기후변화협약의 수정안인 교토 의정서에서 온실가스를 보다 효과적이고 경제적으로 줄이기 위해 도입한 세 유연성체제인 '공동이행제도', '청정개발체제', '탄소배출권거래제'를 묶어 부르는 것이다.

이 중 탄소배출권거래제는 교토의정서 6대 온실가스인 이산화탄소, 메테인, 아산화질소, 과불화탄소, 수소불화탄소, 육불화황의 배출량을 줄여야 하는 감축의무국가가 의무감축량을 초과 달성하였을 경우에 그 초과분을 다른 국가와 거래할 수 있는 제도로, _____

결국 탄소배출권이란 현금화가 가능한 일종의 자산이자 가시적인 자연보호성과인 셈이며, 이에 따라 많은 국가 및 기업에서 탄소배출을 줄임과 동시에 탄소감축활동을 통해 탄소배출권을 획득하기 위해 동분서주하고 있다. 특히 기업들은 탄소배출권을 확보하는 주요 수단인 청정개발체제 사업을 확대하는 추세인데, 청정개발체제 사업은 개발도상국에 기술과 자본을 투자해 탄소배출량을 줄였을 경우에 이를 탄소배출량 감축목표달성에 활용할 수 있도록 한 제도이다.

① 다른 국가를 도왔을 때 그로 인해 줄어든 탄소배출량을 감축목표량에 더할 수 있는 것이 특징이다.
② 교토메커니즘의 세 유연성체제 중에서도 가장 핵심이 되는 제도라고 할 수 있다.
③ 6대 온실가스 중에서도 특히 이산화탄소를 줄이기 위해 만들어진 제도이다.
④ 의무감축량을 준수하지 못한 경우에도 다른 국가로부터 감축량을 구입할 수 있는 것이 특징이다.
⑤ 다른 감축의무국가를 도움으로써 획득한 탄소배출권이 사용되는 배경이 되는 제도이다.

08 다음 글에 나타난 의사소통의 저해요인으로 가장 적절한 것은?

'말하지 않아도 알아요.'라는 TV 광고 음악에 많은 사람이 공감했던 것과 같이 과거 우리 사회에서는 자신의 의견을 직접적으로 드러내지 않는 것을 미덕이라고 생각했다. 하지만 직접 말하지 않아도 상대가 눈치껏 판단하고 행동해 주길 바라는 '눈치' 문화가 오히려 의사소통 과정에서의 불신과 오해를 낳는다.

① 의사소통 기법의 미숙
② 부족한 표현 능력
③ 평가적이며 판단적인 태도
④ 선입견과 고정관념
⑤ 폐쇄적인 의사소통 분위기

09 다음 중 밑줄 친 ⊙의 주장으로 가장 적절한 것은?

> 문화가 발전하려면 저작자의 권리 보호와 저작물의 공정 이용이 균형을 이루어야 한다. 저작물의 공정 이용이란 저작권자의 권리를 일부 제한하여 저작권자의 허락이 없어도 저작물을 자유롭게 이용하는 것을 말한다. 비영리적인 사적 복제를 허용하는 것이 그 예이다. 우리나라의 저작권법에서는 오래전부터 공정 이용으로 볼 수 있는 저작권 제한 규정을 두었다.
>
> 그런데 디지털 환경에서 저작물의 공정 이용은 여러 장애에 부딪혔다. 디지털 환경에서는 저작물을 원본과 동일하게 복제할 수 있고 용이하게 개작할 수 있다. 따라서 저작물이 개작되더라도 그것이 원래 창작물인지 이차적 저작물인지 알기 어렵다. 그 결과 디지털화된 저작물의 이용 행위가 공정 이용의 범주에 드는 것인지 가늠하기가 더 어려워졌고 그에 따른 처벌 위험도 커졌다.
>
> 이러한 문제를 해소하기 위한 시도의 하나로 포괄적으로 적용할 수 있는 '저작물의 정한 이용' 규정이 저작권법에 별도로 신설되었다. 그리하여 저작권자의 동의가 없어도 저작물을 공정하게 이용할 수 있는 영역이 확장되었다. 그러나 공정 이용 여부에 대한 시비가 자율적으로 해소되지 않으면 예나 지금이나 법적인 절차를 밟아 갈등을 해소해야 한다.
>
> 저작물 이용자들이 처벌에 대한 불안감을 여전히 느낀다는 점에서 저작물의 자유 이용 허락 제도와 같은 '저작물의 공유' 캠페인이 주목을 받고 있다. 이 캠페인은 저작권자들이 자신의 저작물에 일정한 이용 허락 조건을 표시해서 이용자들에게 무료로 개방하는 것을 말한다. 캠페인 참여자들은 저작권자와 이용자들의 자발적인 참여를 통해 자유롭게 활용할 수 있는 저작물의 양과 범위를 확대하려고 노력한다. 이들은 저작물의 공유가 확산되면 디지털 저작물의 이용이 활성화되고 그 결과 인터넷이 더욱 창의적이고 풍성한 정보 교류의 장이 될 것이라고 본다. 그러나 캠페인에 참여한 저작물을 이용할 때 허용된 범위를 벗어난 경우 법적 책임을 질 수 있다.
>
> 한편, ⊙다른 시각을 가진 사람들도 있다. 이들은 저작물의 공유 캠페인이 확산되면 저작물을 창조하려는 사람들의 동기가 크게 감소할 것이라고 우려한다. 이들은 결과적으로 활용 가능한 저작물이 줄어들게 되어 이용자들도 피해를 당하게 된다고 주장한다. 디지털 환경에서는 사용료 지불 절차 등이 간단해져서 '저작물의 공정한 이용' 규정을 별도로 신설할 필요가 없었다고 본다. 이들은 저작물의 공유 캠페인과 신설된 공정 이용 규정으로 인해 저작권자들의 정당한 권리가 침해받고 있으므로 이를 시정하는 것이 오히려 공익에 더 도움이 된다고 말한다.

① 이용 허락 조건을 저작물에 표시하면 창작 활동이 더욱 활성화된다.

② 저작권자의 정당한 권리 보호를 위해 저작물의 공유 캠페인이 확산되어야 한다.

③ 비영리적인 경우 저작권자의 동의가 없어도 복제가 허용되는 영역을 확대해야 한다.

④ 저작권자가 자신들의 노력에 상응하는 대가를 정당하게 받을수록 창작 의욕이 더 커진다.

⑤ 자신의 저작물을 자유롭게 이용하도록 양보하는 것은 다른 저작권자의 저작권 개방을 유도하여 공익을 확장시킨다.

10 다음 기사의 제목으로 가장 적절한 것은?

> 정부는 '미세먼지 저감 및 관리에 관한 특별법(이하 미세먼지 특별법)' 제정·공포안이 의결돼 내년 2월부터 시행된다고 밝혔다. 미세먼지 특별법은 그동안 수도권 공공·행정기관을 대상으로 시범·시행한 '고농도 미세먼지 비상저감조치'의 법적 근거를 마련했다. 이로 인해 미세먼지 관련 정보와 통계의 신뢰도를 높이기 위해 국가미세먼지 정보센터를 설치하게 되고, 이에 따라 시·도지사는 미세먼지 농도가 비상저감조치 요건에 해당하면 자동차 운행을 제한하거나 대기오염물질 배출시설의 가동시간을 변경할 수 있다. 또한 비상저감조치를 시행할 때 관련 기관이나 사업자에 휴업, 탄력적 근무제도 등을 권고할 수 있게 되었다. 이와 함께 환경부 장관은 관계 중앙행정기관이나 지방자치단체의 장, 시설운영자에게 대기오염물질 배출시설의 가동률 조정을 요청할 수도 있다.
>
> 미세먼지 특별법으로 시·도지사, 시장, 군수, 구청장은 어린이나 노인 등이 이용하는 시설이 많은 지역을 '미세먼지 집중관리구역'으로 지정해 미세먼지 저감사업을 확대할 수 있게 되었다. 그리고 집중관리구역 내에서는 대기오염 상시측정망 설치, 어린이 통학차량의 친환경차 전환, 학교 공기정화시설 설치, 수목 식재, 공원 조성 등을 위한 지원이 우선적으로 이뤄지게 된다.
>
> 국무총리 소속의 '미세먼지 특별대책위원회'와 이를 지원하기 위한 '미세먼지 개선기획단'도 설치된다. 국무총리와 대통령이 지명한 민간위원장은 위원회의 공동위원장을 맡는다. 위원회와 기획단의 존속 기간은 5년으로 설정했으며, 연장하려면 만료되기 1년 전에 그 실적을 평가해 국회에 보고하게 된다.
>
> 아울러 정부는 5년마다 미세먼지 저감 및 관리를 위한 종합계획을 수립하고 시·도지사는 이에 따른 시행계획을 수립하고 추진실적을 매년 보고하도록 했다. 또한 미세먼지 특별법은 입자의 지름이 $10\mu m$ 이하인 먼지는 '미세먼지', $2.5\mu m$ 이하인 먼지는 '초미세먼지'로 구분하기로 확정했다.

① 미세먼지와 초미세먼지 구분 방법

② 미세먼지 특별대책위원회의 역할

③ 미세먼지 집중관리구역 지정 방안

④ 미세먼지 저감을 위한 대기오염 상시측정망의 효과

⑤ 미세먼지 특별법의 제정과 시행

11 다음은 K국의 연도별 부패인식지수(CPI) 변동 추이에 대한 자료이다. 이에 대한 설명으로 옳지 않은 것은?

〈연도별 부패인식지수(CPI) 변동 추이〉

구분		2018년	2019년	2020년	2021년	2022년	2023년	2024년
CPI	점수(점)	4.5	5.0	5.1	5.1	5.6	5.5	5.4
	조사대상국(개국)	146	159	163	180	180	180	178
	순위(위)	47	40	42	43	40	39	39
	백분율(%)	32.3	25.2	25.8	23.9	22.2	21.6	21.9
OECD	회원국(개국)	30	30	30	30	30	30	30
	순위(위)	24	22	23	25	22	22	22

※ 점수가 높을수록 청렴함을 의미함

① CPI를 확인해 볼 때 K국은 다른 해에 비해 2022년에 가장 청렴했다고 볼 수 있다.

② CPI 순위는 2023년에 처음으로 30위권에 진입했다.

③ 청렴도가 가장 낮은 해와 2024년의 청렴도 점수의 차이는 0.9점이다.

④ K국의 OECD 순위는 2018년부터 2024년까지 상위권이라 볼 수 있다.

⑤ CPI 조사대상국은 2021년까지 증가하고 이후 2023년까지 유지되었다.

12 다음은 어느 도표에 대한 설명이다. 이에 해당하는 도표는?

• 원 그래프의 일종으로 거미줄 그래프라고도 한다.
• 비교하는 수량을 지름 또는 반지름으로 나누어 원의 중심에서 거리에 따라 각 수량의 관계를 나타낸다.
• 주로 계절별 매출액 등의 변동을 비교하거나 경과 등을 나타낼 때 사용된다.

① 막대 그래프
② 방사형 그래프
③ 선 그래프
④ 층별 그래프
⑤ 점 그래프

13 농도 5%의 소금물 600g을 1분 동안 가열하면 10g의 물이 증발한다. 이 소금물을 10분 동안 가열한 후, 다시 소금물 200g을 넣었더니 농도 10%의 소금물 700g이 되었다. 이때 더 넣은 소금물 200g의 농도는 얼마인가?(단, 용액의 농도와 관계없이 가열하는 시간과 증발하는 물의 양은 비례한다)

① 13%
② 15%
③ 17%
④ 20%
⑤ 23%

14 20층 건물에서 각 층의 기압을 측정하려고 한다. 1층의 계기판기압에 표시된 값은 200kPa이며, 한 층씩 높아질 때마다 0.2kPa의 기압이 떨어진다고 할 때, 16층의 기압은 얼마인가?

① 184kPa
② 187kPa
③ 194kPa
④ 197kPa
⑤ 200kPa

15 새로운 원유의 정제비율을 조사하기 위해 상압증류탑을 축소한 Pilot Plant에 새로운 원유를 투입해 사전분석 실험을 시행했다. 다음 결과를 토대로 할 때 아스팔트는 최초 투입한 원유의 양 대비 몇 % 생산되는가?

〈사전분석 실험 결과〉	
생산제품	생산량
LPG	투입한 원유량의 5%
휘발유	LPG를 생산하고 남은 원유량의 20%
등유	휘발유를 생산하고 남은 원유량의 50%
경유	등유를 생산하고 남은 원유량의 10%
아스팔트	경유를 생산하고 남은 원유량의 4%

① 1.168%
② 1.368%
③ 1.568%
④ 1.768%
⑤ 1.968%

16 다음은 중학생의 주당 운동시간 현황을 조사한 자료이다. 이에 대한 설명으로 옳은 것을 〈보기〉에서 모두 고르면?

〈중학생의 주당 운동시간 현황〉

(단위 : %, 명)

구분		남학생			여학생		
		1학년	2학년	3학년	1학년	2학년	3학년
1시간 미만	비율	10.0	5.7	7.6	18.8	19.2	25.1
	인원수	118	66	87	221	217	281
1시간 이상 2시간 미만	비율	22.2	20.4	19.7	26.6	31.3	29.3
	인원수	261	235	224	312	353	328
2시간 이상 3시간 미만	비율	21.8	20.9	24.1	20.7	18.0	21.6
	인원수	256	241	274	243	203	242
3시간 이상 4시간 미만	비율	34.8	34.0	23.4	30.0	27.3	14.0
	인원수	409	392	266	353	308	157
4시간 이상	비율	11.2	19.0	25.2	3.9	4.2	10.0
	인원수	132	219	287	46	47	112
합계	비율	100.0	100.0	100.0	100.0	100.0	100.0
	인원수	1,176	1,153	1,138	1,175	1,128	1,120

보기

㉠ 1시간 미만 운동하는 3학년 남학생 수는 4시간 이상 운동하는 1학년 여학생 수보다 많다.
㉡ 동일 학년의 남학생과 여학생을 비교하면 모든 학년에서 남학생 중 1시간 미만 운동하는 남학생의 비율이 여학생 중 1시간 미만 운동하는 여학생의 비율보다 낮다.
㉢ 남학생과 여학생 각각 학년이 높아질수록 3시간 이상 운동하는 학생의 비율이 낮아진다.
㉣ 모든 학년별 남학생과 여학생 각각에서 3시간 이상 4시간 미만 운동하는 학생의 비율이 4시간 이상 운동하는 학생의 비율보다 높다.

① ㉠, ㉡
② ㉠, ㉣
③ ㉡, ㉢
④ ㉢, ㉣
⑤ ㉠, ㉡, ㉢

※ 다음은 K카페에서 커피 종류별 하루 평균 판매량 비율과 한 잔당 가격을 나타낸 그래프이다. 이어지는 질문에 답하시오. [17~18]

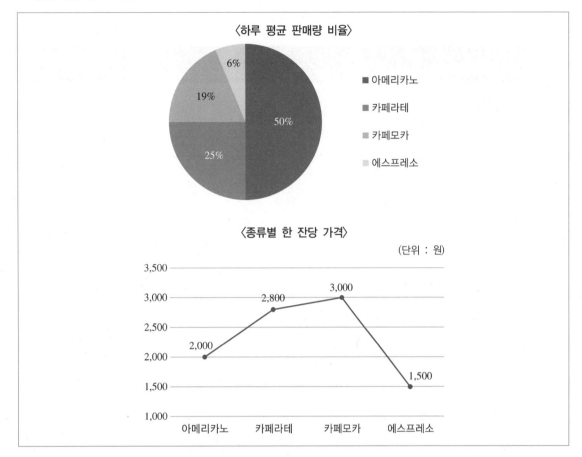

17 K카페가 하루 평균 200잔의 커피를 판매한다고 할 때, 카페라테는 에스프레소보다 하루에 몇 잔이 더 팔리는가?

① 38잔   ② 40잔
③ 41잔   ④ 42잔
⑤ 45잔

18 K카페에서 오늘 총 180잔을 팔았다고 할 때, 아메리카노의 오늘 매출은 얼마인가?(단, 매출량은 하루 평균 판매량 비율을 따른다)

① 150,000원   ② 165,000원
③ 180,000원   ④ 200,000원
⑤ 205,000원

19 다음은 세계 총에너지 소비실적 및 수요 전망에 대한 자료이다. 이에 대한 설명으로 옳지 않은 것은?

〈세계 총에너지 소비실적 및 수요 전망〉

(단위 : Moe)

구분	소비실적		수요 전망					2024 ~ 2045년 연평균 증감률(%)
	2000년	2024년	2025년	2030년	2035년	2040년	2045년	
OECD	4,522	5,251	5,436	5,423	5,392	5,399	5,413	0.1
미국	1,915	2,136	2,256	2,233	2,197	2,192	2,190	0.1
유럽	1,630	1,769	1,762	1,738	1,717	1,704	1,697	−0.1
일본	439	452	447	440	434	429	422	−0.2
Non − OECD	4,059	7,760	9,151	10,031	10,883	11,656	12,371	1.7
러시아	880	741	730	748	770	798	819	0.4
아시아	1,588	4,551	5,551	6,115	6,653	7,118	7,527	1.8
중국	879	2,909	3,512	3,802	4,019	4,145	4,185	1.3
인도	317	788	1,004	1,170	1,364	1,559	1,757	2.9
중동	211	680	800	899	992	1,070	1,153	1.9
아프리카	391	739	897	994	1,095	1,203	1,322	2.1
중남미	331	611	709	784	857	926	985	1.7
합계	8,782	13,361	14,978	15,871	16,720	17,529	18,293	1.1

① 2024년 아시아 에너지 소비실적은 2000년의 3배 이상이다.

② Non − OECD 국가의 에너지 수요 전망은 2025 ~ 2045년 연평균 1.7%씩 증가한다.

③ 2000년 전체 소비실적에서 중국과 인도의 에너지 소비실적 합의 비중은 13% 이상이다.

④ 중남미의 소비실적과 수요 전망은 모두 증가하고 있다.

⑤ OECD 국가의 수요 전망은 2040년부터 증가 추세로 돌아선다.

20 나영이와 현지가 집에서 공원을 향해 분당 150m의 속력으로 걸어가고 있다. 30분 정도 걸었을 때, 나영이가 지갑을 집에 두고 온 것을 기억하여 분당 300m의 속력으로 집에 갔다가 같은 속력으로 다시 공원을 향해 걸어간다고 한다. 현지는 그 속력 그대로 20분 뒤에 공원에 도착했을 때, 나영이는 현지가 공원에 도착하고 몇 분 후에 공원에 도착할 수 있는가?(단, 집에서 공원까지의 거리는 직선이고, 이동시간 외 다른 소요시간은 무시한다)

① 20분　　　　　　　　　　② 25분

③ 30분　　　　　　　　　　④ 35분

⑤ 40분

21 K회사의 마케팅 부서 직원 A ~ H가 〈조건〉에 따라 원탁에 앉아서 회의를 하려고 한다. 다음 중 항상 참인 것은?(단, 서로 이웃해 있는 직원 간의 사이는 모두 동일하다)

조건
- A와 C는 가장 멀리 떨어져 있다.
- A 옆에는 G가 앉는다.
- B와 F는 서로 마주보고 있다.
- D는 E 옆에 앉는다.
- H는 B 옆에 앉지 않는다.

① 가능한 모든 경우의 수는 4가지이다.
② A와 B 사이에는 항상 누군가 앉아 있다.
③ C 옆에는 항상 E가 있다.
④ E와 G는 항상 마주 본다.
⑤ G의 오른쪽 옆에는 항상 H가 있다.

22 A ~ D는 다음 〈조건〉에 따라 동물을 키우고 있다. 이를 토대로 추론한 내용으로 옳은 것은?

조건
- A는 개, C는 고양이, D는 닭을 키운다.
- B는 토끼를 키우지 않는다.
- A가 키우는 종류의 동물은 B도 키운다.
- A와 C는 같은 종류의 동물을 키우지 않는다.
- A, B, C, D 각각은 2종류 이상의 동물을 키운다.
- A, B, C, D는 개, 고양이, 토끼, 닭 이외의 다른 종류의 동물은 키우지 않는다.

① B는 개를 키우지 않는다.
② B와 C가 공통으로 키우는 종류의 동물이 있다.
③ C는 키우지 않지만 D가 키우는 종류의 동물이 있다.
④ 3명이 공통으로 키우는 종류의 동물은 없다.
⑤ 3가지 종류의 동물을 키우는 사람은 없다.

※ 유통업체인 K사는 유통대상의 정보에 따라 12자리로 구성된 분류코드를 부여하여 관리하고 있다. 이어지는 질문에 답하시오. **[23~24]**

〈분류코드 생성 방법〉

- 분류코드는 한 개 상품당 하나가 부과된다.
- 분류코드는 '발송코드 – 배송코드 – 보관코드 – 운송코드 – 서비스코드'가 순서대로 연속된 12자리 숫자로 구성되어 있다.
- 발송지역

발송지역	발송코드	발송지역	발송코드	발송지역	발송코드
수도권	a1	강원	a2	경상	b1
전라	b2	충청	c4	제주	t1
기타	k9	–	–	–	–

※ 수도권은 서울, 경기, 인천 지역임

- 배송지역

배송지역	배송코드	배송지역	배송코드	배송지역	배송코드
서울	011	인천	012	강원	021
경기	103	충남	022	충북	203
경남	240	경북	304	전남	350
전북	038	제주	040	광주	042
대구	051	부산	053	울산	062
대전	071	세종	708	기타	009

- 보관구분

보관품목	보관코드	보관품목	보관코드	보관품목	보관코드
냉동	FZ	냉장	RF	파손주의	FG
고가품	HP	일반	GN	–	–

- 운송수단

운송수단	운송코드	운송수단	운송코드	운송수단	운송코드
5톤 트럭	105	15톤 트럭	115	30톤 트럭	130
항공 운송	247	열차 수송	383	기타	473

- 서비스 종류

배송서비스	서비스코드	배송서비스	서비스코드	배송서비스	서비스코드
당일 배송	01	지정일 배송	02	일반 배송	10

23 다음 중 분류코드에서 알 수 있는 정보가 아닌 것은?

c4304HP11501

① 해당 제품은 충청지역에서 발송되어 경북지역으로 배송되는 제품이다.
② 냉장보관이 필요한 제품이다.
③ 15톤 트럭에 의해 배송될 제품이다.
④ 당일 배송 서비스가 적용된 제품이다.
⑤ 해당 제품은 고가품이다.

24 다음 정보를 토대로 할 때 제품 A에 적용될 분류코드는?

〈정보〉

• 제품 A는 K업체가 7월 5일에 경기도에서 울산지역에 위치한 구매자에게 발송한 제품이다.
• 수산품인 만큼 냉동 보관이 필요하며, 발송자는 택배 도착일을 7월 7일로 지정하였다.
• 제품 A는 5톤 트럭을 이용해 배송된다.

① k9062RF10510
② a1062FZ10502
③ a1062FZ11502
④ a1103FZ10501
⑤ a1102FZ10502

25 A대리는 K도시의 해안지역에 설치할 발전기를 검토 중이다. 설치 환경 및 요건에 대한 정보가 다음과 같을 때, 후보 발전기 중 설치될 발전기로 옳은 것은?

〈발전기 설치 환경 및 요건〉

- 발전기는 동일한 종류를 2기 설치한다.
- 발전기를 설치할 대지는 1,500m²이다.
- 에너지 발전단가가 1,000kWh당 97,500원을 초과하지 않도록 한다.
- 후보 발전기 중 탄소배출량이 가장 많은 발전기는 제외한다.
- 운송수단 및 운송비를 고려하여, 개당 중량은 3톤을 초과하지 않도록 한다.

〈후보 발전기〉

발전기 종류	발전방식	발전단가	탄소배출량	필요면적	중량
A	수력	92원/kWh	45g/kWh	690m²	3,600kg
B	화력	75원/kWh	91g/kWh	580m²	1,250kg
C	화력	105원/kWh	88g/kWh	450m²	1,600kg
D	풍력	95원/kWh	14g/kWh	800m²	2,800kg
E	풍력	80원/kWh	22g/kWh	720m²	2,140kg

① A발전기   ② B발전기
③ C발전기   ④ D발전기
⑤ E발전기

26 경영학과에 재학 중인 A ~ E는 계절학기 시간표에 따라 요일별로 하나의 강의만 수강한다. 전공 수업을 신청한 C는 D보다 앞선 요일에 수강하고, E는 교양 수업을 신청한 A보다 나중에 수강한다고 할 때, 다음 중 항상 참이 되는 것은?

월	화	수	목	금
전공1	전공2	교양1	교양2	교양3

① A가 수요일에 강의를 듣는다면 E는 교양2 강의를 듣는다.
② B가 전공 수업을 듣는다면 C는 화요일에 강의를 듣는다.
③ C가 화요일에 강의를 듣는다면 E는 교양3 강의를 듣는다.
④ D는 반드시 전공 수업을 듣는다.
⑤ E는 반드시 교양 수업을 듣는다.

27 면접시험에서 차례대로 면접을 본 응시자들 중 다음 〈조건〉에 따라 평가 점수가 가장 높은 6명이 합격할 때, 합격자를 점수가 높은 순서대로 바르게 나열한 것은?(단, 동점인 경우 먼저 면접을 진행한 응시자를 우선으로 한다)

> **조건**
> • 면접관 5명이 부여한 점수 중 최고점과 최저점을 제외한 나머지 면접관 3명이 부여한 점수의 평균과 보훈 가점의 합으로 평가한다.
> • 최고점과 최저점이 1개 이상일 때는 1명의 점수만 제외한다.
> • 소수점 셋째 자리에서 반올림한다.

〈지원자 면접 점수〉

(단위 : 점)

구분	면접관 1	면접관 2	면접관 3	면접관 4	면접관 5	보훈 가점
A	80	85	70	75	90	−
B	75	90	85	75	100	5
C	70	95	85	85	85	−
D	75	80	90	85	80	−
E	80	90	95	100	85	5
F	85	75	95	90	80	−
G	80	75	95	90	95	10
H	90	80	80	85	100	−
I	70	80	80	75	85	5
J	85	80	100	75	85	−
K	85	100	70	75	75	5
L	75	90	70	100	70	−

① D − A − F − L − H − I

② E − G − B − C − F − H

③ G − A − B − F − E − L

④ G − A − C − F − E − L

⑤ G − E − B − C − F − H

28 다음 (가) ~ (다)의 문제해결 방법을 바르게 연결한 것은?

> (가) 상이한 문화적 토양을 가지고 있는 구성원을 가정하고, 서로의 생각을 직설적으로 주장하고 논쟁이나 협상을 통해 서로의 의견을 조정해 가는 방법이다. 이때 논리, 즉 사실과 원칙에 근거한 토론이 중심적 역할을 한다.
>
> (나) 깊이 있는 커뮤니케이션을 통해 서로의 문제점을 이해하고 공감함으로써 창조적인 문제해결을 도모한다. 초기에 생각하지 못했던 창조적인 해결 방법이 도출되고, 동시에 구성원의 동기와 팀워크가 강화된다.
>
> (다) 조직구성원들을 같은 문화적 토양을 가지고 이심전심으로 서로를 이해하는 상황으로 가정한다. 무언가를 시사하거나 암시를 통하여 의사를 전달하고 기분을 서로 통하게 함으로써 문제해결을 도모하려고 한다.

	(가)	(나)	(다)
①	퍼실리테이션	하드 어프로치	소프트 어프로치
②	소프트 어프로치	하드 어프로치	퍼실리테이션
③	소프트 어프로치	퍼실리테이션	하드 어프로치
④	하드 어프로치	퍼실리테이션	소프트 어프로치
⑤	하드 어프로치	소프트 어프로치	퍼실리테이션

29 K대리는 사내 체육대회의 추첨에서 당첨된 직원들에게 나누어줄 경품을 선정하고 있다. 〈조건〉이 모두 참일 때, 다음 중 반드시 참인 것은?

> **조건**
> • K대리는 펜, 노트, 가습기, 머그컵, 태블릿PC, 컵받침 중 3종류의 경품을 선정한다.
> • 머그컵을 선정하면 노트는 경품에 포함하지 않는다.
> • 노트는 반드시 경품에 포함된다.
> • 태블릿PC를 선정하면 머그컵을 선정한다.
> • 태블릿PC를 선정하지 않으면 가습기는 선정되고 컵받침은 선정되지 않는다.

① 가습기는 경품으로 선정되지 않는다.
② 머그컵과 가습기 모두 경품으로 선정된다.
③ 컵받침은 경품으로 선정된다.
④ 태블릿PC는 경품으로 선정된다.
⑤ 펜은 경품으로 선정된다.

30 다음 글이 참일 때 항상 거짓인 것은?

> 갑 ～ 무는 J부서에 근무하고 있다. 이 부서에서는 K공사와의 업무 협조를 위해 지방의 네 지역으로 직원을 출장 보낼 계획을 수립하였다. 원활한 업무 수행을 위해 모든 출장은 갑 ～ 무 중 두 명 또는 세 명으로 구성된 팀 단위로 이루어진다. 네 팀이 구성되어 네 지역에 각각 한 팀씩 출장이 배정되며, 네 지역 출장 날짜는 모두 다르다. 또한 모든 직원은 최소한 한 번 출장에 참가한다. 이번 출장 업무를 총괄하는 직원은 단 한 명밖에 없으며, 그는 네 지역 모두의 출장에 참가한다. 더불어 업무 경력을 고려하여 단 한 지역의 출장에만 참가하는 것은 신입사원으로 제한한다. J부서에 근무하는 신입사원은 한 명밖에 없다. 다음 기준을 토대로 출장 계획을 수립한 결과, 을은 갑과 단둘이 가는 한 번의 출장 이외에 다른 어떤 출장도 가지 않으며, 병과 정이 함께 출장을 가는 경우는 단 한 번밖에 없다. 그리고 네 지역 가운데 광역시가 두 곳인데, 단 두 명의 직원만이 두 광역시 모두에 출장을 간다.

① 갑은 이번 출장 업무를 총괄하는 직원이다.
② 을은 광역시에 출장을 가지 않는다.
③ 병이 갑, 무와 함께 출장을 가는 지역이 있다.
④ 정은 총 세 곳에 출장을 간다.
⑤ 무가 출장을 가는 지역은 두 곳이고, 그중 한 곳은 정과 함께 간다.

※ 다음은 K공사의 1월 월간일정표이다. 이어지는 질문에 답하시오. [31~32]

〈1월 일정표〉

월요일	화요일	수요일	목요일	금요일	토요일	일요일
		1 신정	2	3	4	5 K공사 단합대회
6	7	8	9	10 수소에너지 홍보행사 (~ 1/12)	11 수소에너지 홍보행사	12 수소에너지 홍보행사
13	14	15	16 CEO 천연가스 기지 방문	17	18	19
20	21 에너지 안전 홍보행사	22	23	24 설 연휴	25 설 연휴	26 설 연휴
27 대체공휴일	28	29	30	31		

31 다음 〈조건〉을 고려할 때, 명절선물세트 홍보일로 가능한 날짜는?

조건
- 명절선물세트 홍보행사는 요일에 상관없이 진행할 수 있다.
- K공사에서는 명절선물세트를 3일간 홍보한다.
- 명절선물세트 홍보행사는 설 연휴 전에 마친다.
- 명절선물세트 홍보행사는 다른 홍보행사와 겹치지 않게 진행한다.
- 사내행사가 있는 날짜를 피해서 행사를 진행한다.

① 3 ~ 5일
② 8 ~ 10일
③ 13 ~ 15일
④ 19 ~ 21일
⑤ 28 ~ 31일

32 K공사는 1월 중에 직원 진급공고를 게시하려고 한다. 〈조건〉을 참고할 때, 공고 게시가 가능한 날짜는 언제인가?

<div class="box">

조건

- 사내행사와 홍보행사 당일 및 전날, 다음날을 제외하고 진급공고를 게시한다.
- 공휴일 및 공휴일 전날이나 다음날을 제외하고 진급공고를 게시한다.
- 명절선물세트 홍보일은 **31**번 문제에서 정한 날짜로 한다.

</div>

① 6일   ② 8일

③ 15일   ④ 23일

⑤ 28일

33 K업체에서 근무하는 P사원은 프로젝트에 필요한 모든 단위작업을 다음과 같이 네트워크로 표현하였다. 이에 대한 설명으로 옳지 않은 것은?

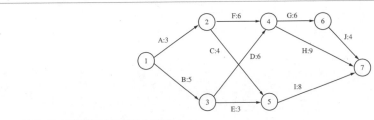

※ 화살표는 단위업무의 방향을 나타냄
※ 화살표 위의 알파벳은 단위업무 명칭이고 숫자는 소요되는 기간(단위 : 주)을 나타냄
※ 각각의 단위업무는 직전의 선행 업무가 모두 종료되기 전까지는 시작할 수 없음

① 단위작업 A와 C를 최대한 단축하더라도 전체 프로젝트 기간에는 영향을 주지 못한다.

② 이 프로젝트를 완료하는 데에는 적어도 16주가 소요된다.

③ 단위작업 D를 일주일 줄이면, 전체 프로젝트 기간이 일주일 줄어든다.

④ 이 프로젝트를 완료하는 데 드는 최소 기간은 21주이다.

⑤ 만일 사업을 일찍 끝내야 한다면, 작업 B, D, G, J 중에서 단축 비용이 가장 적게 드는 것을 선택해서 줄여야 한다.

※ K공사는 별관 신축을 위한 건설업체를 선정하고자 한다. 입찰에는 A ~ F업체가 참여하였다. 다음은 입찰기준에 따라 업체별로 20점 척도로 점수화한 자료와 업체별 비용을 나타낸 자료이다. 이어지는 질문에 답하시오. [34~35]

〈업체별 입찰기준 점수〉

입찰업체	경영평가점수	시공실적점수	친환경소재점수
A	18점	11점	15점
B	14점	15점	17점
C	17점	13점	13점
D	16점	12점	14점
E	13점	10점	17점
F	16점	14점	16점

〈업체별 비용〉

(단위 : 억 원)

A	B	C	D	E	F
16.9	17.4	17.1	12.9	14.5	15.2

34 K공사는 비용이 17억 원 이하인 업체 중, 경영평가점수와 시공실적점수의 반영비율을 1 : 2의 가중치로 합산한 값이 가장 높은 3개 업체를 1차로 선정한다. 1차 선정업체 중 친환경소재점수가 가장 높은 곳을 최종 선정한다고 할 때, 최종 선정될 업체는?

① A
② B
③ D
④ E
⑤ F

35 K공사가 외부 권고로 인해 선정방식을 변경하였다. 새로운 방식에 따르면 비용이 17억 2천만 원 이하인 업체 중 시공실적점수와 친환경소재점수의 반영비율을 3 : 2의 가중치로 합산한 값이 가장 높은 2개 업체를 1차로 선정한다. 1차 선정업체 중 입찰 비용이 가장 낮은 곳을 최종 선정한다고 할 때, 최종 선정될 업체는?

① A
② C
③ D
④ E
⑤ F

36 K회사에서는 비품을 구매할 때 다음의 비품구매 매뉴얼에 따른다. K회사의 부서별 요청 비품과 부서별 비품 현황을 고려하였을 때 구매할 비품으로 옳은 것은?

〈비품구매 매뉴얼〉

• 사용 부서의 수가 많은 비품부터 먼저 구매한다.
• 현재 부서별 재고가 없는 비품은 사용 부서 수가 많은 비품 다음으로 구매한다.
• 1회당 100,000원의 한도 내에서 최대한 구매한다.
• 비품의 가격이 다를 경우 가격이 저렴한 것으로 주문한다.
• 동일 비품 중 일부만 먼저 구매할 수 없다.

〈부서별 요청 비품〉

• 총무부 : 연필(400원/개) 5개, 수정테이프(2,000원/개) 6개, 지우개(500원/개) 3개
• 인사부 : 연필(400원/개) 10개, 수정테이프(1,500원/개) 1개
• 생산부 : 종이컵(10,000원/박스) 3박스
• 영업부 : 볼펜(2,000원/개) 1개, 메모지(800원/개) 5개, 종이컵(10,000원/박스) 5박스
• 기획부 : 볼펜(1,000원/개) 3개

〈부서별 비품 현황〉

구분	연필	볼펜	지우개	수정테이프	메모지	종이컵
총무부	6	10	0	1	3	10
인사부	0	5	5	1	2	4
생산부	3	×	3	×	2	0
영업부	×	2	×	4	1	0
기획부	4	2	5	3	2	3

※ ×는 해당 비품을 사용하지 않음을 의미함

① 지우개, 연필, 수정테이프, 종이컵
② 종이컵, 지우개, 연필, 볼펜, 수정테이프
③ 메모지, 볼펜, 종이컵, 지우개, 연필
④ 종이컵, 볼펜, 수정테이프, 메모지
⑤ 지우개, 연필, 종이컵, 메모지

37 모스크바 지사에서 일하고 있는 A대리는 밴쿠버 지사와의 업무협조를 위해 모스크바 시각으로 4월 22일 오전 10시 15분에 밴쿠버 지사로 업무협조 메일을 보냈다. 〈조건〉에 따라 밴쿠버 지사에서 가장 빨리 메일을 읽었을 때, 모스크바의 시각은?

> **조건**
> • 밴쿠버는 모스크바보다 10시간이 늦다.
> • 밴쿠버 지사의 업무시간은 오전 10시부터 오후 6시까지이다.
> • 밴쿠버 지사에서는 4월 22일 오전 10시부터 15분간 전력 점검이 있었다.

① 4월 22일 오전 10시 15분   ② 4월 23일 오전 10시 15분
③ 4월 22일 오후 8시 15분   ④ 4월 23일 오후 8시 15분
⑤ 4월 23일 오후 10시 15분

38 다음 대화 내용을 참고할 때, A팀장과 B사원이 함께 시장조사를 하러 갈 수 있는 시간대로 가장 적절한 것은?(단, 근무시간은 09:00 ~ 18:00, 점심시간은 12:00 ~ 13:00이다)

> A팀장 : B씨, 저번에 우리가 함께 진행했던 제품이 오늘 출시된다고 하네요. 시장에서 어떤 반응이 있는지 조사하러 가야 할 것 같아요.
> B사원 : 네, 팀장님. 그런데 오늘 갈 수 있을지 의문입니다. 우선 오후 4시에 사내 정기강연이 예정되어 있고 초청강사가 와서 시간관리 강의를 한다고 합니다. 아마 두 시간 정도 걸릴 것 같은데, 저는 강연 준비로 30분 정도 일찍 가야 할 것 같습니다. 그리고 부서장님께서 요청하셨던 기획안도 오늘 퇴근 전까지 제출해야 하는데, 팀장님 검토시간까지 고려하면 두 시간 정도 소요될 것 같습니다.
> A팀장 : 오늘도 역시 할 일이 참 많네요. 그래도 지금이 오전 11시니까 열심히 업무를 하면 한 시간 정도는 시장에 다녀올 수 있겠네요. 먼저 기획안부터 마무리 짓도록 합시다.
> B사원 : 네, 알겠습니다. 팀장님, 오늘 점심은 된장찌개 괜찮으시죠? 바쁘니까 예약해 두겠습니다.

① 11:00 ~ 12:00   ② 13:00 ~ 14:00
③ 14:00 ~ 15:00   ④ 15:00 ~ 16:00
⑤ 17:00 ~ 18:00

39 자동차 회사에서 기계설비를 담당하는 A는 12월 주말근무표 초안을 작성하였고, 이를 토대로 대체근무자를 미리 반영하려고 한다. 다음 중 A가 배정한 인원으로 옳지 않은 것은?

- 주말근무 규정
  ① 1 ~ 3팀은 순차적으로 주말근무를 실시한다.
  ② 주말근무 후에는 차주 월요일(토요일 근무자) 및 화요일(일요일 근무자)을 휴무일로 한다.
  ③ 주말 이틀 연속 근무는 금한다.
  ④ 주말근무 예정자가 개인사정으로 인하여 근무가 어렵다면 해당 주 휴무이거나 혹은 근무가 없는 팀의 일원 1명과 대체한다.

- 12월 주말 근무표

구분	1주 차		2주 차		3주 차		4주 차	
	5일(토)	6일(일)	12일(토)	13일(일)	19일(토)	20일(일)	26일(토)	27일(일)
근무자	1팀	2팀	3팀	1팀	2팀	3팀	1팀	2팀

- 기계설비팀 명단
  1팀 : 강단해(팀장), 마징가, 차도선, 이방원, 황이성, 강의찬
  2팀 : 사차원(팀장), 박정훈, 이도균, 김선우, 정선동, 박아천
  3팀 : 마강수(팀장), 이정래, 하선오, 이광수, 김동수, 김대호

	휴무예정일자	휴무예정자	사유	대체근무자	대체근무일
①	12/5(토)	차도선	가족여행	하선오	12/12(토)
②	12/12(토)	이정래	지인 결혼식	박정훈	12/27(일)
③	12/19(토)	이도균	건강검진	이방원	12/13(일)
④	12/20(일)	이광수	가족여행	강의찬	12/26(토)
⑤	12/27(일)	박아천	개인사정	김대호	12/12(토)

40 다음은 K국의 치과의원 노인외래진료비 본인부담제도의 안내문이다. 〈보기〉를 토대로 A ~ E씨의 본인부담 금의 합을 바르게 구한 것은?

〈K국 치과의원 노인외래진료비 본인부담제도 안내〉

2025년 1월부터 만 65세 이상 치과의원 노인외래진료비 본인부담제도가 개선됩니다.
- 대상 : 만 65세 이상 치과의원 외래진료 시
- 본인부담금 안내 : 총진료비가 1만 5천 원 이하인 경우는 1,500원
  일정금액 초과 시 총진료비의 10 ~ 30% 부담

구분	진료비 구간	본인부담금 현행	본인부담금 개선
치과의원	1만 5천 원 이하	1,500원	1,500원
	1만 5천 원 초과 2만 원 이하	30%	10%
	2만 원 초과 2만 5천 원 이하		20%
	2만 5천 원 초과		30%

보기

구분	진료비	진료 날짜
A씨	17,000원	2023년 6월
B씨	13,500원	2024년 3월
C씨	23,000원	2025년 2월
D씨	24,000원	2023년 10월
E씨	27,000원	2025년 5월

※ A ~ E씨는 모두 만 65세 이상임

① 18,800원
② 21,300원
③ 23,600원
④ 26,500원
⑤ 27,400원

41 다음은 K사의 일일판매내역이다. (가) 셀에 〈보기〉와 같은 함수를 입력했을 때 나타나는 값으로 옳은 것은?

	A	B	C	D
1				(가)
2				
3	제품이름	단가	수량	할인적용
4	K소스	200	5	90%
5	K아이스크림	100	3	90%
6	K맥주	150	2	90%
7	K커피	300	1	90%
8	K캔디	200	2	90%
9	K조림	100	3	90%
10	K과자	50	6	90%

보기

$$=SUMPRODUCT(B4:B10,C4:C10,D4:D10)$$

① 2,610 　　　　　　　　② 2,700

③ 2,710 　　　　　　　　④ 2,900

⑤ 2,910

42 다음 중 워크시트의 인쇄에 대한 설명으로 옳지 않은 것은?

① 워크시트의 내용 중 특정 부분만을 인쇄 영역으로 설정하여 인쇄할 수 있다.

② 인쇄하기 전에 워크시트를 미리 보려면 〈Ctrl〉+〈F2〉를 누른다.

③ 기본적으로 화면에 표시되는 열 머리글(A, B, C 등)이나 행 머리글(1, 2, 3 등)은 인쇄되지 않는다.

④ 인쇄 영역에 포함된 도형은 기본적으로 인쇄가 되지 않으므로 인쇄를 하려면 도형의 [크기 및 속성] 대화 상자에서 '개체 인쇄' 옵션을 선택해야 한다.

⑤ 워크시트의 셀 구분선을 그대로 인쇄하려면 페이지 설정 대화상자의 [시트] 탭에서 '눈금선'을 선택하면 된다.

※ 다음 중 함수식에 대한 결괏값으로 옳지 않은 것을 고르시오. [43~44]

43

	함수식	결괏값
①	=TRIM("1/4분기 수익")	1/4분기 수익
②	=SEARCH("세","세금 명세서",3)	5
③	=PROPER("republic of korea")	REPUBLIC OF KOREA
④	=LOWER("Republic of Korea")	republic of korea
⑤	=MOD(18,−4)	−2

44

	함수식	결괏값
①	=ODD(12)	13
②	=EVEN(17)	18
③	=MOD(40,−6)	−2
④	=POWER(6,3)	18
⑤	=QUOTIENT(19,6)	3

45 다음 사례에 나타난 K대학교의 문제해결을 위한 대안으로 가장 적절한 것은?

> K대학교는 현재 학생 관리 프로그램, 교수 관리 프로그램, 성적 관리 프로그램의 3개의 응용 프로그램을 갖추고 있다. 학생 관리 프로그램은 학생 정보를 저장하고 있는 파일을 이용하고, 교수 관리 프로그램은 교수 정보 파일 그리고 성적 관리 프로그램은 성적 정보 파일을 이용한다. 즉, 다음과 같이 각각의 응용 프로그램들은 개별적인 파일을 이용한다.
> 이런 경우의 파일에는 많은 정보가 중복 저장되어 있다. 그렇기 때문에 중복된 정보가 수정되면 관련된 모든 파일을 수정해야 하는 불편함이 있다. 예를 들어, 한 학생이 자퇴하게 되면 학생 정보 파일뿐만 아니라 교수 정보 파일, 성적 정보 파일도 수정해야 하는 것이다.

① 데이터베이스 구축 ② 유비쿼터스 구축
③ RFID 구축 ④ NFC 구축
⑤ 와이파이 구축

46 다음 중 보안 기능 취약 및 IP주소 부족에도 불구하고 가장 널리 사용되는 인터넷 표준 프로토콜은?

① PPP   ② TCP / IP

③ NetBEUI   ④ IPX / SPX

⑤ ICMP

47 다음은 컴퓨터 범죄 유형 중 하나에 대한 설명이다. 이 컴퓨터 범죄는 무엇인가?

> 악성코드에 감염된 사용자 PC를 조작하여 금융정보 등을 빼내는 범죄 유형으로 정상 홈페이지로 가장하여 금융정보(보안카드번호 전부) 입력을 요구하는 신종 금융사기의 주요 범행수단이다.
> ① 사용자 PC가 악성코드에 감염 → ② 정상 홈페이지에 접속하여도 가짜 사이트로 유도 → ③ 금융정보 등 탈취 → ④ 범행계좌로 이체 등

① 피싱   ② 파밍

③ 스미싱   ④ 스누핑

⑤ 스푸핑

48 다음 중 워크시트에 외부 데이터를 가져오는 기능이 아닌 것은?

① 데이터 연결 마법사   ② Microsoft Query

③ 하이퍼링크   ④ 웹

⑤ 텍스트

49 다음 시트에서 [D2:D7]과 같이 생년월일만 따로 구하려고 할 때 [D2] 셀에 들어갈 수식으로 옳은 것은?

	A	B	C	D
1	순번	이름	주민등록번호	생년월일
2	1	김현진	880821-2949324	880821
3	2	이혜지	900214-2928342	900214
4	3	김지언	880104-2124321	880104
5	4	이유미	921011-2152345	921011
6	5	박슬기	911218-2123423	911218
7	6	김혜원	920324-2143426	920324

① =RIGHT(A2,6)   ② =RIGHT(A2,C2)

③ =LEFT(C2,6)   ④ =LEFT(C2,2)

⑤ =MID(C2,5,2)

50 다음은 조직심리학 수업을 수강한 학생들의 성적이다. 최종점수는 중간시험과 기말시험의 평균점수에서 90%, 출석점수에서 10%가 반영된다. 최종점수를 높은 순으로 나열했을 때, 1 ~ 2등은 A, 3 ~ 5등은 B, 나머지는 C를 받는다. 최종점수, 등수, 등급을 엑셀의 함수기능을 이용하여 작성하려고 할 때, 필요가 없는 함수는?(단, 최종점수는 소수점 둘째 자리에서 반올림한다)

	A	B	C	D	E	F	G
1	이름	중간시험	기말시험	출석	최종점수	등수	등급
2	강하나	97	95	10	87.4	1	A
3	김지수	92	89	10	82.5	3	B
4	이지운	65	96	9	73.4	5	B
5	전이지	77	88	8	75.1	4	B
6	송지나	78	75	8	69.7	6	C
7	최진수	65	70	7	61.5	7	C
8	유민호	89	95	10	83.8	2	A

① IFS   ② AVERAGE

③ RANK   ④ ROUND

⑤ AVERAGEIFS

41 기술개발팀에서 근무하는 K씨는 차세대 로봇에 사용할 주행 알고리즘을 개발하고 있다. 주행 알고리즘과 예시를 참고하였을 때 로봇의 이동 경로로 옳은 것은?

〈주행 알고리즘〉

회전과 전진만이 가능한 로봇이 미로에서 목적지까지 길을 찾아갈 수 없을 때만 보조명령을 따른다.

• 주명령 : 현재 단위구역(cell)에서 로봇은 왼쪽, 앞쪽, 오른쪽으로 가도록 구성하였다. 미로는 4단위×4단위의 정방형 단위구역(cell) 16개로 구성되며 미로 중앙부에는 1단위 구역 크기의 도착지점이 있다. 도착지점에 이르기 전 로봇은 각 단위구역과 단위구역 사이를 이동할 때 벽의 유무를 탐지하여 벽이 없음이 감지되는 방향으로 주행한다. 로봇은 주명령을 수행하고, 이에 따라 주쪽 순으로 벽의 유무를 탐지하여 벽이 없음이 감지되는 방향의 단위구역을 과거에 주행한 기록이 없다면 해당 방향으로 한 단위구역만큼 주행한다.

• 보조명령 : 현재 단위구역에서 로봇이 왼쪽, 앞쪽, 오른쪽, 뒤쪽 순으로 벽의 유무를 탐지하여 벽이 없음이 감지되는 방향의 단위구역에 벽이 없음이 감지되는 방향과 반대 방향의 주행기록이 있을 때만, 로봇은 그 방향으로 한 단위구역만큼 주행한다.

〈예시〉

로봇이 A → B → C → B → A로 이동한다고 가정할 때, A에서 C로의 이동은 주명령에 의한 것이고 C에서 A로의 이동은 보조명령에 의한 것이다.

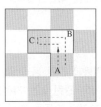

---

①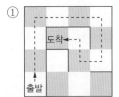

②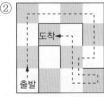

③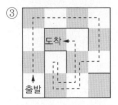

④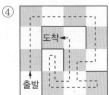

⑤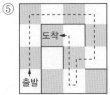

※ 다음은 K공사에서 발표한 전력수급 비상단계 발생 시 행동요령이다. 이어지는 질문에 답하시오. [42~43]

〈전력수급 비상단계 발생 시 행동요령〉

• 가정
1. 전기 냉난방기기의 사용을 중지합니다.
2. 다리미, 청소기, 세탁기 등 긴급하지 않은 모든 가전기기의 사용을 중지합니다.
3. TV, 라디오 등을 통해 신속하게 재난상황을 파악하여 대처합니다.
4. 안전, 보안 등을 위한 최소한의 조명을 제외한 실내외 조명은 모두 소등합니다.

• 사무실
1. 건물관리자는 중앙조절식 냉난방설비의 가동을 중지하거나 온도를 낮춥니다.
2. 사무실 내 냉난방설비의 가동을 중지합니다.
3. 컴퓨터, 프린터, 복사기, 냉온수기 등 긴급하지 않은 모든 사무기기 및 설비의 전원을 차단합니다.
4. 안전, 보안 등을 위한 최소한의 조명을 제외한 실내외 조명은 모두 소등합니다.

• 공장
1. 사무실 및 공장 내 냉난방기의 사용을 중지합니다.
2. 컴퓨터, 복사기 등 각종 사무기기의 전원을 일시적으로 차단합니다.
3. 꼭 필요한 경우를 제외한 사무실 조명은 모두 소등하고 공장 내부의 조명도 최소화합니다.
4. 비상발전기의 가동을 점검하고 운전 상태를 확인합니다.

• 상가
1. 냉난방설비의 가동을 중지합니다.
2. 안전·보안용을 제외한 모든 실내 조명등과 간판 등을 일시 소등합니다.
3. 식기건조기, 냉온수기 등 식재료의 부패와 관련 없는 가전제품의 가동을 중지하거나 조정합니다.
4. 자동문, 에어커튼의 사용을 중지하고 환기팬 가동을 일시 정지합니다.

---

42 다음 중 전력수급 비상단계 발생 시 행동요령에 대한 설명으로 적절하지 않은 것은?

① 가정에 있을 경우 대중매체를 통해 재난상황에 대한 정보를 파악할 수 있다.

② 사무실에 있을 경우 즉시 사용이 필요하지 않은 복사기, 컴퓨터 등의 전원을 차단하여야 한다.

③ 가정에 있을 경우 모든 실내외 조명을 소등하여야 한다.

④ 공장에 있을 경우 비상발전기 가동을 준비해야 한다.

⑤ 전력 회복을 위해 한동안 사무실의 업무가 중단될 수 있다.

43 다음 〈보기〉 중 전력수급 비상단계 발생 시 행동요령에 따른 행동으로 적절하지 않은 것을 모두 고르면?

> **보기**
> ㉠ 집에 있던 김사원은 세탁기 사용을 중지하고 실내조명을 최소화하였다.
> ㉡ 본사 전력관리실에 있던 이주임은 사내 중앙보안시스템의 전원을 즉시 차단하였다.
> ㉢ 공장에 있던 박주임은 즉시 공장 내부 조명 밝기를 최소화하였다.
> ㉣ 상가에서 횟집을 운영하는 최사장은 모든 냉동고의 전원을 차단하였다.

① ㉠, ㉡   ② ㉠, ㉢
③ ㉡, ㉢   ④ ㉡, ㉣
⑤ ㉢, ㉣

※ K공사는 직원휴게실에 휴식용 안마의자를 설치할 계획에 있으며, 안마의자 관리자는 A사원으로 지정되었다. 다음 자료를 보고 이어지는 질문에 답하시오. [44~45]

<안마의자 사용설명서>

■ 설치 시 알아두기
- 바닥이 단단하고 수평인 장소에 제품을 설치해 주세요.
- 등받이와 다리부를 조절할 경우를 대비하여 제품의 전방 50cm, 후방 10cm 이상 여유 공간을 비워 두세요.
- 바닥이 손상될 수 있으므로 제품 아래에 매트 등을 깔 것을 추천합니다.
- 직사광선에 장시간 노출되는 곳이나 난방기구 근처 등 고온의 장소는 피하여 설치해 주세요. 커버 변색 또는 변질의 원인이 됩니다.

■ 안전을 위한 주의사항

⚠ 경고 : 지시 사항을 위반할 경우 심각한 상해나 사망에 이를 가능성이 있는 경우를 나타냅니다.
ⓘ 주의 : 지시 사항을 위반할 경우 경미한 상해나 제품 손상의 가능성이 있는 경우를 나타냅니다.

ⓘ 제품 사용 시간은 1일 40분 또는 1회 20분 이내로 하고, 동일한 부위에 연속 사용은 5분 이내로 하십시오.

⚠ 제품을 사용하기 전에 등 패드를 올려서 커버와 그 외 다른 부분에 손상된 곳이 없는지 확인하고, 찢어졌거나 조그만 손상이 있으면 사용을 중단하고 서비스 센터로 연락하십시오(감전 위험).

ⓘ 엉덩이와 허벅지를 마사지할 때는 바지 주머니에 딱딱한 것을 넣은 채로 사용하지 마십시오(안전사고, 상해 위험).

⚠ 팔을 마사지할 때는 시계, 장식품 등 딱딱한 것을 몸에 지닌 채 사용하지 마십시오(부상 위험).

⚠ 등받이나 다리부를 움직일 때는 제품 외부에 사람, 애완동물, 물건 등이 없는지 확인하십시오(안전사고, 부상, 제품손상 위험).

ⓘ 제품 안쪽에 휴대폰, TV리모컨 등 물건을 빠뜨리지 않도록 주의하십시오(고장 위험).

⚠ 등받이나 다리부를 상하로 작동 시에는 움직이는 부위에 손가락을 넣지 않도록 하십시오(안전사고, 상해, 부상 위험).

⚠ 혈전증, 중도의 동맥류, 급성 정맥류, 각종 피부염, 피부 감염증 등의 질환을 가지고 있는 사람은 사용하지 마십시오.

ⓘ 고령으로 근육이 쇠약해진 사람, 요통이 있는 사람, 멀미가 심한 사람 등은 반드시 의사와 상담한 후 사용하십시오.

ⓘ 제품을 사용하면서 다른 치료기를 동시에 사용하지 마십시오.

ⓘ 사용 중에 잠들지 마십시오(상해 위험).

⚠ 난로 등의 화기 가까이에서 사용하거나 흡연을 하면서 사용하지 마십시오(화재 위험).

ⓘ 제품을 사용하는 중에 음료나 음식을 섭취하지 마십시오(고장 위험).

ⓘ 음주 후 사용하지 마십시오(부상 위험).

■ 고장 신고 전 확인 사항

제품 사용 중 아래의 증상이 나타나면 다시 한 번 확인해 주세요. 고장이 아닐 수 있습니다.

증상	원인	해결책
안마 강도가 약합니다.	안마의자에 몸을 밀착하였습니까?	안마의자에 깊숙이 들여 앉아서 몸을 등받이에 밀착시키거나 등받이를 눕혀서 사용해 보세요.
	등 패드 또는 베개 쿠션을 사용하고 있습니까?	등 패드 또는 베개 쿠션을 빼고 사용해 보세요.
	안마 강도를 조절하였습니까?	안마 강도를 조절해서 사용해 보세요.
다리부에 다리가 잘 맞지 않습니다.	다리부의 각도를 조절하였습니까?	사용자의 신체에 맞게 다리 부의 각도를 조절해 주세요. 다리올림 버튼 또는 다리내림 버튼으로 다리부의 각도를 조절할 수 있습니다.
좌우 안마 강도 또는 안마 볼 위치가 다르게 느껴집니다.		더 기분 좋은 안마를 위해 안마 볼이 좌우 교대로 작동하는 기구를 사용하고 있습니다. 좌우 안마 강도 또는 안마 볼 위치가 다르게 작동하는 경우가 있을 수 있습니다. 고장이 아니므로 안심하고 사용해 주세요.
소리가 납니다.		다음은 제품의 구조로 인해 들리는 소리입니다. 고장이 아니므로 안심하고 사용해 주세요(제품 수명 등의 영향은 없습니다). – 안마 볼 상·하 이동 시 '달그락' 거리는 소리 – 안마 작동 시 기어 모터의 소리 – 안마 볼과 커버가 스치는 소리(특히 주무르기 작동 시) – 두드리기, 물결 마사지 작동 시 '덜덜' 거리는 소리(특히 어깨에서 등으로 이동 시) – 속도 조절에 의한 소리의 차이

44 직원휴게실에 안마의자가 배송되었다. A사원은 제품설명서를 참고하여 적절한 장소에 설치하고자 한다. 다음 중 장소 선정 시 고려해야 할 사항으로 적절하지 않은 것은?

① 직사광선에 오랫동안 노출되지 않는 장소인지 확인한다.

② 근처에 난방기구가 설치된 장소인지 확인한다.

③ 전방에는 50cm 이상의 공간을 확보할 수 있고 후방을 벽면에 밀착할 수 있는 장소인지 확인한다.

④ 새로운 장소가 안마의자의 무게를 지탱할 수 있는 단단한 바닥인지 확인한다.

⑤ 바닥이 긁히거나 흠집이 날 수 있는 재질로 되어 있다면 매트 등을 까는 것을 고려한다.

45 A사원은 직원들이 안전하게 안마의자를 사용할 수 있도록 '안마의자 사용안내서'를 작성하여 안마의자 근처에 비치하고자 한다. 안내서에 있는 그림 중 '경고' 수준의 주의가 필요한 것은 '별표' 표시를 추가하여 더욱 강조되어 보이도록 할 예정이다. 다음 중 '별표' 표시를 해야 할 그림은 무엇인가?

①

②

③

④

⑤

46 다음 글을 읽고 이해한 내용으로 가장 적절한 것은?

> 최근 환경오염의 주범이었던 화학회사들이 환경 보호 정책을 표방하고 나섰다. 기업의 분위기가 변하면서 대학의 엔지니어뿐만 아니라 기업에 고용된 엔지니어들도 점차 대체기술, 환경기술, 녹색 디자인 등을 추구하는 방향으로 전환해 가고 있는 것이다.
> 또한 최근 각광받고 있는 3R의 구호[줄이고(Reduce), 재사용하고(Reuse), 재처리하자(Recycle)]는 엔지니어들로 하여금 미래 사회를 위한 자신들의 역할에 대해 방향을 제시해 주고 있다.

① 개발이라는 이름으로 행해지는 개발독재의 사례로 볼 수 있다.
② 자연과학기술에 대한 연구개발의 사례로 적절하다.
③ 균형과 조화를 위한 지속가능한 개발의 사례로 볼 수 있다.
④ 기술이나 자금을 위한 개발수입의 사례이다.
⑤ 기업의 생산능률을 위한 조직개발의 사례로 볼 수 있다.

47 다음 글을 읽고 이해한 내용으로 적절하지 않은 것은?

> 기술선택이란 기업이 어떤 기술에 대하여 외부로부터 도입하거나 그 기술을 자체 개발하여 활용할 것인가를 결정하는 것이다. 기술선택에 대한 의사결정은 크게 다음과 같이 두 가지 방법으로 볼 수 있다.
> 먼저 상향식 기술선택(Bottom Up Approach)은 기업 전체 차원에서 필요한 기술에 대한 체계적인 분석이나 검토 없이 연구자나 엔지니어들이 자율적으로 기술을 선택하도록 하는 것이다.
> 다음으로 하향식 기술선택(Top Down Approach)은 기술경영진과 기술기획담당자들에 의한 체계적인 분석을 통해 기업이 획득해야 하는 대상기술과 목표기술수준을 결정하는 것이다.

① 상향식 기술선택은 기술자들의 창의적인 아이디어를 얻기 어려운 단점을 볼 수 있다.
② 상향식 기술선택은 경쟁기업과의 경쟁에서 승리할 수 없는 기술이 선택될 수 있다.
③ 상향식 기술선택은 시장의 고객들이 요구하는 제품이나 서비스를 개발하는 데 부적합한 기술이 선택될 수 있다.
④ 하향식 기술선택은 사업전략의 성공적인 수행을 위해 필요한 기술들을 열거하고, 각각의 기술에 대한 획득의 우선순위를 결정하는 것이다.
⑤ 하향식 기술선택은 먼저 기업이 직면하고 있는 외부환경과 보유 자원에 대한 분석을 통해 중·장기적인 사업목표를 설정하는 것이다.

※ 실내 공기 관리에 대한 필요성을 느낀 K공사는 사무실에 공기청정기를 구비하기로 결정하였다. 다음 제품설명서를 보고 이어지는 질문에 답하시오. **[48~50]**

〈제품설명서〉

■ 설치 확인하기
- 직사광선이 닿지 않는 실내공간에 두십시오(제품 오작동 및 고장의 원인이 될 수 있습니다).
- TV, 라디오, 전자제품 등과 간격을 두고 설치하십시오(전자파 장애로 오작동의 원인이 됩니다).
- 단단하고 평평한 바닥에 두십시오(약하고 기울어진 바닥에 설치하면 이상 소음 및 진동이 생길 수 있습니다).
- 벽면과 10cm 이상 간격을 두고 설치하십시오(공기청정 기능을 위해 벽면과 간격을 두고 설치하는 것이 좋습니다).
- 습기가 적고 통풍이 잘되는 장소에 두십시오(감전되거나 제품에 녹이 발생할 수 있고, 제품 성능이 저하될 수 있습니다).

■ 필터 교체하기

종류	표시등	청소주기	교체주기
프리필터	–	2회/월	반영구
탈취필터	필터 교체 표시등 켜짐	–	6개월 ~ 1년
헤파필터			

- 실내의 청정한 공기 관리를 위해 교체주기에 맞게 필터를 교체해 주세요.
- 필터 교체주기는 사용 환경에 따라 차이가 날 수 있습니다.
- 냄새가 심하게 날 경우 탈취필터를 확인 및 교체해 주세요.

■ 스마트에어 서비스 등록하기
1) 앱스토어에서 '스마트에어'를 검색하여 앱을 설치합니다(안드로이드 8.0 오레오 이상 / iOS 9.0 이상의 사양에 최적화되어 있으며, 사용자의 스마트폰에 따라 일부 기능은 지원하지 않을 수 있습니다).
2) 스마트에어 서비스 앱을 실행하여 회원가입 완료 후 로그인합니다.
3) 새 기기 추가 선택 후 제품을 선택합니다.
4) 공기청정기 기기의 페어링 모드를 작동시켜 주세요(기기의 Wi-Fi 버튼과 수면모드 버튼을 동시에 눌러 주세요).
5) 기기명이 나타나면 기기를 선택해 주세요.
6) 완료 버튼을 눌러 기기등록을 완료합니다.

- 지원가능 Wi-Fi 무선공유기 사양(802.11b/f/n 2.4GHz)을 확인하세요.
- 자동 Wi-Fi 연결상태 관리 모드를 해제해 주세요.
- 스마트폰의 Wi-Fi 고급설정 모드에서 '신호 약한 Wi-Fi 끊기 항목'과 관련된 기능이 있다면 해제해 주세요.
- 스마트폰의 Wi-Fi 고급설정 모드에서 '신호 세기'와 관련된 기능이 있다면 '전체'를 체크해 주세요.
- Wi-Fi가 듀얼 밴드 공유기인 경우 〈Wi-Fi 5GHz〉가 아닌 일반 〈Wi-Fi〉를 선택해 주세요.

■ 스마트에어 서비스 이용하기
스마트에어 서비스는 스마트기기를 통해 공기청정기를 페어링하여 언제 어디서나 원하는 대로 공기를 정화할 수 있는 똑똑한 서비스입니다.

48 제품설명서를 참고하여 공기청정기를 적절한 장소에 설치하고자 한다. 다음 중 공기청정기 설치 장소로 적절하지 않은 곳은?

① 직사광선이 닿지 않는 실내
② 부드러운 매트 위
③ 벽면과 10cm 이상 간격을 확보할 수 있는 곳
④ 습기가 적고 통풍이 잘되는 곳
⑤ 사내방송용 TV와 거리가 먼 곳

49 다음 중 필터 교체와 관련하여 숙지해야 할 사항으로 가장 적절한 것은?

① 프리필터는 1개월에 2회 이상 청소해야 한다.
② 탈취필터는 6개월 주기로 교체해야 한다.
③ 헤파필터는 6개월 주기로 교체해야 한다.
④ 프리필터는 1년 주기로 교체해야 한다.
⑤ 냄새가 심하게 날 경우 탈취필터를 청소해야 한다.

50 A씨는 외근이나 퇴근 후에도 공기청정기를 사용할 수 있도록 스마트폰을 통해 스마트에어 서비스 등록을 시도하였으나, 기기 등록에 계속 실패하였다. 다음 중 기기등록을 위해 확인해야 할 사항으로 적절하지 않은 것은?

① 스마트폰이 지원 가능한 사양인지 OS 버전을 확인한다.
② 공기청정기에서 페어링 모드가 작동하고 있는지 확인한다.
③ 무선공유기가 지원 가능한 사양인지 확인한다.
④ 스마트폰의 자동 Wi-Fi 연결상태 관리 모드를 확인한다.
⑤ 스마트폰의 Wi-Fi 고급설정 모드에서 '개방형 Wi-Fi' 관련 항목을 확인한다.

합격의 공식
시대
에듀

www.sdedu.co.kr

2일 차
기출응용 모의고사

〈모의고사 안내〉

지원하시는 분야에 따라 다음 영역의 문제를 풀어 주시기 바랍니다.

사무	배전 · 송변전
┃01┃ 공통영역(의사소통능력, 수리능력, 문제해결능력)	
┃02┃ 자원관리능력	┃02┃ 자원관리능력
┃03┃ 정보능력	┃04┃ 기술능력

2일 차 기출응용 모의고사

문항 수 : 50문항
시험시간 : 60분

| 01 | 공통영역

01 다음 글의 내용으로 적절하지 않은 것은?

> 연료전지는 수소와 산소를 반응시켜 전기와 열을 생산하는 발전 유형을 뜻하며, 연료전지 발전의 연료로는 LNG(천연가스), LPG, 메탄올, 석탄가스 등이 사용된다. 연료를 통해 얻은 수소를 산소와 결합시키는 방식으로 전기를 얻는 것이다. 이 과정에서 오염물질과 소음이 거의 발생하지 않고, 다른 신재생에너지보다 폭발 위험성이 없어 도심 속에 설치할 수 있는 친환경 에너지원으로 여겨지고 있다.
>
> 지난 2024년 대대적인 정책 사업으로 연료전지 보급은 빠르게 증가하고 있다. 전력거래소에 따르면 2024년 9월 연료전지 설비용량은 44만 5,000kW로 전년 동월 대비 51.1% 증가하였다. 이는 전체 신재생에너지 증가율인 25.1%의 두 배가 넘는 수치이다. 전력거래량 역시 2023년 9월 136.3GWh에서 2024년 9월 194.4GWh로 42.6% 확대됐다.
>
> 2023년 말 준공된 동탄 연료전지 발전소는 2개 동, 3개 층으로 이루어져 있으며, 한 동에는 13개씩 모두 26개의 연료전지가 있다. 해당 연료전지는 인산형 연료전지(PAFC : 인산염을 전해질로 사용하는 연료전지)이며 설비용량은 개당 440kW씩 총 11.44MW로 수도권 2만 5,000가구에 전기를 공급할 수 있다. 동탄 연료전지 발전소를 짓는 데는 총 550억 원이 투입되었으며, 연료전지 발전소의 초기 투자비용은 열병합 발전소 대비 7배가량 비싼 편이다.
>
> 연료전지는 발전원으로 LNG를 사용하기 때문에 원자력발전소나 석탄화력발전소보다 발전단가도 상대적으로 비싼 편이다. 그나마 연료전지에 대한 REC* 가중치가 2.0으로 태양광 등의 주력 신재생에너지보다 높아 어느 정도 투자비를 보전하고 있다. REC 가중치가 높다는 것은 그만큼 비싼 값에 REC를 팔 수 있다는 의미이다.
>
> * REC(Renewable Energy Certificate) : 태양광, 수력, 풍력, 바이오매스 등 신재생에너지 발전을 통해 전기를 생산했다는 증명서. 신재생에너지 공급 의무량이 있는 발전소에 팔거나 전력거래소를 통해 매매할 수도 있음

① 연료전지는 천연가스 등에서 뽑아낸 수소를 산소와 결합시키는 방식으로 전기를 얻는다.
② 2024년 9월의 연료전지 설비용량은 2023년 9월 연료전지 설비용량의 1.5배 이상이다.
③ 2024년 9월의 연료전지 전력거래량은 전년 동월 대비 58.1GWh 증가하였다.
④ 동탄 연료전지 발전소의 투자비용은 1MW당 50억 원 이상이다.
⑤ 연료전지의 REC는 태양광 REC보다 비싸게 판매된다.

다음 글의 빈칸에 들어갈 내용을 〈보기〉에서 골라 순서대로 바르게 나열한 것은?

아파트 주거환경은 일반적으로 공동체적 연대를 약화하는 것으로 인식되어 있다. 그러나 오늘날 한국 사회의 보편화된 아파트 단지에는 도시화의 진전에 따른 공동체적 연대의 약화를 예방하거나 치유하는 집단적 노력이 존재한다. _____ 물론 아파트의 위치나 평형, 단지의 크기 등에 따라 공동체 형성의 정도가 서로 다른 것은 사실이다. _____

더 심각한 문제는 사회문화적 동질성에 입각한 아파트 근린관계가 점차 폐쇄적이고 배타적인 공동체로 변하고 있다는 것이다. 이에 대한 대책이 '소셜 믹스(Social mix)'이다. 이는 동일 지역에 다양한 계층이 더불어 살도록 함으로써 계층 간 갈등을 줄이려는 정책이다.

그러나 이 정책의 실제 효과에 대해서는 회의적 시각이 많다. 대형 아파트 주민들도 소형 아파트 주민들과 이웃이 되기를 싫어하지만, 저소득층이 대부분인 소형 아파트 주민들 역시 부자들에게 위화감을 느끼면서 굳이 같은 공간에서 살려고 하지 않기 때문이다. 그럼에도 불구하고 우리나라에서는 사회 통합적 주거환경을 규범적 가치로 인식하여, 아파트 단지 구성에 있어 대형과 소형, 분양과 임대가 공존하는 수평적 공간 통합을 지향한다. 우리 사회가 규범적으로는 부자 동네와 가난한 동네가 뚜렷이 구분되지 않는 주거환경을 지향한다는 것이다. _____

아파트를 둘러싼 계층 간의 공간 통합 혹은 공간 분리 문제를 단순히 주거환경의 문제로만 보면 근본적인 해결이 어려울 수도 있다. 지금의 한국인에게 아파트는 주거공간으로서의 의미를 넘어 부의 축적 수단이라는 의미를 담고 있기 때문이다.

보기

ⓐ 아파트 부녀회의 자원 봉사자들이 단지 내의 경로당과 공부방을 중심으로 다양한 프로그램을 운영하여 주민들 사이의 교류를 활성화한 사례
ⓑ 대규모 아파트 단지를 조성할 때 소형 및 임대 아파트를 포함해야 한다는 법령과 정책 사례
ⓒ 대형 고급 아파트 단지에서는 이웃에 누가 사는지도 잘 모르지만 중소형 서민 아파트 단지에서는 학부모 모임이 활발한 사례

① ㉠, ㉡, ㉢
② ㉠, ㉢, ㉡
③ ㉡, ㉠, ㉢
④ ㉢, ㉠, ㉡
⑤ ㉢, ㉡, ㉠

03 다음 문단을 논리적 순서대로 바르게 나열한 것은?

> (가) 하지만 막상 앱을 개발하려 할 때 부딪히는 여러 난관이 있다. 여행지나 주차장에 한 정보를 모으는 것도 문제이고, 정보를 지속적으로 갱신하는 것도 문제이다. 이런 문제 때문에 결국 아이디어를 포기하는 경우가 많다.
>
> (나) 그러나 이제는 아이디어를 포기하지 않아도 된다. 바로 공공 데이터가 있기 때문이다. 공공 데이터는 공공 기관에서 생성, 취득하여 관리하고 있는 정보 중 전자적 방식으로 처리되어 누구나 이용할 수 있도록 국민들에게 제공된 것을 말한다.
>
> (다) 현재 정부에서는 공공 데이터 포털 사이트를 개설하여 국민들이 쉽게 이용할 수 있도록 하고 있다. 공공 데이터 포털 사이트에서는 800여 개 공공 기관에서 생성한 15,000여 건의 공공 데이터를 제공하고 있으며, 제공하는 공공 데이터의 양을 꾸준히 늘리고 있다.
>
> (라) 앱을 개발하려는 사람들은 아이디어가 넘친다. 사람들이 여행 준비를 위해 많은 시간을 허비하는 것을 보면 한 번에 여행 코스를 짜 주는 앱을 만들어 보고 싶어 하고, 도심에 주차장을 못 찾아 헤매는 사람들을 보면 주차장을 쉽게 찾아 주는 앱을 만들어 보고 싶어 한다.

① (가) – (나) – (다) – (라)　　　　② (가) – (라) – (나) – (다)
③ (다) – (가) – (나) – (라)　　　　④ (라) – (가) – (나) – (다)
⑤ (라) – (나) – (다) – (가)

04 다음 대화에서 B사원의 문제점으로 가장 적절한 것은?

> A사원 : 배송 지연으로 인한 고객의 클레임을 해결하기 위해서는 일단 입고된 상품을 먼저 배송하고, 추가 배송료를 부담하더라도 나머지 상품은 입고되는 대로 다시 배송하는 방법이 나을 것 같습니다.
> B사원 : 글쎄요. A사원의 그간 업무 스타일로 보았을 때, 방금 제시한 그 처리 방법이 효율적일지 의문이 듭니다.

① 짐작하기　　　　　　　　　　② 판단하기
③ 조언하기　　　　　　　　　　④ 비위 맞추기
⑤ 대답할 말 준비하기

05 다음 글을 읽고 알 수 있는 자원의 특징으로 가장 적절한 것은?

1492년 10월 12일은 크리스토퍼 콜럼버스가 서쪽으로 가는 인도 항로를 개척하러 떠난 여정 중 신대륙, 정확히는 산살바도르섬을 발견한 날이다. 구대륙에 국한됐던 유럽인의 시야가 신대륙 아메리카로 확장된 결정적인 순간이다.

그러나 콜럼버스는 아메리카 대륙에 첫발을 내디딘 유럽인이 아닌 데다 1506년 죽을 때까지 자신이 발견한 땅을 인도로 알았다. 아메리고 베스푸치가 1507년 두 차례 항해한 끝에 그 땅이 유럽인들이 몰랐던 신대륙이라는 것을 확인했다. 그래서 신대륙은 아메리고의 이름을 따 아메리카로 불리게 됐다. 하지만 콜럼버스가 남긴 업적 하나는 분명하다. 콜럼버스의 발견 이후 유럽인의 세계관이 이전과는 완전히 달라졌다는 것이다. 동떨어져 살던 문명 간의 접촉은 다양한 교류와 교환으로 이어진다. 콜럼버스의 신대륙 발견 이후 일어난 생물과 인구의 급격한 이동을 '콜럼버스의 교환'이라고 부른다.

신대륙에서만 자라던 옥수수, 감자, 고구마, 강낭콩, 땅콩, 고추 등이 유럽으로 전해진 것을 예로 들 수 있다. 특히 감자는 유럽인의 주식 중 하나가 됐다. 감자가 유럽인의 식탁에 올라오면서 감자 의존도가 높아져 생긴 비극이 아일랜드의 '감자 대기근'이다. 1845 ~ 1852년 감자가 말라죽는 역병이 돌아 수확을 망치자 아일랜드에서 약 100만 명이 굶어 죽게 된 것이다.

구대륙에서 신대륙으로 전해진 것도 많다. 밀, 쌀, 보리, 양파, 당근, 올리브, 후추, 계피, 사과, 복숭아, 배, 그리고 바나나, 오렌지, 레몬, 키위, 커피 등은 신대륙에 없었다. '콜럼버스의 교환'이 가져온 최대 이점은 인류를 기아에서 구한 것이다.

낙타과 동물인 알파카 외에는 이렇다 할 가축이 없었던 신대륙은 콜럼버스 이후에 천혜의 가축 사육지로 떠올랐다. 구대륙의 소, 말, 돼지, 염소, 양, 닭, 토끼, 낙타 등이 신대륙으로 전파됐다. 이를 통해 원주민들은 동물 고기를 먹을 수 있을 뿐만 아니라 운송 및 이동수단으로 활용하게 됐다.

① 자원의 가치는 지역과 문화에 따라 달라진다.
② 대부분의 자원은 매장량이 한정되어 있어 사용할 수 있는 양에 한계가 있다.
③ 자원의 가치는 고정된 것이 아니라 과학 기술의 발달에 따라 달라진다.
④ 대부분의 자원은 재생 불가능한 고갈 자원으로 가채 연수가 짧다.
⑤ 자원을 이용하는 속도에 비해 자원이 생성되어 보충되는 속도가 느리다.

유전학자들의 최종 목표는 결함이 있는 유전자를 정상적인 유전자로 대체하는 것이다. 이렇게 가장 기본적인 세포 내 차원에서 유전병을 치료하는 것을 '유전자 치료'라 일컫는다. 유전자 치료를 하기 위해서는 이상이 있는 유전자를 찾아야 한다. 이를 위해 과학자들은 DNA의 특성을 이용한다.

DNA는 두 가닥이 나선형으로 꼬여 있는 이중 나선 구조로 이루어진 분자이다. 그런데 이 두 가닥에 늘어서 있는 염기들은 임의적으로 배열되어 있는 것이 아니다. 한쪽에 늘어선 염기에 따라 다른 쪽 가닥에 늘어선 염기들의 배열이 결정되는 것이다. 즉, 한쪽에 A염기가 존재하면 거기에 연결되는 반대쪽에는 반드시 T염기가, 그리고 C염기에 대응해서는 반드시 G염기가 존재하게 된다. 염기들이 짝을 지을 때 나타나는 이러한 선택적 특성을 이용하여 유전병을 일으키는 유전자를 찾아낼 수 있다.

유전자를 찾기 위해 사용하는 첫 번째 도구는 DNA 한 가닥 중 극히 일부이다. '프로브(Probe)'라 불리는 이 DNA 조각은 염색체상의 위치가 알려져 있는 이십여 개의 염기들로 이루어진다. 한 가닥으로 이루어져 있는 특성으로 인해 프로브는 자신의 염기 배열에 대응하는 다른 쪽 가닥의 DNA 부분에 가서 결합할 것이다. 대응하는 두 가닥의 DNA가 이렇게 결합하는 것을 '교잡'이라고 일컫는다. 조사 대상인 염색체로부터 추출한 많은 한 가닥의 염색체 조각들과 프로브를 섞어 놓았을 때, 프로브는 신비스러울 정도로 자신의 짝을 정확하게 찾아 교잡한다. 두 번째 도구는 '겔 전기영동'이라는 방법이다. 생물을 구성하고 있는 단백질 · 핵산 등 많은 분자들은 전하를 띠고 있어서 전기장 속에서 각 분자마다 독특하게 이동을 한다. 이러한 성질을 이용해 생물을 구성하고 있는 물질의 분자량, 각 물질의 전하량이나 형태의 차이를 이용하여 물질을 분리하는 것이 전기영동법이다. 이를 활용하여 DNA를 분리하려면 우선 DNA 조각들을 전기장에서 이동시키고, 이것을 젤라틴 판을 통과하게 함으로써 분리하면 된다.

이러한 조사 도구들을 갖추고서, 유전학자들은 유전병을 일으키는 유전자를 추적하는 데 나섰다. 유전학자들은 먼저 겔 전기영동법으로 유전병을 일으키는 유전자로 의심되는 부분과 동일한 부분에 존재하는 프로브를 건강한 사람에게서 떼어냈다. 그리고 건강한 사람에게서 떼어낸 프로브에 방사성이나 형광성을 띠게 하였다. 그 후에 유전병 환자들에게서 채취한 DNA 조각들과 함께 교잡 실험을 반복하였다. 유전병과 관련된 유전 정보가 담긴 부분의 염기 서열이 정상인과 다르므로 이 부분은 프로브와 교잡하지 않는다는 점을 이용하는 것이다. 교잡이 일어난 후 프로브가 위치하는 곳은 X선 필름을 통해 쉽게 찾아낼 수 있고, 이로써 DNA의 특정 조각은 염색체상에서 프로브와 같은 위치에 존재한다는 것을 알 수 있다.

언뜻 보기에는 대단한 진보를 이룬 것 같지 않지만, 유전자 치료는 최근 들어 공상 과학을 방불케 하는 첨단 의료 기술의 대표적인 주자로 부각되고 있다. DNA 연구 결과로 인해 우리는 지금까지 절망적이라고 여겨 온 질병들을 치료할 수 있다는 희망을 갖게 되었다.

① 유전자 추적의 도구와 방법
② 유전자의 종류와 기능
③ 유전자 치료의 의의와 한계
④ 유전자 치료의 상업적 가치
⑤ 유전 질환의 종류와 발병 원인

07 다음 문단을 논리적 순서대로 바르게 나열한 것은?

> (가) 또한 그는 현대 건축 이론 중 하나인 '도미노 이론'을 만들었는데, 도미노란 집을 뜻하는 라틴어 '도무스 (Domus)'와 혁신을 뜻하는 '이노베이션(Innovation)'을 결합한 단어다.
>
> (나) 그는 이 이론의 원칙을 통해 인간이 효율적으로 살 수 있는 집을 꾸준히 연구해 왔으며, 그가 제안한 건축방식 중 필로티와 옥상정원 등이 최근 우리나라 주택에 많이 쓰이고 있다.
>
> (다) 최소한의 철근콘크리트 기둥들이 모서리를 지지하고 평면의 한쪽에서 각 층으로 갈 수 있게 계단을 만든 개방적 구조가 이 이론의 핵심이다. 건물을 돌이나 벽돌을 쌓아 올리는 조적식 공법으로만 지었던 당시에 이와 같은 구조는 많은 이들에게 적지 않은 충격을 주었다.
>
> (라) 스위스 출신의 프랑스 건축가 르 코르뷔지에(Le Corbusier)는 근대주택의 기본형을 추구했다는 점에서 현대 건축의 거장으로 불린다. 그는 현대 건축에서의 집의 개념을 '거주 공간'에서 '더 많은 사람이 효율적으로 살 수 있는 공간'으로 바꿨다.

① (나) - (다) - (라) - (가)　　　　② (나) - (라) - (다) - (가)

③ (다) - (가) - (라) - (나)　　　　④ (라) - (가) - (다) - (나)

⑤ (라) - (나) - (가) - (다)

08 다음 중 문서이해능력에 대한 설명으로 적절하지 않은 것은?

① 문서를 이해할 때는 단순히 읽을 수 있다는 것에 그치는 것이 아니라 문서에서 전달하고자 하는 핵심 내용을 요약・정리할 수 있어야 한다.

② 자신의 업무와 관련된 문서를 읽었다면, 거기서 무엇이 자신에게 필요한 정보인지 구분할 줄 알아야 한다.

③ 자신의 업무와 관련된 문서를 읽은 후 필요하다면 그와 관련된 도표나 기호 등으로 문서를 나타낼 수 있어야 한다.

④ 문서를 볼 때는 문서에서 나타내는 정보의 출처를 파악할 수 있어야 한다.

⑤ 문서에 타인의 의견이 제시된 경우 그 의견을 이해하되 옳고 그름의 판단은 하지 않아야 한다.

09 다음 중 A ~ C의 주장에 대한 평가로 적절한 것을 〈보기〉에서 모두 고르면?

> A : 정당에 대한 충성도와 공헌도를 공직자 임용 기준으로 삼아야 한다. 이는 전쟁에서 전리품은 승자에게 속한다는 국제법의 규정에 비유할 수 있다. 즉, 주기적으로 실시되는 대통령 선거에서 승리한 정당이 공직자 임용의 권한을 가져야 한다는 것이다. 이러한 임용 방식은 공무원에 대한 정치 지도자의 지배력을 강화해 지도자가 구상한 정책 실현을 용이하게 할 수 있다.
>
> B : 공직자 임용 기준은 개인의 능력・자격・적성에 두어야 하며 공개경쟁 시험을 통해서 공무원을 선발하는 것이 좋다. 그러면 신규 채용 과정에서 공개와 경쟁의 원칙이 준수되기 때문에 정실 개입의 여지가 줄어든다. 공개경쟁 시험은 무엇보다 공직자 임용에서 기회균등을 보장하여 우수한 인재를 임용함으로써 행정의 능률을 높일 수 있고 공무원의 정치적 중립을 통하여 행정의 공정성이 확보될 수 있다는 장점이 있다. 또한 공무원의 신분보장으로 행정의 연속성과 직업적 안정성도 강화될 수 있다.
>
> C : 사회를 구성하는 모든 지역 및 계층으로부터 인구 비례에 따라 공무원을 선발하고, 그들을 정부 조직 내의 각 직급에 비례적으로 배치함으로써 정부 조직이 사회의 모든 지역과 계층에 가능한 한 공평하게 대응하도록 구성되어야 한다. 공무원들은 가치중립적인 존재가 아니다. 그들은 자신의 출신 집단의 영향을 받은 가치관과 신념을 가지고 정책 결정과 집행에 깊숙이 개입하고 있으며, 이 과정에서 자신의 견해나 가치를 반영하고자 노력한다.

보기

ㄱ. 공직자 임용의 정치적 중립성을 보장할 필요성이 대두된다면, A의 주장은 설득력을 얻는다.
ㄴ. 공직자 임용과정의 공정성을 높일 필요성이 부각된다면, B의 주장은 설득력을 얻는다.
ㄷ. 인구의 절반을 차지하는 비수도권 출신 공무원의 비율이 1/4에 그쳐 지역 편향성을 완화할 필요성이 제기된다면, C의 주장은 설득력을 얻는다.

---

① ㄱ
② ㄴ
③ ㄷ
④ ㄱ, ㄷ
⑤ ㄴ, ㄷ

10 다음 중 문서 작성의 의미와 중요성에 대한 설명으로 적절하지 않은 것은?

① 문서란 제안서, 보고서, 기획서, 편지, 메모, 공지사항 등이 문자로 구성된 것을 말한다.
② 직장인에게 있어 기획서나 보고서, 공문서 등의 문서를 작성할 수 있는 능력은 중요하다.
③ 문서 내용에는 대상・목적・시기가 포함되어야 하며, 제안서는 경우에 따라 기대효과가 포함되어야 한다.
④ 문서는 한 사안을 한 장의 용지에 작성해야 한다.
⑤ 문서를 작성할 때는 주로 한자를 사용하여 상대방이 쉽게 이해할 수 있도록 한다.

11 다음은 상수도 구역에 따라 수질 오염정도를 나타낸 자료이다. 이에 대한 설명으로 옳은 것은?

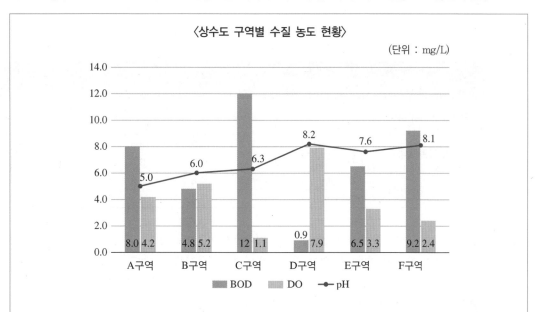

〈상수도 구역별 수질 농도 현황〉

(단위 : mg/L)

〈수질 등급 기준〉

등급	매우 좋음	좋음	약간 좋음	보통	약간 나쁨	나쁨	매우 나쁨
	1a	1b	2	3	4	5	6
DO(mg/L)	7.5 이상	5.0 이상			2.0 이상		2.0 미만
BOD(mg/L)	1 이하	2 이하	3 이하	5 이하	8 이하	10 이하	10 초과
pH	6.5 ~ 8.5				6.0 ~ 8.5		

※ DO, BOD, pH의 수치를 모두 충족하는 등급으로 결정됨
※ DO는 용존산소량, BOD는 생화학적 산소요구량을 말함

① BOD농도가 5mg/L 이하인 상수도 구역 중 3등급은 하나이다.
② pH가 가장 높은 구역의 등급은 '매우 좋음'이다.
③ 상수도 구역에서 등급이 '약간 나쁨' 또는 '나쁨'인 구역은 두 곳이다.
④ 수질 기준은 DO와 BOD의 농도가 높을수록 좋은 등급을 받는다.
⑤ pH 수치가 낮을수록 수질 등급은 '매우 좋음'에 가까워진다.

12 다음은 청소년의 경제의식에 대한 설문조사 결과이다. 이에 대한 설명으로 옳은 것은?

〈경제의식에 대한 설문조사 결과〉

(단위 : %)

설문 내용	구분	전체	성별		학교별	
			남	여	중학교	고등학교
용돈을 받는지 여부	예	84.2	82.9	85.4	87.6	80.8
	아니오	15.8	17.1	14.6	12.4	19.2
월간 용돈 금액	5만 원 미만	75.2	73.9	76.5	89.4	60
	5만 원 이상	24.8	26.1	23.5	10.6	40
금전출납부 기록 여부	기록한다.	30	22.8	35.8	31	27.5
	기록 안 한다.	70	77.2	64.2	69.0	72.5

① 용돈을 받는 남학생의 비율이 용돈을 받는 여학생의 비율보다 높다.

② 월간 용돈을 5만 원 미만으로 받는 비율은 중학생이 고등학생보다 높다.

③ 고등학생 전체 인원을 100명이라 한다면, 월간 용돈을 5만 원 이상 받는 학생은 40명이다.

④ 금전출납부는 기록하는 비율이 기록 안 하는 비율보다 높다.

⑤ 용돈을 받지 않는 중학생 비율이 용돈을 받지 않는 고등학생 비율보다 높다.

13 사원 A ~ D가 성과급을 다음 〈조건〉과 같이 나눠 가졌을 때 총성과급은 얼마인가?

> 조건
> • A는 총성과급의 3분의 1에 20만 원을 더 받았다.
> • B는 그 나머지 성과급의 2분의 1에 10만 원을 더 받았다.
> • C는 그 나머지 성과급의 3분의 1에 60만 원을 더 받았다.
> • D는 그 나머지 성과급의 2분의 1에 70만 원을 더 받았다.

① 840만 원

② 900만 원

③ 960만 원

④ 1,020만 원

⑤ 1,080만 원

14 어느 한 사람이 5지선다형 문제 2개를 풀고자 한다. 첫 번째 문제의 정답은 선택지 중 1개이지만, 두 번째 문제의 정답은 선택지 중 2개이며, 모두 맞혀야 정답으로 인정된다. 두 문제 중 하나만 맞힐 확률은?

① 18%   ② 20%

③ 26%   ④ 30%

⑤ 44%

15 다음은 2024년 우리나라의 LPCD(Liter Per Capital Day)에 대한 자료이다. 1인 1일 사용량에서 영업용 사용량이 차지하는 비중과 1인 1일 가정용 사용량의 하위 두 항목이 차지하는 비중을 순서대로 바르게 나열한 것은?(단, 소수점 셋째 자리에서 반올림한다)

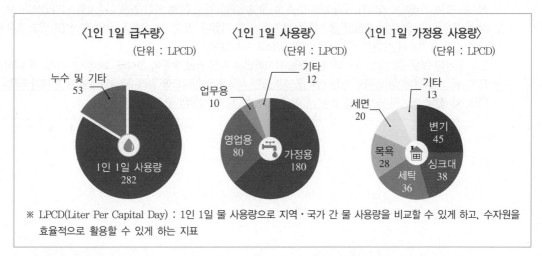

① 27.57%, 16.25%   ② 27.57%, 19.24%

③ 28.37%, 18.33%   ④ 28.37%, 19.24%

⑤ 30.56%, 20.78%

16 다음은 지역별 전력 최종에너지 소비량 변화에 대한 자료이다. 〈보기〉 중 이에 대한 설명으로 옳지 않은 것은?

〈지역별 전력 최종에너지 소비량 변화〉

구분	2014년		2024년		연평균 증가율(%)
	소비량(천 TOE)	비중(%)	소비량(천 TOE)	비중(%)	
전국	28,588	100.0	41,594	100.0	3.8
서울	3,485	12.2	3,903	9.4	1.1
부산	1,427	5.0	1,720	4.1	1.9
대구	1,063	3.7	1,286	3.1	1.9
인천	1,562	5.5	1,996	4.8	2.5
광주	534	1.9	717	1.7	3.0
대전	624	2.2	790	1.9	2.4
울산	1,793	6.3	2,605	6.3	3.8
세종	–	–	227	0.5	–
경기	5,913	20.7	9,034	21.7	4.3
강원	1,065	3.7	1,394	3.4	2.7
충북	1,244	4.4	1,974	4.7	4.7
충남	1,931	6.8	4,067	9.8	7.7
전북	1,169	4.1	1,899	4.6	5.0
전남	1,617	5.7	2,807	6.7	5.7
경북	2,852	10.0	3,866	9.3	3.1
경남	2,072	7.2	2,913	7.0	3.5
제주	238	0.8	381	0.9	4.8

보기

전력은 모든 지역에서 소비가 증가하였다. 특히 ㉠ 충청남도가 7.7%로 가장 높은 상승세를 나타냈으며, 이어서 ㉡ 전라도가 5%대의 연평균 증가율을 보이며 뒤를 이었다. 또한 ㉢ 서울과 달리 부산 및 인천 지역은 그에 비해 증가율이 상대적으로 낮은 편인 것으로 나타났다.

인구가 가장 많은 경기도는 20%대의 비중을 유지하면서 가장 높은 수준의 전력을 소비하는 지역으로 나타났으며, ㉣ 2014년에 두 번째로 많은 전력을 소비했던 서울은 충청남도에 밀려 2024년에는 세 번째가 되었다. 한편, ㉤ 전국 에너지 소비량은 10년 사이 10,000천 TOE 이상의 증가를 나타냈다.

① ㉠
② ㉡
③ ㉢
④ ㉣
⑤ ㉤

17 다음은 지역별 마약류 단속 건수에 대한 자료이다. 이에 대한 설명으로 옳은 것은?

〈지역별 마약류 단속 건수〉

(단위 : 건, %)

구분	대마	코카인	향정신성의약품	합계	비중
서울	49	18	323	390	22.1
인천 · 경기	55	24	552	631	35.8
부산	6	6	166	178	10.1
울산 · 경남	13	4	129	146	8.3
대구 · 경북	8	1	138	147	8.3
대전 · 충남	20	4	101	125	7.1
강원	13	0	35	48	2.7
전북	1	4	25	30	1.7
광주 · 전남	2	4	38	44	2.5
충북	0	0	21	21	1.2
제주	0	0	4	4	0.2
전체	167	65	1,532	1,764	100.0

※ 수도권은 서울과 인천 · 경기를 합한 지역임
※ 마약류는 대마, 코카인, 향정신성의약품으로만 구성됨

① 대마 단속 전체 건수는 코카인 단속 전체 건수의 3배 이상이다.
② 수도권의 마약류 단속 건수는 마약류 단속 전체 건수의 50% 이상이다.
③ 코카인 단속 건수가 없는 지역은 5곳이다.
④ 향정신성의약품 단속 건수는 대구 · 경북 지역이 광주 · 전남 지역의 4배 이상이다.
⑤ 강원 지역은 향정신성의약품 단속 건수가 대마 단속 건수의 3배 이상이다.

18 A와 B는 휴일을 맞아 B의 집에서 49km 떨어진 전시회에 가기 위해 각자 집에서 출발하여 전시회 주차장에서 만나려고 한다. B는 항상 70km/h의 속력으로 운전하고, A는 항상 55km/h의 속력으로 운전한다. 전시회장에서 B의 집이 A의 집보다 더 멀어 30분 먼저 출발해야 같은 시간에 전시회 주차장에 도착할 수 있을 때, A와 B의 집 사이의 거리는 몇 km인가?(단, A와 B의 운전 방향은 같다)

① 37km
② 38km
③ 39km
④ 40km
⑤ 41km

19 K전력회사에서 가정용 전기요금 체계를 개편했다. 사용 전력량의 10kWh까지는 기본요금을 부과하고, 10kWh 초과 100kWh 이하일 때는 기본요금에 10kWh를 초과한 양에 대하여 1kWh당 단위요금을 더한다. 또한, 사용 전력량이 100kWh 초과일 때는 초과한 양에 대하여 1kWh당 단위요금에 20%를 가산한 금액을 더하기로 했다. 민지의 집은 11월에 70kWh를 사용하여 15,000원을, 12월에는 120kWh를 사용하여 42,000원을 냈다. 1kWh당 단위요금에 20%를 가산한 금액은 얼마인가?

① 500원   ② 510원

③ 540원   ④ 600원

⑤ 620원

20 다음은 분기별 K기업의 매출이익, 영업이익, 순이익에 대한 자료이다. 매출이익 대비 순이익의 비가 가장 낮은 분기의 전분기 대비 영업이익 증감률은?

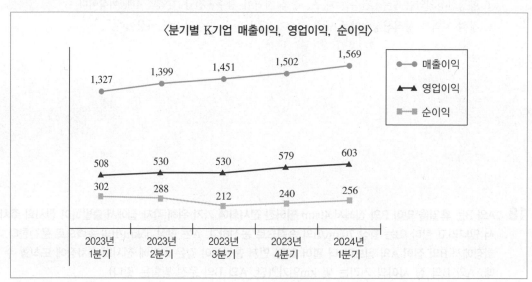

〈분기별 K기업 매출이익, 영업이익, 순이익〉

① 0%   ② 약 4.1%

③ 약 4.3%   ④ 약 9.2%

⑤ 약 9.5%

※ 다음은 K공사의 출장비 지급규정이다. 이어지는 질문에 답하시오. [21~22]

〈출장비 지급규정〉

• 일비는 직급별로 지급되는 금액을 기준으로 출장일수에 맞게 지급한다.
• 교통비는 대중교통(버스, 기차 등) 및 택시를 이용한 금액만 실비로 지급한다.
• 숙박비는 1박당 제공되는 숙박비를 넘지 않는 선에서 실비로 지급한다.
• 식비는 직급별로 지급되는 금액을 기준으로 1일당 3식으로 계산하여 지급한다.

〈출장 시 지급비용〉

(단위 : 원)

구분	일비(1일)	숙박비(1박)	식비(1식)
사원	20,000	100,000	6,000
대리	30,000	120,000	8,000
과장	50,000	150,000	10,000
부장	60,000	180,000	10,000

21 대리 1명과 과장 1명이 2박 3일간 부산으로 출장을 다녀왔다면, 지급받을 수 있는 출장비는 총 얼마인가?

〈부산 출장 지출내역〉

• 서울 시내버스 및 지하철 이동 : 3,200원(1인당)
• 서울 – 부산 KTX 이동(왕복) : 121,800원(1인당)
• 부산 P호텔 스탠다드 룸 : 150,000원(1인당, 1박)
• 부산 시내 택시 이동 : 10,300원

① 1,100,300원   ② 1,124,300원
③ 1,179,300원   ④ 1,202,300원
⑤ 1,224,300원

22 사원 2명과 대리 1명이 1박 2일간 강릉으로 출장을 다녀왔다면, 지급받을 수 있는 출장비는 총 얼마인가?

〈강릉 출장 지출내역〉

• 서울 – 강릉 자가용 이동(왕복) : 주유비 100,000원
• 강릉 X호텔 트리플룸 : 80,000원(1인당, 1박)
• 식비 : 총 157,000원

① 380,000원   ② 480,000원
③ 500,000원   ④ 537,000원
⑤ 545,000원

23 A ~ E 5명이 순서대로 퀴즈게임을 해서 벌칙 받을 사람 1명을 선정하고자 한다. 게임 규칙과 결과에 근거할 때, 항상 옳은 것을 〈보기〉에서 모두 고르면?

- 규칙
  - A→B→C→D→E 순서대로 퀴즈를 1개씩 풀고, 모두 한 번씩 퀴즈를 풀고 나면 한 라운드가 끝난다.
  - 퀴즈 2개를 맞힌 사람은 벌칙에서 제외되고, 다음 라운드부터는 게임에 참여하지 않는다.
  - 라운드를 반복하여 맨 마지막까지 남는 한 사람이 벌칙을 받는다.
  - 벌칙에서 제외되는 4명이 확정되면 라운드 중이라도 더 이상 퀴즈를 출제하지 않으며, 이 외에는 라운드 끝까지 퀴즈를 출제한다.
  - 게임 중 동일한 문제는 출제하지 않는다.
- 결과
  3라운드에서 A는 참가자 중 처음으로 벌칙에서 제외되었고, 4라운드에서는 오직 B만 벌칙에서 제외되었으며, 벌칙을 받을 사람은 5라운드에서 결정되었다.

보기

ㄱ. 5라운드까지 참가자들이 정답을 맞힌 퀴즈는 총 9개이다.
ㄴ. 게임이 종료될 때까지 총 22개의 퀴즈가 출제되었다면, E는 5라운드에서 퀴즈의 정답을 맞혔다.
ㄷ. 게임이 종료될 때까지 총 21개의 퀴즈가 출제되었다면, 퀴즈를 푸는 순서가 벌칙을 받을 사람 선정에 영향을 미친 것으로 볼 수 있다.

① ㄱ   ② ㄴ

③ ㄱ, ㄷ   ④ ㄴ, ㄷ

⑤ ㄱ, ㄴ, ㄷ

24 A ~ E 5명이 다음 〈조건〉에 따라 5층 건물에 층당 한 명씩 살고 있다고 할 때, 바르게 추론한 것은?

조건
- C와 D는 서로 인접한 층에 산다.
- A는 2층에 산다.
- B는 A보다 높은 층에 산다.

① D는 가장 높은 층에 산다.
② A는 E보다 높은 층에 산다.
③ C는 3층에 산다.
④ E는 D보다 높은 층에 산다.
⑤ B는 3층에 살 수 없다.

25 K공사는 미세먼지 정화설비 A ~ F 중 일부를 도입하고자 한다. 설비들의 호환성에 따른 도입규칙이 다음과 같을 때, 도입하는 설비만으로 짝지어진 것은?

〈호환성에 따른 도입규칙〉
- A설비는 반드시 도입한다.
- B설비를 도입하지 않으면 D설비를 도입한다.
- E설비를 도입하면 A설비를 도입하지 않는다.
- B · E · F설비 중 적어도 두 개는 반드시 도입한다.
- E설비를 도입하지 않고, F설비를 도입하면 C설비는 도입하지 않는다.
- 최대한 많은 설비를 도입한다.

① A, B, F   ② A, C, E
③ A, B, C, E   ④ A, B, D, F
⑤ A, C, D, E, F

※ 다음 글을 읽고 이어지는 질문에 답하시오. [26~27]

<상황>

K사는 냉동핫도그를 주력으로 판매하고 있다. 현재까지 높은 판매율을 보이고 있으나, 제품개발팀에서는 새로운 제품을 만들겠다고 아이디어를 제시한다. 하지만 경영진의 반응은 차갑기만 하다.

<회의 내용>

제품개발팀장 : 저희 팀에서는 새로운 제품을 개발하자는 의견이 계속해서 나오고 있습니다. 현재의 상품에 좋은 반응이 이어지고 있지만, 이 제품만으로는 안주할 수 없습니다. 신제품 개발에 대해 서로의 상황을 인지하고 문제 상황을 해결해 보자는 의미로 이 회의 자리를 마련했습니다. 각 팀 내에서 거론되었던 의견들을 제시해 주십시오.

기획팀장 : 저희는 찬성하는 입장입니다. 요즘처럼 고객의 요구가 빠르게 변화하는 사회에선 끊임없는 새로운 제품 개발과 출시가 당연한 듯합니다.

마케팅팀장 : 최근 냉동핫도그 고급화 전략을 내세우는 곳이 많던데요. 혹시 제품개발팀에서는 어떤 방향으로 제품 개발을 생각하고 있으신가요?

제품개발팀장 : 네, 저희도 고급화로 접근하고자 합니다. 단순히 간단하게 먹는 음식이 아닌 간단하지만 유명 맛집이나 호텔에서 즐길 수 있는 그런 퀄리티가 높은 음식으로 말이죠. 기존엔 조리법도 너무 간단하게 안내가 되었는데, 이제는 더욱 색다르고 제대로 된 맛을 느낄 수 있는 조리법도 함께 담았으면 합니다. 특히 핫도그에 감자나 고구마를 이용하여 여러 종류의 냉동핫도그를 출시하고자 합니다.

마케팅팀장 : 그런데 냉동핫도그 보관이 길고 간편한 것이 장점인데, 고급화하게 되면 보관 기간이 줄어들거나 조리법이 어려워지는 건 아닐까요?

제품개발팀장 : 저희도 그 부분들에 대해 고민 중입니다. 다양한 재료를 생각해 보았으나, 냉동과 해동 과정에서 맛이 바뀌는 경우들이 있어서 아직 다양한 재료들을 더 고민해 봐야 할 것 같습니다.

기획팀장 : 보관 기간은 정말 중요합니다. 재고관리에도 도움이 되고요.

마케팅팀장 : 퀄리티는 높이되 간편함과 보관 기간은 유지하자는 말씀이시죠?

제품개발부장 : 네, 그렇습니다. 우선 다양한 종류의 제품을 만들게 되었을 때, 물량 차이가 얼마나 있는지도 확인이 필요할 것 같습니다.

연구팀장 : 네, 그 부분에 대해서는 조금 더 논의가 필요할 것 같습니다. 검토해 보겠습니다.

마케팅팀장 : 좋은 의견들이 많이 나온 것 같습니다. 고급화 신제품뿐 아니라 또 다른 제품이나 브랜딩에 대한 의견이 있으시다면 자유롭게 말씀해 주세요.

26 다음 중 윗글의 내용에 해당하는 문제해결 과정 단계는?

① 문제인식　　　　　　　　　　② 문제도출
③ 원인분석　　　　　　　　　　④ 해결안 개발
⑤ 해결안 실행 및 평가

27 다음 중 윗글을 통해 알 수 있는 문제해결을 위한 사고로 가장 적절한 것은?

① 전략적 사고　　　　　　　　　② 분석적 사고
③ 발상의 전환　　　　　　　　　④ 내외부자원의 효과적 활용
⑤ 사실 지향적 사고

28 다음은 자동차 외판원인 A ~ F의 판매실적에 대한 〈조건〉이다. 이에 대한 설명으로 옳은 것은?

> 조건
> • A는 B보다 실적이 높다.
> • C는 D보다 실적이 낮다.
> • E는 F보다 실적이 낮지만, A보다는 높다.
> • B는 D보다 실적이 높지만, E보다는 낮다.

① 실적이 가장 높은 외판원은 F이다.
② C의 실적은 꼴찌가 아니다.
③ B의 실적보다 낮은 외판원은 3명이다.
④ E의 실적이 가장 높다.
⑤ A의 실적이 C의 실적보다 적다.

29 K공사는 2025년에 신입사원 채용을 진행하고 있다. 최종 관문인 다대다 면접평가를 위해 A ~ E면접자를 포함한 총 8명이 다음 〈조건〉과 같이 의자에 앉았다. D면접자가 2번 의자에 앉았을 때, 항상 옳은 것은?(단, 면접실 의자는 순서대로 1번부터 8번까지 번호가 매겨져 있다)

> **조건**
> • C면접자와 D면접자는 이웃해 앉지 않고, D면접자와 E면접자는 이웃해 앉는다.
> • A면접자와 C면접자 사이에는 2명이 앉는다.
> • A면접자는 양 끝(1번, 8번)에 앉지 않는다.
> • B면접자는 6번 또는 7번 의자에 앉고, E면접자는 3번 의자에 앉는다.

① A면접자는 4번에 앉는다.

② C면접자는 1번에 앉는다.

③ A면접자와 B면접자가 서로 이웃해 앉는다면 C면접자는 4번 또는 8번에 앉는다.

④ B면접자가 7번에 앉으면 A면접자와 B면접자 사이에 2명이 앉는다.

⑤ C면접자가 8번에 앉으면 B면접자는 6번에 앉는다.

30 A, B 두 여행팀은 다음 정보에 따라 자신의 효용을 극대화하는 방향으로 관광지 이동을 결정한다고 할 때, 각 여행팀은 어떤 결정을 할 것이며, 그때 두 여행팀의 총효용은 얼마인가?

> **〈여행팀의 효용정보〉**
> • A여행팀과 B여행팀이 동시에 오면 각각 10, 15의 효용을 얻는다.
> • A여행팀은 왔으나, B여행팀이 안 온다면 각각 15, 10의 효용을 얻는다.
> • A여행팀은 안 오고, B여행팀만 왔을 땐 각각 25, 20의 효용을 얻는다.
> • A, B여행팀이 모두 오지 않았을 때는 각각 35, 15의 효용을 얻는다.
>
> **〈결정방법〉**
>
> A, B여행팀 모두 결정할 때 효용의 총합은 신경 쓰지 않는다. 상대방이 어떤 선택을 했는지는 알 수 없고 서로 상의하지 않는다. 각 팀은 자신의 선택에 따른 다른 팀의 효용이 얼마인지는 알 수 있다. 이때 다른 팀의 선택을 예상해서 자신의 효용을 극대화하는 선택을 한다.

	A여행팀	B여행팀	총효용
①	관광지에 간다	관광지에 간다	25
②	관광지에 가지 않는다	관광지에 간다	45
③	관광지에 간다	관광지에 가지 않는다	25
④	관광지에 가지 않는다	관광지에 가지 않는다	50
⑤	관광지에 간다	관광지에 간다	50

31 K물류회사에서 근무 중인 H사원에게 화물운송기사 두 명이 찾아와 운송시간에 대한 질문을 하였다. 주요 도시 간 이동시간 자료를 참고했을 때, 두 기사에게 안내해야 할 시간은?(단, H사원과 두 기사는 A도시에 위치하고 있다)

> P기사 : 저는 여기서 화물을 싣고 E도시로 운송한 후에 C도시로 가서 다시 화물을 싣고 여기로 돌아와야 하는데 시간이 얼마나 걸릴까요? 최대한 빨리 마무리지었으면 좋겠는데….
>
> Q기사 : 저는 여기서 출발해서 모든 도시를 한 번씩 거쳐 다시 여기로 돌아와야 해요. 만약에 가장 짧은 이동시간으로 다녀오면 얼마나 걸릴까요?

〈주요도시 간 이동시간〉

(단위 : 시간)

출발도시 \ 도착도시	A	B	C	D	E
A	-	1.0	0.5	-	-
B	-	-	-	1.0	0.5
C	0.5	2.0	-	-	-
D	1.5	-	-	-	0.5
E	-	-	2.5	0.5	-

※ 화물을 싣고 내리기 위해 각 도시에서 정차하는 시간은 고려하지 않음
※ '−' 표시가 있는 구간은 이동이 불가능함

	P기사	Q기사		P기사	Q기사
①	4시간	4시간	②	4.5시간	5시간
③	4.5시간	6시간	④	5.5시간	5시간
⑤	5.5시간	6시간			

32 K공사 기획팀 A사원은 다음 주 금요일에 열릴 세미나 장소를 섭외하라는 B부장의 지시를 받았다. 세미나에 참여할 인원은 총 17명이며, 모든 인원이 앉을 수 있는 테이블과 의자, 발표에 사용할 빔 프로젝터 1개가 필요하다. A사원은 모든 회의실의 잔여상황을 살펴보고 가장 적합한 대회의실을 선택하였고, 필요한 비품은 다른 회의실과 창고에서 확보한 후 부족한 물건을 주문하였다. 주문한 비품이 도착한 후 물건을 확인했지만, 수량을 착각해 빠트린 것이 있어 다시 주문하였다면 A사원이 주문할 물품 목록으로 옳은 것은?

〈회의실별 비품 현황〉

(단위 : 개)

구분	대회의실	1회의실	2회의실	3회의실	4회의실
테이블(2인용)	1	1	2	–	–
의자	3	2	–	–	4
빔 프로젝터	–	–	–	–	–
화이트보드	–	–	–	–	–
보드마커	2	3	1	–	2

〈창고 내 비품 보유 현황〉

(단위 : 개)

구분	테이블(2인용)	의자	빔 프로젝터	화이트보드	보드마커
창고	–	2	1	5	2

〈1차 주문서〉

• 테이블(2인용) 4개
• 화이트보드 1개
• 의자 1개
• 보드마커 2개

① 빔 프로젝터 1개, 의자 3개
② 빔 프로젝터 1개, 테이블 1개
③ 테이블 1개, 의자 5개
④ 테이블 9개, 의자 6개
⑤ 테이블 9개, 의자 3개

※ K공사에서는 새로운 직원을 채용하기 위해 채용시험을 실시하고자 한다. 다음은 채용시험을 실시할 때 필요한 〈조건〉과 채용시험장 후보 대상에 대한 정보이다. 이어지는 질문에 답하시오. **[33~34]**

조건

- 신입직 지원자는 400명이고, 경력직 지원자는 80명이다(단, 지원자 모두 시험에 응시한다).
- 시험은 방송으로 진행되므로 스피커가 있어야 한다.
- 시험 안내를 위해 칠판이나 화이트보드가 있어야 한다.
- 신입직의 경우 3시간, 경력직의 경우 2시간 동안 시험이 진행된다.
- 비교적 비용이 저렴한 시설을 선호한다.

〈채용시험장 후보 대상〉

구분	A중학교	B고등학교	C대학교	D중학교	E고등학교
수용 가능 인원	380명	630명	500명	460명	500명
시간당 대여료	300만 원	450만 원	700만 원	630만 원	620만 원
시설	스피커, 화이트보드	스피커, 칠판	칠판, 스피커	화이트보드, 스피커	칠판
대여 가능 시간	토 ~ 일요일 10 ~ 13시	일요일 09 ~ 12시	토 ~ 일요일 14 ~ 17시	토요일 14 ~ 17시	토 ~ 일요일 09 ~ 12시 13 ~ 15시

33 K공사가 신입직 채용시험을 토요일에 실시한다고 할 때, 다음 중 채용시험 장소로 가장 적절한 곳은?

① A중학교
② B고등학교
③ C대학교
④ D중학교
⑤ E고등학교

34 K공사는 채용 일정이 변경됨에 따라 신입직과 경력직의 채용시험을 동시에 동일한 장소에서 실시하려고 한다. 다음 중 채용시험 장소로 가장 적절한 곳은?(단, 채용시험일은 토요일이나 일요일로 한다)

① A중학교
② B고등학교
③ C대학교
④ D중학교
⑤ E고등학교

35 다음과 같은 〈조건〉에서 프로젝트 담당자인 K씨가 판단할 수 있는 내용으로 옳지 않은 것은?

조건

- 프로젝트는 A부터 E까지의 작업으로 구성되며, 모든 작업은 동일 작업장 내에서 행해진다.
- 각 작업의 필요 인원과 기간은 다음과 같다.

프로젝트	A작업	B작업	C작업	D작업	E작업
필요 인원(명)	5	3	5	2	4
기간(일)	10	18	50	18	16

   – B작업은 A작업이 완료된 이후에 시작할 수 있음
   – E작업은 D작업이 완료된 이후에 시작할 수 있음
- 각 인력은 A부터 E까지 모든 작업에 동원될 수 있으며, 각 작업에 투입된 인력의 생산성은 동일하다.
- 프로젝트에 소요되는 비용은 1인당 1일 10만 원의 인건비와 1일 50만 원의 작업장 사용료로 구성된다.
- 각 작업의 필요 인원은 증원 또는 감원될 수 없다.

① 프로젝트를 완료하기 위해 필요한 최소 인력은 5명이다.
② 프로젝트를 완료하기 위해 소요되는 최단기간은 50일이다.
③ 프로젝트를 완료하는 데 들어가는 최소비용은 7천만 원 이하이다.
④ 프로젝트를 최단기간에 완료하는 데 투입되는 최소 인력은 10명이다.
⑤ 프로젝트를 최소 인력으로 완료하는 데 소요되는 최단기간은 94일이다.

36 다음은 직원 인사규정 중 벌점 규정에 대한 자료이다. 직원들의 올해 업무 평정 내역이 아래와 같을 때, 올해 업무 평정 최종점수에서 가장 낮은 점수를 받은 직원은?

벌점(제25조)
1. 일반사고는 회당 올해 업무 평정에서 20점을 차감한다.
2. 중대사고는 회당 올해 업무 평정에서 40점을 차감한다.
3. 수상경력이 있는 경우 올해 업무 평정에서 100점을 더한다.

〈평정 내역〉

구분	올해 업무 평정(점)	일반사고(건)	중대사고(건)	수상경력(회)
A사원	420	4	2	–
B사원	380	9	0	1
C대리	550	11	1	–
D대리	290	0	3	2
E과장	440	5	3	–

① A사원   ② B사원
③ C대리   ④ D대리
⑤ E과장

37 K공사에서 ○○기능사 실기시험 일정을 7월 중에 3일간 진행하려고 한다. 일정은 다른 기능사 실기시험일 또는 행사일에는 동시에 진행할 수 없으며, 필기시험 날은 중복이 가능하다. 다음 중 ○○기능사 실기시험 날짜로 가장 적절한 것은?

<7월 달력>

일	월	화	수	목	금	토
			1	2	3 K공사 체육대회	4
5	6	7	8	9 □□기능사 필기시험	10	11
12	13	14 △△기능사 실기시험	15 △△기능사 실기시험	16 △△기능사 실기시험	17	18
19	20	21	22	23	24	25
26	27	28	29	30	31	

※ 실기시험은 월 ~ 토요일에 실시함
※ 24 ~ 29일에는 시험장 보수공사를 실시함

① 3 ~ 6일
② 7 ~ 9일
③ 13 ~ 15일
④ 23 ~ 25일
⑤ 29 ~ 31일

38 R부장은 모스크바 현지 영업소로 출장을 갈 계획이다. 4일 오후 2시 회의가 예정되어 있어 모스크바 공항에 적어도 오전 11시 이전에는 도착하고자 한다. 인천에서 모스크바까지는 8시간이 걸리며, 시차는 인천이 모스크바보다 6시간 더 빠르다. R부장은 인천에서 늦어도 몇 시에 출발하는 비행기를 예약해야 하는가?

① 3일 09:00 ② 3일 19:00

③ 4일 09:00 ④ 4일 11:00

⑤ 5일 02:00

39 오전 5시 40분에 당고개에서 출발하는 4호선 오이도행 열차가 있다. 다음은 오이도역에서 출발하는 4호선 당고개행 열차의 출발 시각이다. 오이도에서 당고개까지 총 47개의 역일 때, 당고개에서 출발하는 열차가 오이도에서 출발하는 열차와 몇 번째 역에서 마주치게 되겠는가?(단, 다음 정차역까지 걸리는 시간은 모두 2분 간격이며, 오이도역을 1번으로 하여 순번을 매긴다)

〈당고개행 열차 오이도 출발 시각〉	
열차	출발 시각
㉮	06:00
㉯	06:24
㉰	06:48

	㉮	㉯	㉰		㉮	㉯	㉰
①	21번째 역	15번째 역	9번째 역	②	19번째 역	13번째 역	7번째 역
③	17번째 역	11번째 역	5번째 역	④	14번째 역	10번째 역	4번째 역
⑤	14번째 역	9번째 역	3번째 역				

40 한국의 A사, 오스트레일리아의 B사, 아랍에미리트의 C사, 러시아의 D사는 상호협력프로젝트를 추진하고자 화상회의를 하려고 한다. 한국 시각을 기준으로 삼을 때 화상회의 가능 시각으로 옳은 것은?

<국가별 시간>

국가(도시)	현지시각
대한민국(서울)	2025. 03. 15 08:00am
오스트레일리아(시드니)	2025. 03. 15 10:00am
UAE(두바이)	2025. 03. 15 03:00am
러시아(모스크바)	2025. 03. 15 02:00am

※ 각 회사의 위치는 위 자료에 있는 도시에 있음
※ 모든 회사의 근무시간은 현지시각으로 오전 9시 ~ 오후 6시임
※ A, B, D사의 식사시간은 현지시각으로 오후 12시 ~ 오후 1시임
※ C사의 식사시간은 오전 11시 30분 ~ 오후 12시 30분이고 오후 12시 30분부터 오후 1시까지 전 직원이 종교활동을 함
※ 화상회의 소요시간은 1시간임

① 오후 1시 ~ 오후 2시
② 오후 2시 ~ 오후 3시
③ 오후 3시 ~ 오후 4시
④ 오후 4시 ~ 오후 5시
⑤ 오후 5시 ~ 오후 6시

41 다음은 K오디션의 1, 2차 결과를 나타낸 표이다. [E2:E7]에 최종점수를 구하고자 할 때, 필요한 함수로 옳은 것은?

◢	A	B	C	D	E
1	이름	1차	2차	평균	최종점수
2	유재석	96.45	45.67	71.16	71.1
3	전현무	89.67	34.77	62.22	62.2
4	강호동	88.76	45.63	67.195	67.2
5	신동엽	93.67	43.56	68.615	68.6
6	김성주	92.56	38.45	65.505	65.5
7	송해	95.78	43.65	69.715	69.7

① ROUND   ② INT

③ TRUNC   ④ COUNTIF

⑤ ABS

42 다음 중 각 워크시트에서 채우기 핸들을 [A3]로 끌었을 때 [A3] 셀에 입력되는 값으로 옳지 않은 것은?

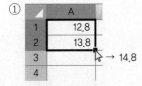

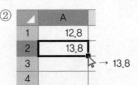

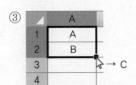

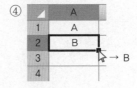

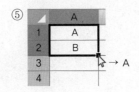

43 다음 중 파워포인트에서 도형을 그리는 작업에 대한 설명으로 옳지 않은 것은?

① 타원의 경우 도형 선택 후 〈Shift〉를 누르고 드래그하면 정원으로 크기 조절이 가능하다.

② 도형 선택 후 〈Shift〉를 누르고 도형을 회전시키면 30° 간격으로 회전시킬 수 있다.

③ 타원을 중심에서부터 정비례로 크기를 조절하려면 〈Ctrl〉+〈Shift〉를 함께 누른 채 드래그한다.

④ 도형 선택 후 〈Ctrl〉+〈D〉를 누르면 크기와 모양이 같은 도형이 일정한 간격으로 반복해서 나타난다.

⑤ 도형을 선택하고 〈Ctrl〉+〈Shift〉를 누르고 수직 이동하면 수직 이동된 도형이 하나 더 복사된다.

44 다음 중 다양한 상황과 변수에 따른 여러 가지 결괏값의 변화를 가상의 상황을 통해 예측하여 분석할 수 있는 도구는?

① 시나리오 관리자   ② 목표값 찾기

③ 부분합   ④ 통합

⑤ 데이터 표

45 직장인 K씨는 아침회의에 프레젠테이션을 이용하여 발표를 진행하다가 키보드의 〈Home〉을 잘못 눌러 슬라이드 쇼 화면 상태에서 슬라이드가 처음으로 되돌아가 버렸다. 발표를 진행했던 슬라이드부터 프레젠테이션을 실행하기 위해 〈ESC〉를 눌러 쇼 화면 상태에서 나간 후, [여러 슬라이드]에서 해당 슬라이드를 선택하여 프레젠테이션을 실행하려고 할 때, 직장인 K씨가 눌러야 할 단축키로 옳은 것은?

① 〈Ctrl〉+〈S〉   ② 〈Shift〉+〈F5〉

③ 〈Ctrl〉+〈P〉   ④ 〈Shift〉+〈F10〉

⑤ 〈Ctrl〉+〈M〉

※ 병원에서 근무하는 A씨는 건강검진 관리 현황을 정리하고 있다. 이어지는 질문에 답하시오. [46~47]

◢	A	B	C	D	E	F
1	〈건강검진 관리 현황〉					
2	이름	검사구분	주민등록번호	검진일	검사항목 수	성별
3	강민희	종합검진	960809-2******	2024-11-12	18	
4	김범민	종합검진	010323-3******	2024-03-13	17	
5	조현진	기본검진	020519-3******	2024-09-07	10	
6	최진석	추가검진	871205-1******	2024-11-06	6	
7	한기욱	추가검진	980232-1******	2024-04-22	3	
8	정소희	종합검진	001015-4******	2024-02-19	17	
9	김은정	기본검진	891025-2******	2024-10-14	10	
10	박미옥	추가검진	011002-4******	2024-07-21	5	

46 2024년 하반기에 검진받은 사람의 수를 확인하려 할 때 사용해야 할 함수는?

① COUNT
② COUNTA
③ SUMIF
④ COUNTIF
⑤ MATCH

47 주민등록번호를 통해 성별을 구분하려고 할 때, 각 셀에 필요한 함수식으로 옳은 것은?

① F3 ：＝IF(AND(MID(C3,8,1)＝"2",MID(C3,8,1)＝"4"),"여자","남자")

② F4 ：＝IF(AND(MID(C4,8,1)＝"2",MID(C4,8,1)＝"4"),"여자","남자")

③ F7 ：＝IF(OR(MID(C7,8,1)＝"2",MID(C7,8,1)＝"4"),"여자","남자")

④ F9 ：＝IF(OR(MID(C9,8,1)＝"1",MID(C9,8,1)＝"3"),"여자","남자")

⑤ F6 ：＝IF(OR(MID(C6,8,1)＝"2",MID(C6,8,1)＝"3"),"남자","여자")

48 다음 중 데이터 입력에 대한 설명으로 옳지 않은 것은?

① 셀 안에서 줄 바꿈을 하려면 〈Alt〉+〈Enter〉를 누른다.

② 〈Ctrl〉+세미콜론(;)을 누르면 오늘 날짜, 〈Ctrl〉+〈Shift〉+세미콜론(;)을 누르면 현재 시각이 입력된다.

③ 열의 너비가 좁아 입력된 날짜 데이터 전체를 표시하지 못하는 경우 셀의 너비에 맞춰 '#'이 반복 표시된다.

④ 여러 셀에 숫자나 문자 데이터를 한 번에 입력하려면 여러 셀이 선택된 상태에서 데이터를 입력한 후 바로 〈Shift〉+〈Enter〉를 누른다.

⑤ 한 행을 블록 설정한 상태에서 〈Enter〉를 누르면 블록 내의 셀이 오른쪽 방향으로 순차적으로 선택되어 행단위로 데이터를 쉽게 입력할 수 있다.

49 다음 중 입력자료에 주어진 표시형식으로 지정한 경우 그 결과가 옳지 않은 것은?

	표시형식	입력자료	표시결과
①	#,##0,	12345	12
②	0.00	12345	12345.00
③	dd-mmm-yy	2025/06/20	20-June-25
④	@@"**"	컴활	컴활컴활**
⑤	@사랑	우리	우리사랑

50 A씨는 최근 회사 내 업무용 개인 컴퓨터의 보안을 강화하기 위하여 다음과 같은 메일을 받았다. 메일 내용을 토대로 A씨가 취해야 할 행동으로 적절하지 않은 것은?

발신 : 전산보안팀

수신 : 전 임직원

제목 : 업무용 개인 컴퓨터 보안대책 공유

내용 :
안녕하십니까. 전산팀 P팀장입니다.
최근 개인정보 유출 등 전산보안 사고가 자주 발생하고 있어 각별한 주의가 필요한 상황입니다. 이에 따라 자사에서도 업무상 주요 정보가 유출되지 않도록 보안프로그램을 업그레이드하는 등 전산보안을 더욱 강화하고 있습니다.
무엇보다 업무용 개인 컴퓨터를 사용하는 분들이 특히 신경을 많이 써 주셔야 철저한 보안이 실천됩니다. 번거로우시더라도 아래와 같은 사항을 따라 주시길 바랍니다.

- 인터넷 익스플로러를 종료할 때마다 검색기록이 삭제되도록 설정해 주세요.
- 외출 또는 외근으로 장시간 컴퓨터를 켜 두어야 하는 경우에는 인터넷 검색기록을 직접 삭제해 주세요.
- 인터넷 검색기록 삭제 시 기본 설정되어 있는 항목 외에도 '다운로드 기록', '양식 데이터', '암호', '추적방지와 ActiveX 필터링 및 Do Not Track 데이터'를 모두 체크하여 삭제해 주세요(단, 즐겨찾기 웹 사이트 데이터 보존 부분은 체크 해제할 것).
- 인터넷 익스플로러에서 방문한 웹 사이트 목록을 저장하는 기간을 5일로 변경해 주세요.
- 자사에서 제공 중인 보안프로그램은 항시 업데이트하여 최신 상태로 유지해 주세요.

위 사항을 적용하는 데 어려움이 있을 경우에는 아래 첨부파일에 이미지와 함께 친절하게 설명되어 있으니 참고 바랍니다.

〈첨부〉업무용 개인 컴퓨터 보안대책 적용 방법 설명(이미지).zip

---

① 자사의 보안프로그램을 실행하고 [설정]에서 업데이트를 실행한다.
② 장시간 외출할 경우에는 [인터넷 옵션]의 '일반' 카테고리에 있는 [삭제]를 클릭해 직접 삭제한다.
③ 인터넷 익스플로러에서 [도구(또는 톱니바퀴 모양)]를 클릭하여 [인터넷 옵션]의 '일반' 카테고리에 있는 [종료할 때 검색기록 삭제]를 체크한다.
④ [인터넷 옵션]의 '일반' 카테고리 중 검색기록 부분에서 [설정]을 클릭하고, '기록' 카테고리의 [페이지 보관 일수]를 5일로 설정한다.
⑤ 검색기록 삭제 시 [인터넷 옵션]의 '일반' 카테고리에 있는 [삭제]를 클릭하여 기존에 설정되어 있는 항목을 포함한 모든 항목을 체크하여 삭제한다.

| 04 | 기술능력(배전 · 송변전)

41 다음 설명에 해당하는 벤치마킹으로 가장 적절한 것은?

> 동일한 업종의 기업을 대상으로 상품이나 기술 및 경영방식 등을 배워 자사에 맞게 재창조하는 것으로, 동일한 업종이긴 하나 윤리적 문제가 발생할 여지가 없기 때문에 정보에 대한 접근 및 자료 수집이 용이하다. 하지만 문화나 제도적인 차이가 있기 때문에 이로 인해 발생할 문제에 대한 분석을 철저히 하지 않는다면 잘못된 결과를 얻을 수 있다.

① 내부 벤치마킹
② 경쟁적 벤치마킹
③ 비경쟁적 벤치마킹
④ 글로벌 벤치마킹
⑤ 간접적 벤치마킹

42 다음 뉴스 기사에서 나타난 산업 재해의 원인으로 가장 적절한 것은?

> **〈◇◇의 등대, 잠들지 못하는 ○○업 종사자들〉**
>
> ◇◇지역에 위치한 ○○업의 대표적인 기업에서 올해 들어 직원 3명의 사망사고가 발생하였다. ◇◇의 등대라는 단어는 잦은 야근으로 인해 자정에 가까운 시간에도 사무실에 불빛이 환하게 밝혀져 있는 모습에서 나온 지금은 공공연해진 은어이다. 이처럼 계속된 과로사의 문제로 인해 작년 12월 고용노동부의 근로 감독이 이루어졌으나, 시정되지 못하고 있는 실정이다.
>
> … 하략 …

① 교육적 원인 : 충분하지 못한 OJT
② 기술적 원인 : 노후화된 기기의 오작동으로 인한 작업 속도 저하
③ 작업 관리상 원인 : 초과 근무를 장려하는 관리 운영 지침
④ 불안전한 행동 : 작업 내용 미저장 / 하드웨어 미점검
⑤ 불안전한 상태 : 시설물 자체 결함 / 복장 · 보호구의 결함

※ K유치원에서는 유아 교육자료 제작을 위해 코팅기를 구입하였다. 다음 설명서를 보고 이어지는 질문에 답하시오.
   [43~45]

■ 사용방법
1) 앞면에 있는 스위치를 'ON'으로 돌리면 파란불이 들어오며 예열을 시작합니다.
2) 3~5분 정도의 예열이 끝나면 예열표시등이 빨간불로 바뀌고 코팅을 할 수 있습니다.
3) 코팅할 서류를 코팅지에 넣어 주시고, 봉합된 변까지 밀어 넣습니다.
   - 각 변에 최소 3~5mm 여유 공간을 남겨 주십시오.
   - 두께가 160micron 이상이거나 100micron 이하인 코팅지를 사용하지 마십시오.
4) 서류를 넣은 코팅지는 봉합된 부분부터 평행으로 코팅 투입구에 넣어 주십시오.
5) 코팅지는 코팅기를 통과하며 기기 뒷면 코팅 배출구에서 나옵니다.
   - 임의로 코팅지를 잡아당기면 안 됩니다.
6) 코팅지가 전부 나온 후 기기에서 분리해 주십시오.
7) 사용 완료 후 스위치를 'OFF'로 돌려 주십시오.
   - 사용 후 1~2시간 정도 열을 식혀 주십시오.

■ 코팅지 걸림 발생 시
1) 코팅지가 기기에 걸렸을 경우 앞면의 스위치를 'OFF'로 돌린 다음 기기 전원을 차단시킵니다.
2) 기기 뒷면에 있는 'REMOVE' 스위치를 화살표 방향으로 밀면서 코팅 서류를 조심스럽게 당겨 뽑아 주십시오.

■ 주의사항
   - 기기가 작동 중일 때 표면이 매우 뜨거우므로 손으로 만지지 마십시오.
   - 기기를 사용한 후, 기계 플러그를 뽑고 열이 충분히 식은 후에 이동 및 보관을 합니다.
   - 기기 위에 무겁거나 날카로운 물건을 두지 마십시오.
   - 기기의 내부에 물을 떨어뜨리지 마십시오.
   - 기기에 다른 물질을 넣지 마십시오.
   - 전문가의 도움 없이 절대 분해하거나 재조립 또는 수리하지 마십시오.
   - 기기를 장시간 사용하지 않을 경우 전원 코드를 뽑아 주십시오.
   - 사용 중 기기가 과열되거나 이상한 냄새가 나거나 종이 걸림이 있을 경우 신속히 전원을 끕니다.

■ 문제해결

증상	원인	해결
코팅 중에 코팅물이 나오지 않을 때	• 필름을 잘라서 사용했을 경우 • 두께를 초과하는 용지로 코팅했을 경우 • 과도하게 용지를 투입했을 경우 • 코팅지가 롤러에 말린 경우	• 전원을 끄고 'REMOVE' 스위치를 화살표 방향으로 밀면서 말린 필름을 제거합니다.
필름을 투입했지만, 필름이 들어가지 않고 멈춰 있을 때	• 투입 불량으로 접착액이 다량으로 붙어 있는 경우	• 전원을 끄고 냉각시킨 다음 다시 시도해 봅니다.
전원 지시등이 켜지지 않을 때	• 기기 전원 스위치가 접속되어 있지 않은 경우	• 전원코드 및 기기 스위치가 'ON'으로 되어 있는지 확인합니다.

43 A교사는 연구수업에 쓰일 교육자료 제작을 위해 코팅기를 사용하였다. 다음 중 A교사의 행동으로 가장 적절한 것은?

① 코팅기기 앞면의 스위치를 'ON'으로 놓자마자 코팅지를 투입하였다.

② 코팅지를 평행으로 놓고, 봉합된 부분의 반대 방향부터 투입구에 넣었다.

③ 120micron 코팅지에 코팅할 서류를 넣었다.

④ 코팅기를 통과하면서 나오는 코팅지를 뒷면에서 잡아당겼다.

⑤ 사용 완료 후 기기 전원을 끄고 바로 보관함 상자에 넣었다.

44 B교사가 코팅기를 사용하는데 코팅물이 나오지 않았다. 다음 중 문제의 원인으로 적절하지 않은 것은?

① 코팅 필름을 잘라서 코팅기기에 넣었다.

② 두꺼운 코팅 필름을 사용해 코팅기기에 넣었다.

③ 코팅물이 빠져나오지 않은 상태에서 새로운 코팅물을 넣었다.

④ 코팅지가 롤러 사이에 말려 있었다.

⑤ 접착액이 코팅지 주변으로 붙어 있었다.

45 C원장은 기기 관리를 위해 교사들에게 코팅기 사용 시 주의사항에 대해 안내하고자 한다. 다음 중 코팅기 사용 시 주의해야 할 사항으로 적절하지 않은 것은?

① 기기 사용 중에는 표면이 많이 뜨거우므로 아이들의 손이 닿지 않도록 주의하세요.

② 기기 위에 무거운 물건이나 날카로운 물건을 올리지 마세요.

③ 사용 후에는 스위치를 'OFF'로 돌려 놓고, 퇴근 시에는 전원코드를 뽑아 주세요.

④ 사용 중 이상한 냄새가 날 경우 신속히 전원을 끄도록 합니다.

⑤ 사용 중 기기에 코팅지가 걸릴 경우 기기 앞면에서 코팅 서류를 조심스럽게 꺼냅니다.

46 K공사에는 직원들의 편의를 위해 휴게실에 전자레인지가 구비되어 있다. E사원은 K공사의 기기를 관리하는 업무를 맡고 있는데, 동료 사원들로부터 전자레인지를 사용할 때 가끔씩 불꽃이 튀고 음식이 잘 데워지지 않는다는 이야기를 들었다. 다음 제품설명서를 토대로 서비스를 접수하기 전에 점검할 사항이 아닌 것은?

증상	원인	조치 방법
전자레인지가 작동하지 않는다.	• 전원 플러그가 콘센트에 바르게 꽂혀 있습니까? • 문이 확실히 닫혀 있습니까? • 배전판 퓨즈나 차단기가 끊어지지 않았습니까? • 조리방법을 제대로 선택하셨습니까? • 혹시 정전은 아닙니까?	• 전원 플러그를 바로 꽂아 주십시오. • 문을 다시 닫아 주십시오. • 끊어졌으면 교체하고 다시 연결시켜 주십시오. • 취소를 누르고 다시 시작하십시오.
동작 시 불꽃이 튄다.	• 조리실 내벽에 금속 제품 등이 닿지 않았습니까? • 금선이나 은선으로 장식된 그릇을 사용하고 계십니까? • 조리실 내에 찌꺼기가 있습니까?	• 벽에 닿지 않도록 하십시오. • 금선이나 은선으로 장식된 그릇은 사용하지 마십시오. • 깨끗이 청소해 주십시오.
조리 상태가 나쁘다.	• 조리 순서, 시간 등 사용 방법을 잘 선택하셨습니까?	• 요리책을 다시 확인하고 사용해 주십시오.
회전 접시가 불균일하게 돌거나 돌지 않는다.	• 회전 접시와 회전 링이 바르게 놓여 있습니까?	• 각각을 정확한 위치에 놓아 주십시오.
불의 밝기나 동작 소리가 불균일하다.	• 출력의 변화에 따라 일어난 현상이니 안심하고 사용하셔도 됩니다.	

① 조리실 내 위생 상태 점검
② 사용 가능 용기 확인
③ 사무실, 전자레인지 전압 확인
④ 조리실 내벽 확인
⑤ 조리 순서, 시간 확인

47 다음 중 기술능력이 뛰어난 사람의 특징에 대한 설명으로 옳지 않은 것은?

① 인식된 문제를 위한 다양한 해결책을 개발하고 평가한다.
② 지식이나 기타 자원을 선택하고 최적화시키며 적용한다.
③ 불가능한 부분의 해결을 필요로 하는 문제를 인식한다.
④ 주어진 한계 속에서 제한된 자원을 사용한다.
⑤ 여러 상황 속에서 기술의 체계와 도구를 사용하고 습득한다.

48 농한기인 1 ~ 2월에 자주 발생하는 영농기자재 고장을 방지하고자 영농기자재 관리 방법에 대한 매뉴얼을 작성하여 농가에 배포하였다. 다음 중 매뉴얼에 따라 영농기자재를 바르게 관리한 것은?

〈매뉴얼〉

월	기계종류	내용
1월	트랙터	(보관 중 점검) • 유압실린더는 완전상승 상태로 함 • 엔진 계통의 누유 점검(연료탱크, 필터, 파이프) • 축전지 보충충전
	이앙기	(장기보관 중 점검) • 본체의 누유, 누수 점검 • 축전지 보관 상태 점검, 보충충전 • 페인트가 벗겨진 부분에는 방청유를 발라 녹 발생 방지 • 커버를 씌워 먼지, 이물질에 의한 부식 방지
	콤바인	(장기보관 중 점검) • 회전부, 작동부, 와이어류에 부식 방지를 위해 오일 주입 • 각부의 누유 여부 점검 • 스프링 및 레버류에 부식 방지를 위해 그리스를 바름
2월	트랙터	(사용 전 점검) • 팬벨트 유격 10mm 이상 시 발전기 고정 볼트를 풀어 유격 조정 • 냉각수량 – 외기온도에 알맞은 비중의 부동액 확인(40% 확인) • 축전지액량 및 접속상태, 배선 및 각종 라이트 경고 점검, 충전상태 점검 • 좌우 브레이크 페달 유격 및 작동 상태 점검
	이앙기	(장기보관 중 점검) • 누유·누수 점검 • 축전지 보충충전 • 녹이 발생된 부분은 녹을 제거하고 방청유를 바름
	콤바인	(장기보관 중 점검) • 엔진을 회전시켜 윤활시킨 후 피스톤을 압축상사점에 보관 • 각 회전부, 작동부, 와이어류에 부식 방지를 위해 오일 주입 • 스프링 및 레버류에 부식 방지를 위해 그리스를 바름

① 1월에 트랙터의 브레이크 페달 작동 상태를 점검하였다.

② 2월에 장기보관 중이던 이앙기에 커버를 씌워 먼지 및 이물질에 의한 부식을 방지하였다.

③ 1 ~ 2월 모두 이앙기에 녹 발생 방지를 위해 방청유를 발랐다.

④ 트랙터 사용 전에 유압실린더와 엔진 누유 상태를 중점적으로 점검하였다.

⑤ 장기보관 중인 콤바인을 꺼낸 후 타이어 압력을 기종별 취급설명서에 따라 점검하였다.

49 다음은 산업 재해를 예방하기 위해 제시되고 있는 하인리히의 법칙이다. 산업 재해의 예방을 위해 조치를 취해야 하는 단계는 무엇인가?

> 1931년 미국의 한 보험회사에서 근무하던 하인리히는 회사에서 접한 수많은 사고를 분석하여 하나의 통계적 법칙을 발견하였다. '1 : 29 : 300 법칙'이라고도 부르는 이 법칙은 큰 사고로 인해 산업 재해가 발생하면 이 사고가 발생하기 이전에 같은 원인으로 발생한 작은 사고 29번, 잠재적 사고 징후가 300번이 있었다는 것을 나타낸다.
> 하인리히는 이처럼 심각한 산업 재해의 발생 전에 여러 단계의 사건이 도미노처럼 발생하기 때문에 앞 단계에서 적절히 대처한다면 산업 재해를 예방할 수 있다고 주장했다.

① 사회 환경적 문제가 발생한 단계
② 개인 능력의 부족이 보이는 단계
③ 기술적 결함이 나타난 단계
④ 불안전한 행동 및 상태가 나타난 단계
⑤ 작업 관리상 문제가 나타난 단계

50 다음은 기술 시스템의 발전 단계를 나타낸 자료이다. 빈칸에 들어갈 단계로 가장 적절한 것은?

〈기술 시스템의 발전 단계〉

1단계 : 발명・개발・혁신의 단계
↓
2단계 : 기술 이전의 단계
↓
3단계 : _____
↓
4단계 : 기술 공고화 단계

① 기술 협조의 단계   ② 기술 경영의 단계
③ 기술 평가의 단계   ④ 기술 경쟁의 단계
⑤ 기술 투자의 단계

3일 차
기출응용 모의고사

〈모의고사 안내〉

지원하시는 분야에 따라 다음 영역의 문제를 풀어 주시기 바랍니다.

사무	배전 · 송변전
I 01 I 공통영역(의사소통능력, 수리능력, 문제해결능력)	
I 02 I 자원관리능력	I 02 I 자원관리능력
I 03 I 정보능력	I 04 I 기술능력

3일 차 기출응용 모의고사

문항 수 : 50문항
시험시간 : 60분

| 01 | 공통영역

01 다음 글의 내용으로 적절하지 않은 것은?

> 헤로도토스의 앤드로파기(식인종)나 신화의 전설적 존재들인 반인반양, 켄타우루스, 미노타우로스 등은 아무래도 역사적인 구체성이 크게 결여된 편이다. 반면에 르네상스의 야만인 담론에 등장하는 야만인들은 서구의 전통 야만인관에 의해 각색되었지만, 이전과는 달리 현실적 구체성을 띠고 나타난다. 하지만 이때도 문명의 시각이 작동하여 야만인이 저질스러운 인간으로 인식되는 것은 마찬가지이다. 다만 이런 인식이 서구 중심의 세계체제 형성과 관련을 맺는다는 점이 이전과의 차이점이다. 르네상스의 야만인상은 서구인의 문명건설 과업과 관련하여 만들어진 것이다. '신대륙 발견'과 더불어 '문명'과 '야만'의 접촉이 빈번해지면서 야만인은 더는 신화적·상징적·문화적 이해 대상이 아니다. 이제 그는 실제 경험의 대상으로서 서구인의 일상생활에까지 모습을 드러내는 존재이다.
>
> 특히 주목해야 할 점은 콜럼버스의 '신대륙 발견' 이후로 야만인 담론은 유럽인이 '발견'한 지역의 원주민들과 집단으로 직접 만나는 실제 체험과 관련되어 있다는 사실이다. 르네상스 이전이라고 해서 이방의 원주민들을 만나지 않았을 리 없겠지만 그때에는 원주민에 관한 정보가 직접 경험에 의한 것이라기보다는 뜬소문에 근거하거나 아니면 순전히 상상의 산물인 경우가 많았다. 반면에 르네상스 시대의 야만인은 그냥 원주민이 아니다. 이때의 원주민은 식인종이며 바로 이 점 때문에 문명인의 교화를 받거나 정복과 절멸의 대상이 된다. 이는 코르테스가 정복한 아스테카 제국인 멕시코를 생각하면 쉽게 이해할 수 있다.
>
> 멕시코는 당시 거대한 제국으로서 유럽에서도 유례를 찾아보기 힘들 정도로 인구 25만의 거대한 도시를 건설한 '문명국'이었다. 하지만 멕시코 정벌에 참여한 베르날 디아즈는 나중에 이 경험을 토대로 한 회고록 『뉴스페인 정복사』에서 멕시코 원주민들을 지독한 식인습관을 가진 것으로 매도한다. 멕시코 원주민들이 식인종으로 규정되고 나면 그들이 아무리 스페인 정복군이 눈이 휘둥그레질 정도로 발달된 문화를 가지고 있어도 소용이 없다. 그들은 '식인 야만인'으로 규정됨으로써 정복의 대상이 되고, 이로 말미암아 세계사의 흐름에 큰 변화가 오게 된다. 거대한 대륙의 주인이 바뀌는 것이다.

① 고대에 형성된 야만인 이미지들은 경험에 의한 것이기보다 허구의 산물이었다.
② 르네상스 이후 서구인의 야만인 담론은 전통적인 야만인관과 단절을 이루었다.
③ 르네상스 이후 야만인은 서구의 세계제패 전략의 관점에서 인식되고 평가되었다.
④ 스페인 정복군에 의한 아즈테카 문명의 정복은 서구 야만인 담론을 통해 합리화되었다.
⑤ 콜럼버스 신대륙 발견 이후 야만인은 문명에 의해 교화되거나 정복되어야 할 잔인한 존재로 매도되었다.

02 다음 글을 읽고 알 수 있는 사실로 적절하지 않은 것은?

인류의 역사를 석기시대, 청동기시대 그리고 철기시대로 구분한다면 현대는 '플라스틱시대'라고 할 수 있을 만큼 플라스틱은 현대사회에서 가장 혁명적인 물질 중 하나이다. "플라스틱은 현대 생활의 뼈, 조직, 피부가 되었다."는 미국의 과학 저널리스트 수전 프라인켈(Susan Freinkel)의 말처럼 플라스틱은 인간 생활에 많은 부분을 차지하고 있다. 저렴한 가격과 필요에 따라 내구성, 강도, 유연성 등을 조절할 수 있는 장점 덕분에 일회용 컵부터 옷, 신발, 가구 등 플라스틱이 아닌 것이 거의 없을 정도이다. 그러나 플라스틱에는 치명적인 단점이 있다. 플라스틱이 지닌 특성 중 하나인 영속성(永續性)이다. 인간이 그동안 생산한 플라스틱은 바로 분해되지 않고 어딘가에 계속 존재하고 있어 환경오염의 원인이 된 지 오래이다.

치약, 화장품, 피부 각질제거제 등 생활용품에 들어 있는 작은 알갱이의 성분은 '마이크로비드(Microbead)'라는 플라스틱이다. 크기가 1mm보다 작은 플라스틱을 '마이크로비드'라고 하는데, 이 알갱이는 정수처리과정에서 걸러지지 않고 생활 하수구에서 강으로, 바다로 흘러간다. 이 조그만 알갱이들은 바다를 떠돌면서 생태계의 먹이사슬을 통해 동식물 체내에 축적되어 면역체계 교란, 중추신경계 손상 등의 원인이 되는 잔류성유기오염물질(Persistent Organic Pollutants)을 흡착한다. 그리고 물고기, 새 등 여러 생물은 마이크로비드를 먹이로 착각해 섭취한다. 마이크로비드를 섭취한 해양생물은 다시 인간의 식탁에 올라온다. 즉, 우리가 버린 플라스틱을 우리가 다시 먹게 되는 셈이다.

플라스틱 포크로 음식을 먹고, 플라스틱 컵으로 물을 마시는 등 음식을 먹기 위한 수단으로만 플라스틱을 생각했지 직접 먹게 되리라고는 상상도 못했을 것이다. 우리가 먹은 플라스틱이 우리 몸에 남아 분해되지 않고 큰 질병을 키우게 될 것을 말이다.

① 플라스틱은 필요에 따라 유연성, 강도 등을 조절할 수 있고, 값이 싼 장점이 있다.
② 플라스틱은 바로 분해되지 않고 어딘가에 존재한다.
③ 마이크로비드는 크기가 작기 때문에 정수처리과정에서 걸러지지 않고 바다로 유입된다.
④ 마이크로비드는 잔류성유기오염물질을 분해하는 역할을 한다.
⑤ 물고기 등 해양생물들은 마이크로비드를 먹이로 착각해 먹는다.

광고는 세상에 널리 알림 또는 그런 일을 뜻한다. 상품이나 서비스 정보를 소비자에게 널리 알리는 의도적인 활동이다. 1963년 미국마케팅협회는 '광고란 누구인지를 확인할 수 있는 광고주가 하는 일체의 유료 형태에 의한 아이디어, 상품 또는 서비스의 비대개인적(非對個人的) 정보 제공 또는 판촉 활동이다.'라고 정의한 바 있다.

(가) 정의한 바와 같이 광고는 비용을 내고 알리는 행위이다. 광고주가 비용을 지급하므로 효과를 얻으려고 하는 것은 당연하다. 이때, 정직하게 알리는 경우도 있지만 허위·과장 요소도 스며든다. 상품을 잘 팔기 위해 상품의 기능을 부풀리기도 하는데, 이런 경우가 과장 광고이다. 사실에 해당하지 않는 자료나 정보를 사용하는 광고는 허위 광고이다. 이처럼 광고는 허위·과장의 가능성이 있어 소비자는 광고 보는 눈을 키워야 한다. 허위·과장 광고에 속으면 피해가 발생한다.

(나) 시민의 발로 불리는 지하철의 광고 또한 많은 것을 시사한다. 초창기에는 지하철 전동차 내부에 인쇄물 광고가 슬금슬금 붙더니 차차 차량 외벽은 물론 출입문 유리에도 광고로 도배되기 시작했다. 지하철 승강장 게이트 회전 바에도 광고가 빙글빙글 돌아간다. 전동차 내부의 광고 종류도 다양하다. 인쇄물 광고는 물론이고 전동차 안팎의 안내 모니터에도 광고가 쉴 새 없이 상영돼 지하철은 거대한 광고판으로 바뀐 지 오래이다. 눈을 돌리면 광고 천지인, 우리가 사는 이 세상은 이미 거대한 광고판이다.

(다) 예전에는 프로그램과 광고가 분리돼 프로그램 시작 전이나 끝난 뒤에 광고가 나왔다. 요즘 인기 TV 프로그램의 상당수는 '이 프로그램은 간접 광고 및 가상 광고를 포함하고 있습니다.'라는 안내 문구가 따라붙는다. PPL 광고(Product Placement : 특정 기업의 협찬을 대가로 영화나 드라마에서 해당 기업의 상품이나 브랜드 이미지를 끼워 넣는 광고기법)의 등장으로 프로그램인지 광고인지 분간하지 못할 정도이다. 광고가 프로그램을 좌지우지할 정도로 영향력이 큰 경우도 있다.

(라) 즉, 현대 자본주의 시대에는 광고가 세상을 지배한다. 소비자는 광고 보는 눈을 높여 광고에 유혹되지 않아야 한다. 수억 원대는 보통인 모델의 몸값은 결국 소비자가 낸다. 모델의 몸값은 그 제품을 사는 소비자가 십시일반(十匙一飯)으로 내는 것이다. 광고는 광고일 뿐 광고가 품질을 보장하는 것은 아니다. 광고에 돈을 쏟아붓는 기업보다는 제품의 본질에 투자하는 기업을 선택하는 것이 소비자의 권리이자 책임 중 하나이다.

03 다음 중 제시된 문단에 이어질 내용을 논리적 순서대로 바르게 나열한 것은?

① (가) – (나) – (다) – (라)   ② (가) – (다) – (나) – (라)

③ (가) – (다) – (라) – (나)   ④ (나) – (가) – (다) – (라)

⑤ (다) – (가) – (나) – (라)

04 다음 중 허위 · 과장 광고의 사례로 적절하지 않은 것은?

① 홍보하는 용량과 달리 실제 내용물은 홍보 용량보다 더 적었던 음료판매점

② 그래픽만으로 사진 성형을 하여 홍보물을 제작한 성형외과

③ 협회가 인증한 범위보다 더 넓은 범위에 인증 표시를 사용한 의료기기 제작회사

④ 중학생 때 다니다가 학원을 끊은 학생이 들어간 대학교를 현수막에 걸어놓은 학원

⑤ 해당 연예인이 사용한 제품이 아니지만 연예인을 모델로 해 홍보한 다이어트 보조제회사

05 다음 글에서 〈보기〉의 문장이 들어갈 위치로 가장 적절한 곳은?

자본주의 경제 체제는 이익을 추구하려는 인간의 욕구를 최대한 보장해 주고 있다. 기업 또한 이익 추구라는 목적에서 탄생하여, 생산의 주체로서 자본주의 체제의 핵심적 역할을 수행하고 있다. 곧, 이익은 기업가로 하여금 사업을 시작하게 하는 동기가 된다. (가) 이익에는 단기적으로 실현되는 이익과 장기간에 걸쳐 지속적으로 실현되는 이익이 있다. 기업이 장기적으로 존속, 성장하기 위해서는 단기 이익보다 장기 이익을 추구하는 것이 더 중요하다. 실제로 기업은 단기 이익의 극대화가 장기 이익의 극대화와 상충할 때에는 단기 이익을 과감히 포기하기도 한다. (나) 자본주의 초기에는 기업이 단기 이익과 장기 이익을 구별하여 추구할 필요가 없었다. 소자본끼리의 자유 경쟁 상태에서는 단기든 장기든 이익을 포기하는 순간에 경쟁에서 탈락하기 때문이다. 그에 따라 기업은 치열한 경쟁에서 살아남기 위해 주어진 자원을 최대한 효율적으로 활용하여 가장 저렴한 가격으로 좋은 품질의 상품을 소비자에게 공급하게 되었다. (다) 이 단계에서는 기업의 소유자가 곧 경영자였기 때문에, 기업의 목적은 자본가의 이익을 추구하는 것으로 집중되었다.

그러나 기업의 규모가 점차 커지고 경영 활동이 복잡해지면서 전문적인 경영 능력을 갖춘 경영자가 필요하게 되었다. (라) 이에 따라 소유와 경영이 분리되어 경영의 효율성이 높아졌지만, 동시에 기업이 단기 이익과 장기 이익 사이에서 갈등을 겪게 되는 일도 발생하였다. 주주의 대리인으로 경영을 위임 받은 전문 경영인은 기업의 장기적 전망보다 단기 이익에 치중하여 경영 능력을 과시하려는 경향이 있기 때문이다. 주주는 경영자의 이러한 비효율적 경영 활동을 감시함으로써 자신의 이익은 물론 기업의 장기 이익을 극대화하고자 하였다. (마)

보기

이는 기업의 이익 추구가 결과적으로 사회 전체의 이익도 증진시켰다는 의미이다.

---

① (가)
② (나)
③ (다)
④ (라)
⑤ (마)

오늘날 인류가 왼손보다 오른손을 ㉠더 선호하는 경향은 어디서 비롯되었을까? 오른손을 귀하게 여기고 왼손을 천대하는 현상은 어쩌면 산업화 이전 사회에서 배변 후 사용할 휴지가 없었다는 사실과 관련이 있을 법하다. 맨손으로 배변 뒤처리를 하는 것은 ㉡불쾌할 뿐더러 병균을 옮길 위험을 수반하는 일이었다. 이런 위험의 가능성을 낮추는 간단한 방법은 음식을 먹거나 인사할 때 다른 손을 사용하는 것이었다. 기술 발달 이전의 사회는 대개 왼손을 배변 뒤처리에, 오른손을 먹고 인사하는 일에 사용했다.

나는 이런 배경이 인간 사회에 널리 나타나는 '오른쪽'에 대한 긍정과 '왼쪽'에 대한 ㉢반감을 어느 정도 설명해 줄 수 있으리라고 생각한다. 그러나 이 설명은 왜 애초에 오른손이 먹는 일에, 그리고 왼손이 배변 처리에 사용되었는지 설명해주지 못한다. 동서양을 막론하고, 왼손잡이 사회는 확인된 바가 없기 때문이다. ㉣하지만 왼손잡이 사회가 존재할 가능성도 있으므로 만약 왼손잡이를 선호하는 사회가 발견된다면 이러한 논란은 종결되고 왼손잡이와 오른손잡이에 대한 새로운 이론이 등장할 것이다. 그러므로 근본적인 설명은 다른 곳에서 찾아야 할 것 같다.

한쪽 손을 주로 쓰는 경향은 뇌의 좌우반구의 기능 분화와 관련되어 있는 것으로 보인다. 보고된 증거에 따르면, 왼손잡이는 읽기와 쓰기, 개념적·논리적 사고 같은 좌반구 기능에서 오른손잡이보다 상대적으로 미약한 대신 상상력, 패턴 인식, 창의력 등 전형적인 우반구 기능에서는 상대적으로 기민한 경우가 많다.

나는 이성 대 직관의 힘겨루기, 뇌의 두 반구 사이의 힘겨루기가 오른손과 왼손의 힘겨루기로 ㉤표면화시킨 것이 아닐까 생각한다. 즉, 오른손이 원래 왼손보다 더 능숙했기 때문이 아니라 뇌의 좌반구가 인간의 행동을 지배하는 권력을 갖게 되었기 때문에 오른손 선호에 이르렀다는 생각이다.

① ㉠ : 의미 중복이 일어나므로 '선호하는'으로 수정한다.
② ㉡ : 띄어쓰기가 잘못되었으므로 '불쾌할뿐더러'로 수정한다.
③ ㉢ : 문맥상 어색한 단어이므로 '기시감'으로 수정한다.
④ ㉣ : 전체적인 글의 흐름과 어울리지 않으므로 삭제한다.
⑤ ㉤ : 잘못된 사동표현이므로 피동표현인 '표면화된'으로 수정한다.

07 다음 중 (가) ~ (마) 문단의 주제로 적절하지 않은 것은?

(가) 한 아이가 길을 가다가 골목에서 갑자기 튀어나온 큰 개에게 발목을 물렸다. 아이는 이 일을 겪은 뒤 개에 대한 극심한 불안에 시달렸다. 멀리 있는 강아지만 봐도 몸이 경직되고 호흡 곤란을 느꼈으며 심할 경우 응급실을 찾기도 하였다. 이것은 한 번의 부정적인 경험이 공포증으로 이어진 경우라고 할 수 있다.

(나) '공포증'이란 위의 경우에서 보듯이 특정 대상에 대한 과도한 두려움으로 그 대상을 계속해서 피하게 되는 증세를 말한다. 특정한 동물, 높은 곳, 비행기나 엘리베이터 등이 공포증을 유발하는 대상이 될 수 있다. 물론 일반적인 사람들도 이런 대상을 접하여 부정적인 경험을 할 수 있지만 공포증으로까지 이어지는 경우는 드물다.

(다) 심리학자 와이너는 부정적인 경험을 한 상황을 어떻게 해석하느냐에 따라 이러한 공포증이 생길 수도 있고 그렇지 않을 수도 있으며, 공포증이 지속될 수도 있고 극복될 수도 있다고 했다. 그는 상황을 해석하는 방식을 설명하기 위해 상황의 원인을 어디에서 찾느냐, 상황의 변화 가능성에 대해 어떻게 인식하느냐의 두 가지 기준을 제시했다. 상황의 원인을 자신에게서 찾으면 '내부적'으로 해석한 것이고, 자신이 아닌 다른 것에서 찾으면 '외부적'으로 해석한 것이다. 또한 상황이 바뀔 가능성이 전혀 없다고 생각하면 '고정적'으로 인식한 것이고, 상황이 충분히 바뀔 수 있다고 생각하면 '가변적'으로 인식한 것이다.

(라) 와이너에 의하면, 큰 개에게 물렸지만 공포증에 시달리지 않는 사람들은 개에게 물린 상황에 대해 '내 대처 방식이 잘못되었어.'라며 내부적이고 가변적으로 해석한다. 이것은 나의 대처 방식에 따라 상황이 충분히 바뀔 수 있다고 생각하는 것이므로 이들은 개와 마주치는 상황을 굳이 피하지 않는다. 그 후 개에게 물리지 않는 상황이 반복되면 '나도 어떤 경우라도 개를 감당할 수 있어.'라며 내부적이고 고정적으로 해석하는 단계로 나아가게 된다.

(마) 반면에 공포증을 겪는 사람들은 개에 물린 상황에 대해 '나는 약해서 개를 감당하지 못해.'라며 내부적이고 고정적으로 해석하거나 '개는 위험한 동물이야.'라며 외부적이고 고정적으로 해석한다. 자신의 힘이 개보다 약하다고 생각하거나 개를 맹수로 여기는 것이므로 이들은 자신이 개에게 물린 것을 당연한 일로 받아들인다. 하지만 공포증에 시달리지 않는 사람들처럼 상황을 해석하고 개를 피하지 않는 노력을 기울이면 공포증에서 벗어날 수 있다.

① (가) : 공포증이 생긴 구체적 상황
② (나) : 공포증의 개념과 공포증을 유발하는 대상
③ (다) : 와이너가 제시한 상황 해석의 기준
④ (라) : 공포증을 겪지 않는 사람들의 상황 해석 방식
⑤ (마) : 공포증을 겪는 사람들의 행동 유형

08 다음 글을 읽고 추론한 반응으로 가장 적절한 것은?

충전과 방전을 통해 반복적으로 사용할 수 있는 충전지는 양극에 사용되는 금속 산화 물질에 따라 납 충전지, 니켈 충전지, 리튬 충전지로 나눌 수 있다. 충전지가 방전될 때 양극 단자와 음극 단자 간에 전압이 발생하는데, 방전이 진행되면서 전압이 감소한다. 이렇게 변화하는 단자 전압의 평균을 공칭 전압이라 한다. 충전지를 크게 만들면 충전 용량과 방전 전류 세기를 증가시킬 수 있으나, 전극의 물질을 바꾸지 않는 한 공칭 전압은 변하지 않는다. 납 충전지의 공칭 전압은 2V, 니켈 충전지는 1.2V, 리튬 충전지는 3.6V이다.

충전지는 최대 용량까지 충전하는 것이 효율적이며 이러한 상태를 만충전이라 한다. 충전지를 최대 용량을 넘어서 충전하거나 방전 하한 전압 이하까지 방전시키면 충전지의 수명이 줄어들기 때문에 충전 양을 측정·관리하는 것이 중요하다. 특히 과충전 시에는 발열로 인해 누액이나 폭발의 위험이 있다. 니켈 충전지의 일종인 니켈카드뮴 충전지는 다른 충전지와 달리 메모리 효과가 있어서 일부만 방전한 후 충전하는 것을 반복하면 충·방전할 수 있는 용량이 줄어든다.

충전에 사용하는 충전기의 전원 전압은 충전지의 공칭 전압보다 높은 전압을 사용하고, 충전지로 유입되는 전류를 저항으로 제한한다. 그러나 충전이 이루어지면서 충전지의 단자 전압이 상승하여 유입되는 전류의 세기가 점점 줄어들게 된다. 그러므로 이를 막기 위해 충전기에는 충전 전류의 세기가 일정하도록 하는 정전류 회로가 사용된다. 또한 정전압 회로를 사용하기도 하는데, 이는 회로에 입력되는 전압이 변해도 출력되는 전압이 일정하도록 해 준다. 리튬 충전지를 충전할 경우 정전류 회로를 사용하여 충전하다가 만충전 전압에 이르면 정전압 회로로 전환하여 정해진 시간 동안 충전지에 공급하는 전압을 일정하게 유지함으로써 충전지 내부에 리튬 이온이 고르게 분포될 수 있게 한다.

① 니켈 충전지는 납 충전지보다 공칭 전압이 낮으므로 전압을 높이려면 크기를 더 크게 만들면 되겠군.
② 사용하는 리튬 충전지의 용량이 1,000mAh라면 전원 전압이 2V보다 높은 충전기를 사용해야겠군.
③ 니켈카드뮴 충전지를 오래 사용하려면 방전 하한 전압 이하까지 방전시킨 후에 충전하는 것이 좋겠어.
④ 충전지를 충전하는 과정에서 충전지의 온도가 과도하게 상승한다면 폭발의 위험이 있을 수 있으므로 중지하는 것이 좋겠어.
⑤ 리튬 충전지의 공칭 전압은 3.6V이므로 충전 시 3.6V에 이르면 충전기의 정전압 회로가 전압을 일정하게 유지하는 것이군.

09 직장 내에서의 의사소통은 반드시 필요하지만, 적절한 의사소통을 형성한다는 것은 쉽지 않다. 다음과 같은 갈등 상황을 유발하는 원인으로 가장 적절한 것은?

> 기획팀의 J대리는 팀원들과 함께 프로젝트를 수행하고 있다. J대리는 이번 프로젝트를 조금 여유 있게 진행할 것을 팀원들에게 요청하였다. 팀원들은 프로젝트 진행을 위해 회의를 진행하였는데, L사원과 P사원의 의견이 서로 대립하는 바람에 결론을 내리지 못한 채 회의를 마치게 되었다. J대리가 회의 내용을 살펴본 결과, L사원은 프로젝트 기획 단계에서 좀 더 꼼꼼하고 상세한 자료를 모으자는 의견이었고, 반대로 P사원은 여유 있는 시간을 프로젝트 수정·보완 단계에서 사용하자는 의견이었다.

① L사원과 P사원이 J대리의 의견을 서로 다르게 받아들였기 때문이다.
② L사원은 J대리의 고정적 메시지를 잘못 이해하고 있기 때문이다.
③ L사원과 P사원이 자신의 정보를 상대방이 이해하기 어렵게 표현하고 있기 때문이다.
④ L사원과 P사원이 서로 잘못된 정보를 전달하고 있기 때문이다.
⑤ L사원과 P사원이 서로에 대한 선입견을 갖고 있기 때문이다.

10 다음 중 밑줄 친 부분과 같은 의미로 쓰인 것은?

> 고통을 <u>나누면</u> 반이 되고, 즐거움을 <u>나누면</u> 배가 된다.

① 일이 마무리되면 수익금을 공정하게 <u>나누기로</u> 하였다.
② 이번에 마련한 자리를 통해 매장을 운영하면서 겪은 어려움을 함께 <u>나누었다</u>.
③ 감독님, 이렇게 팀을 <u>나눈</u> 기준이 무엇인가요?
④ 나는 피를 <u>나눈</u> 가족을 지구 반대편에 두고 이민을 왔다.
⑤ 자, 그럼 서로 인사를 <u>나누기</u> 바랍니다.

11 다음은 K공사 영업부의 분기별 영업 실적을 나타낸 그래프이다. 전체 실적에서 1 ~ 2분기와 3 ~ 4분기가 각각 차지하는 비중을 바르게 연결한 것은?(단, 비중은 소수점 둘째 자리에서 반올림한다)

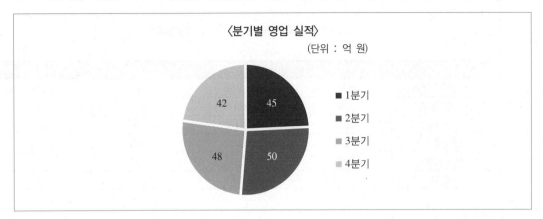

	1 ~ 2분기	3 ~ 4분기
①	48.6%	51.4%
②	50.1%	46.8%
③	51.4%	48.6%
④	46.8%	50.1%
⑤	50.0%	50.0%

12 미술 전시를 위해 정육면체 모양의 석고 조각의 각 면에 빨강, 주황, 노랑, 초록, 파랑, 검정으로 색을 칠하려고 한다. 가지고 있는 색깔은 남김없이 모두 사용해야 하고, 이웃하는 면에는 같은 색깔을 칠하지 않는다. 회전해서 같아지는 조각끼리는 서로 같은 정육면체라고 할 때, 만들 수 있는 서로 다른 정육면체는 모두 몇 가지인가?

① 60가지   ② 120가지

③ 180가지   ④ 240가지

⑤ 300가지

13 다음은 민간 분야 사이버 침해사고 발생현황에 대한 자료이다. 이에 대한 설명으로 옳지 않은 것을 〈보기〉에서 모두 고르면?

〈민간 분야 사이버 침해사고 발생현황〉

(단위 : 건)

구분	2021년	2022년	2023년	2024년
홈페이지 변조	6,490	10,148	5,216	3,727
스팸릴레이	1,163	988	731	365
기타 해킹	3,175	2,743	4,126	2,961
단순침입시도	2,908	3,031	3,019	2,783
피싱 경유지	2,204	4,320	3,043	1,854
전체	15,940	21,230	16,135	11,690

보기

ㄱ. 단순침입시도 분야의 침해사고는 매년 스팸릴레이 분야의 침해사고 건수의 두 배 이상이다.
ㄴ. 2021년 대비 2024년 침해사고 건수가 50% 이상 감소한 분야는 2개 분야이다.
ㄷ. 2023년 홈페이지 변조 분야의 침해사고 건수가 차지하는 비중은 35% 이하이다.
ㄹ. 2022년 대비 2024년은 모든 분야의 침해사고 건수가 감소하였다.

① ㄱ, ㄴ
② ㄱ, ㄹ
③ ㄴ, ㄷ
④ ㄴ, ㄹ
⑤ ㄷ, ㄹ

14 세탁기는 세제 용액의 농도를 0.9%로 유지해야 세탁이 가장 잘 된다. 농도가 0.5%인 세제 용액 2kg에 세제를 4스푼 넣었더니, 농도가 0.9%인 세제 용액이 됐다. 물 3kg에 세제를 몇 스푼 넣으면 농도가 0.9%인 세제 용액이 되는가?

① 12스푼
② 12.5스푼
③ 13스푼
④ 13.5스푼
⑤ 14스푼

15 다음은 세계 주요 터널 화재 사고 A ~ F에 대한 자료이다. 이에 대한 설명으로 옳은 것은?

〈세계 주요 터널 화재 사고 통계〉

사고	터널길이(km)	화재규모(MW)	복구비용(억 원)	복구기간(개월)	사망자(명)
A	50.5	350	4,200	6	1
B	11.6	40	3,276	36	39
C	6.4	120	72	3	12
D	16.9	150	312	2	11
E	0.2	100	570	10	192
F	1.0	20	18	8	0

※ (사고비용)=(복구비용)+[(사망자 수)×5억 원]

① 터널길이가 길수록 사망자가 많다.

② 화재규모가 클수록 복구기간이 길다.

③ 사고 A를 제외하면 복구기간이 길수록 복구비용이 많다.

④ 사망자가 가장 많은 사고 E는 사고비용도 가장 많다.

⑤ 사망자가 30명 이상인 사고를 제외하면 화재규모가 클수록 복구비용이 많다.

16 사고 난 차를 견인하기 위해 A와 B, 두 업체에서 견인차를 보내려고 한다. 사고지점은 B업체보다 A업체와 40km 더 가깝고, A업체의 견인차가 시속 63km의 일정한 속력으로 달리면 40분 만에 사고지점에 도착한다. B업체에서 보낸 견인차가 A업체의 견인차보다 늦게 도착하지 않으려면 B업체의 견인차가 내야 하는 최소 속력은?

① 119km/h
② 120km/h
③ 121km/h
④ 122km/h
⑤ 123km/h

※ 다음은 K씨가 8월까지 사용한 지출 내역이다. 이어지는 질문에 답하시오. [17~18]

〈8월까지 사용한 지출 내역〉

종류	내역
신용카드	2,500,000원
체크카드	3,500,000원
현금영수증	-

※ 연봉의 25%를 초과한 금액에 한해 신용카드는 15%, 현금영수증·체크카드는 30%를 공제함
※ 공제는 초과한 금액에 대해 공제율이 높은 종류를 우선 적용함

17 K씨의 예상 연봉 금액이 35,000,000원일 때, 연말정산에 대비하기 위한 전략 또는 자료에 대한 설명으로 옳지 않은 것은?

① 신용카드와 체크카드 사용금액이 연봉의 25%를 넘어야 공제가 가능하다.
② 2,750,000원보다 더 사용해야 소득공제가 가능하다.
③ 만약에 체크카드를 5,000,000원 더 사용한다면, 2,250,000원이 소득공제금액에 포함되고 공제액은 675,000원이다.
④ 만약에 체크카드를 5,750,000원 더 사용한다면, 3,000,000원이 소득공제금액에 포함되고 공제액은 900,000원이다.
⑤ 신용카드 사용금액이 더 적기 때문에 체크카드보다 신용카드를 많이 사용하는 것이 공제에 유리하다.

18 K씨는 8월 이후로 신용카드를 4,000,000원 더 사용했고, 현금영수증 금액을 확인해보니 5,000,000원이었다. 또한 연봉은 40,000,000원으로 상승하였다. 다음의 세율 표를 적용하여 신용카드, 현금영수증 등 소득공제금액에 대한 세금은?

과표	세율
연봉 1,200만 원 이하	6%
연봉 4,600만 원 이하	15%
연봉 8,800만 원 이하	24%
연봉 15,000만 원 이하	35%
연봉 15,000만 원 초과	38%

① 90,000원 ② 225,000원
③ 247,500원 ④ 450,000원
⑤ 1,500,000원

19 다음은 A~H국의 GDP 및 에너지 사용량에 대한 자료이다. 이에 대한 설명으로 옳지 않은 것은?

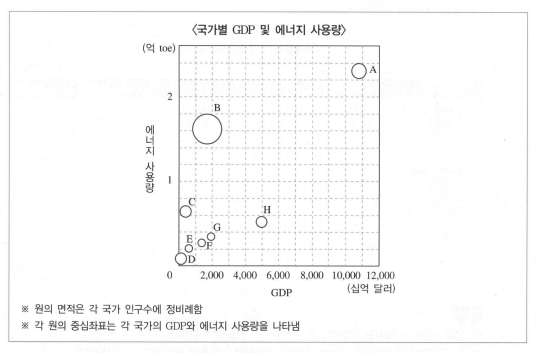

※ 원의 면적은 각 국가 인구수에 정비례함
※ 각 원의 중심좌표는 각 국가의 GDP와 에너지 사용량을 나타냄

① 에너지 사용량이 가장 많은 국가는 A국이고, 가장 적은 국가는 D국이다.
② 1인당 에너지 사용량은 C국이 D국보다 많다.
③ GDP가 가장 낮은 국가는 D국이고, 가장 높은 국가는 A국이다.
④ 1인당 GDP는 H국이 B국보다 높다.
⑤ 에너지 사용량 대비 GDP는 A국이 B국보다 작다.

다음은 국가별 연도별 이산화탄소 배출량에 대한 자료이다. 〈조건〉에 따라 빈칸 ㉠~㉣에 해당하는 국가명을 순서대로 나열한 것은?

〈국가별 연도별 이산화탄소 배출량〉

(단위 : 백만 CO_2톤)

구분	1995년	2005년	2015년	2020년	2024년
일본	1,041	1,141	1,112	1,230	1,189
미국	4,803	5,642	5,347	5,103	5,176
㉠	232	432	551	572	568
㉡	171	312	498	535	556
㉢	151	235	419	471	507
독일	940	812	759	764	723
인도	530	890	1,594	1,853	2,020
㉣	420	516	526	550	555
중국	2,076	3,086	7,707	8,980	9,087
러시아	2,163	1,474	1,529	1,535	1,468

조건

• 한국과 캐나다는 제시된 5개 연도의 이산화탄소 배출량 순위에서 8위를 두 번 했다.
• 사우디아라비아의 2020년 대비 2024년의 이산화탄소 배출량 증가율은 5% 이상이다.
• 이란과 한국의 이산화탄소 배출량의 합은 2015년부터 이란과 캐나다의 배출량의 합보다 많아진다.

① 캐나다, 이란, 사우디아라비아, 한국
② 한국, 사우디아라비아, 이란, 캐나다
③ 한국, 이란, 캐나다, 사우디아라비아
④ 이란, 한국, 사우디아라비아, 캐나다
⑤ 한국, 이란, 사우디아라비아, 캐나다

21 신입사원인 수호, 민석, 경수는 임의의 순서로 검은색·갈색·흰색 책상에 이웃하여 앉아 있고, 커피·주스·콜라 중 한 가지씩을 좋아한다. 또한 기획·편집·디자인의 서로 다른 업무를 하고 있다. 알려진 정보가 〈조건〉과 같을 때, 반드시 참인 것을 〈보기〉에서 모두 고르면?

조건
• 경수는 갈색 책상에 앉아 있다.
• 검은색 책상에 앉은 사람은 편집 업무를 담당한다.
• 기획 담당과 디자인 담당은 서로 이웃해 있지 않다.
• 디자인을 하는 사람은 커피를 좋아한다.
• 수호는 편집 담당과 이웃해 있다.
• 수호는 주스를 좋아한다.

보기
ㄱ. 경수는 커피를 좋아한다.
ㄴ. 민석이와 경수는 이웃해 있다.
ㄷ. 수호는 편집을 하지 않고, 민석이는 콜라를 좋아하지 않는다.
ㄹ. 민석이는 흰색 책상에 앉아 있다.
ㅁ. 수호는 기획 담당이다.

① ㄱ, ㄴ
② ㄴ, ㄷ
③ ㄷ, ㄹ
④ ㄱ, ㄴ, ㅁ
⑤ ㄱ, ㄷ, ㅁ

22 다음 〈조건〉을 바탕으로 팀장의 나이를 바르게 추론한 것은?

조건
• 팀장의 나이는 과장보다 4살이 많다.
• 대리의 나이는 31세이다.
• 사원은 대리보다 6살 어리다.
• 팀장과 과장의 나이 합은 사원과 대리의 나이 합의 2배이다.

① 56세
② 57세
③ 58세
④ 59세
⑤ 60세

23 K공사에서는 약 2개월 동안 근무할 인턴사원을 선발하고자 다음과 같은 공고를 게시하였다. 이에 지원한 A ~ E지원자 중 K공사의 인턴사원으로 가장 적합한 지원자는?

〈인턴 모집 공고〉

• 근무기간 : 약 2개월(7 ~ 8월)
• 자격 요건
  − 1개월 이상 경력자
  − 포토샵 가능자
  − 근무 시간(9 ~ 18시) 이후에도 근무가 가능한 자
• 기타사항
  − 경우에 따라 인턴 기간이 연장될 수 있음

A지원자	• 경력 사항 : 출판사 3개월 근무 • 컴퓨터 활용 능력 中(포토샵, 워드 프로세서) • 대학 휴학 중(9월 복학 예정)
B지원자	• 경력 사항 : 없음 • 포토샵 능력 우수 • 전문대학 졸업
C지원자	• 경력 사항 : 마케팅 회사 1개월 근무 • 컴퓨터 활용 능력 上(포토샵, 워드 프로세서, 파워포인트) • 4년제 대학 졸업
D지원자	• 경력 사항 : 제약 회사 3개월 근무 • 포토샵 가능 • 저녁 근무 불가
E지원자	• 경력 사항 : 마케팅 회사 1개월 근무 • 컴퓨터 활용 능력 中(워드 프로세서, 파워포인트) • 대학 졸업

① A지원자   ② B지원자
③ C지원자   ④ D지원자
⑤ E지원자

24 해외로 출장을 가는 김대리는 다음 〈조건〉과 같이 이동하려고 계획하고 있다. 연착 없이 계획대로 출장지에 도착했다면, 도착했을 때의 현지 시각은?

> **조건**
> • 서울 시각으로 5일 오후 1시 35분에 출발하는 비행기를 타고, 경유지 한 곳을 거쳐 출장지에 도착한다.
> • 경유지는 서울보다 1시간 빠르고, 출장지는 경유지보다 2시간 느리다.
> • 첫 번째 비행은 3시간 45분이 소요된다.
> • 경유지에서 3시간 50분을 대기하고 출발한다.
> • 두 번째 비행은 9시간 25분이 소요된다.

① 오전 5시 35분
② 오전 6시
③ 오후 5시 35분
④ 오후 6시
⑤ 오후 7시 35분

25 K공사 총무부 직원들은 사무실을 재배치하였다. 이에 대한 설명으로 옳지 않은 것은?

> **〈재배치 조건〉**
> • 같은 직급은 옆자리로 배정하지 않는다.
> • 사원 옆자리와 앞자리는 비어있을 수 없다.
> • 부서장은 동쪽을 바라보며 앉고 부서장의 앞자리에는 상무 또는 부장이 앉는다.
> • 부서장을 제외한 직원들은 마주보고 앉는다.
> • 총무부 직원은 부서장, 사원 2명(김사원, 이사원), 대리 2명(성대리, 한대리), 상무 1명(이상무), 부장 1명 (최부장), 과장 2명(김과장, 박과장)이다.

〈사무실 자리 배치표〉

부서장	A	B	성대리	C	D
	E	김사원	F	이사원	G

① 부서장 앞자리에 빈자리가 있다.
② A와 D는 빈자리이다.
③ F와 G에 김과장과 박과장이 앉는다.
④ C에 최부장이 앉으면 E에는 이상무가 앉는다.
⑤ B와 C에 이상무와 박과장이 앉으면 F에는 한대리가 앉을 수 있다.

※ 다음은 K공사의 동호회 인원 구성을 나타낸 자료이다. 이어지는 질문에 답하시오. [26~27]

〈K공사 동호회 인원 현황〉

(단위 : 명)

구분	2021년	2022년	2023년	2024년
축구	87	92	114	131
농구	73	77	98	124
야구	65	72	90	117
배구	52	56	87	111
족구	51	62	84	101
등산	19	35	42	67
여행	12	25	39	64
합계	359	419	554	715

26 2024년 축구 동호회 인원 증가율이 계속 유지된다고 가정할 때, 2025년 축구 동호회의 인원은?(단, 소수점 첫째 자리에서 반올림한다)

① 147명   ② 149명
③ 151명   ④ 153명
⑤ 155명

27 다음 중 자료에 대한 설명으로 옳은 것은?

① 동호회 인원이 많은 순서로 나열할 때, 매년 그 순위는 변화가 없다.
② 2022 ~ 2024년간 동호회 인원 구성에서 등산이 차지하는 비중은 전년 대비 매년 증가했다.
③ 2022 ~ 2024년간 동호회 인원 구성에서 배구가 차지하는 비중은 전년 대비 매년 증가했다.
④ 2022년 족구 동호회 인원은 2022년 전체 동호회의 평균 인원보다 많다.
⑤ 등산과 여행 동호회 인원의 합은 같은 해의 축구 동호회 인원에 비해 매년 적다.

28 다음은 부서별 핵심역량 중요도와 신입사원들의 핵심역량 평가결과이다. C사원과 E사원의 부서배치로 가장 적절한 것은?(단, '-'는 중요도가 상관없다는 표시이다)

〈핵심역량 중요도〉

구분	창의성	혁신성	친화력	책임감	윤리성
영업팀	-	중	상	중	-
개발팀	상	상	하	중	상
지원팀	-	중	-	상	하

〈핵심역량 평가결과〉

구분	창의성	혁신성	친화력	책임감	윤리성
A사원	상	하	중	상	상
B사원	중	중	하	중	상
C사원	하	상	상	중	하
D사원	하	하	상	하	중
E사원	상	중	중	상	하

	C사원	E사원			C사원	E사원
①	개발팀	지원팀		②	영업팀	지원팀
③	개발팀	영업팀		④	지원팀	개발팀
⑤	지원팀	영업팀				

29 다음은 문제의 의미에 대한 글이다. 〈보기〉의 내용 중 성격이 다른 하나는?

문제란 원활한 업무수행을 위해 해결해야 하는 질문이나 의논 대상을 의미한다. 즉, 해결하기를 원하지만 실제로 해결해야 하는 방법을 모르고 있는 상태나 얻고자 하는 해답이 있지만, 그 해답을 얻는 데 필요한 일련의 행동을 알지 못한 상태이다. 이러한 문제는 흔히 문제점과 구분하지 않고 사용하는데, 문제점이란 문제의 근본원인이 되는 사항으로 문제해결에 필요한 열쇠인 핵심 사항을 말한다.

> **보기**
>
> 전기밥솥에 밥을 지어놓고 부모는 잠시 다른 일을 하러 갔다. 그 사이 아이는 전기밥솥을 가지고 놀다가 전기밥솥에서 올라오는 연기에 화상을 입었다.

① 아이의 화상
② 아이의 호기심
③ 부모의 부주의
④ 전기밥솥의 열기
⑤ 안전사고 발생 가능성에 대한 부주의

30 다음 사례에 적용된 문제해결 방법 중 원인 파악 단계의 결과로 가장 적절한 것은?

1980년대 초반에 헝가리 부다페스트 교통 당국은 혼잡한 시간대에 대처하기 위해 한 노선에 버스를 여러 대씩 운행시켰다. 그러나 사람들은 45분씩 기다려야 하거나 버스 서너 대가 한꺼번에 온다고 짜증을 냈다. 사람들은 버스 운전사가 멍청하거나 아니면 악의적으로 배차를 그렇게 한다고 여겼다. 다행스럽게도 당국은 금방 문제의 원인을 파악했고, 해결책도 찾았다. 버스 세 대 이상을 노선에 투입하고 간격을 똑같이 해 놓으면, 버스의 간격은 일정하게 유지되지 않는다. 앞서 가는 버스는 승객을 많이 태우게 되기 때문에 정차 시간이 길어진다. 바로 뒤따라가는 버스는 승객이 앞차만큼 많지 않기 때문에 정차 시간이 짧아진다. 이러다 보면 어쩔 수 없이 뒤차가 앞차를 따라 잡아서 버스가 한참 안 오다가 줄줄이 두세 대씩 한꺼번에 몰려오게 된다. 버스들이 자기 조직화 때문에 몰려 다니게 되는 것이다.
상황을 이해하고 나면 해결책도 나온다. 버스 관리자는 이 문제가 같은 노선의 버스는 절대로 앞차를 앞지르지 못하게 되어 있기 때문임을 인지했다. 문제를 없애기 위해 당국은 운전사들에게 새로운 규칙을 따르게 했다. 같은 노선의 버스가 서 있는 것을 보면 그 버스가 정류장의 승객을 다 태우지 못할 것 같아도 그냥 앞질러 가라는 것이다. 이렇게 하면 버스들이 한꺼번에 줄줄이 오는 것을 막게 되어 더 효율적으로 운행할 수 있다.

① 버스 운전사의 운전 미숙
② 부다페스트의 열악한 도로 상황
③ 유연하지 못한 버스 운행 시스템
④ 의도적으로 조절한 버스 배차 시간
⑤ 정차된 같은 노선의 버스를 앞지르는 규칙

※ K사 인사팀 팀원 6명이 회식을 하기 위해 이탈리안 레스토랑에 갔다. 다음 주문한 결과를 바탕으로 이어지는 질문에 답하시오. [31~32]

- 인사팀은 토마토 파스타 2개, 크림 파스타 1개, 토마토 리소토 1개, 크림 리소토 2개, 콜라 2잔, 사이다 2잔, 주스 2잔을 주문했다.
- 인사팀은 L팀장, A과장, M대리, S대리, H사원, J사원으로 구성되어 있는데, 같은 직급끼리는 같은 소스가 들어가는 요리를 주문하지 않았고, 같은 음료도 주문하지 않았다.
- 각자 좋아하는 요리가 있으면 그 요리를 주문하고, 싫어하는 요리나 재료가 있으면 주문하지 않았다.
- L팀장은 토마토 파스타를 좋아하고, S대리는 크림 리소토를 좋아한다.
- A과장과 H사원은 파스타면을 싫어한다.
- 대리들 중에 콜라를 주문한 사람은 없다.
- 크림 파스타를 주문한 사람은 사이다도 주문했다.
- 토마토 파스타나 토마토 리소토와 주스는 궁합이 안 맞는다고 하여 함께 주문하지 않았다.

31 다음 중 주문한 결과로 적절하지 않은 것은?

① 사원들은 중 한 사람은 주스를 주문했다.
② A과장은 크림 리소토를 주문했다.
③ L팀장은 콜라를 주문했다.
④ 토마토 리소토를 주문한 사람은 콜라를 주문했다.
⑤ 사이다를 주문한 사람은 파스타를 주문했다.

32 다음 중 같은 요리와 음료를 주문한 사람으로 바르게 짝지어진 것은?

① J사원, S대리
② H사원, A과장
③ S대리, A과장
④ M대리, H사원
⑤ M대리, L팀장

33 K공사 해외사업부는 7월 중에 2박 3일로 워크숍을 떠나려고 한다. 사우들의 단합을 위해 일정은 주로 야외 활동으로 잡았다. 다음 7월 미세먼지 예보와 〈조건〉을 고려했을 때, 워크숍 일정으로 가장 적합한 날짜는?

〈미세먼지 등급〉

구간	좋음	보통	약간 나쁨	나쁨	매우 나쁨	
예측농도 (μg/m3 · 일)	0 ~ 30	31 ~ 80	81 ~ 120	121 ~ 200	201 ~ 300	301 ~

〈7월 미세먼지 예보〉

일요일	월요일	화요일	수요일	목요일	금요일	토요일
1	2	3	4	5	6	
204μg/m3	125μg/m3	123μg/m3	25μg/m3	132μg/m3	70μg/m3	
7	8	9	10	11	12	13
10μg/m3	115μg/m3	30μg/m3	200μg/m3	116μg/m3	121μg/m3	62μg/m3
14	15	16	17	18	19	20
56μg/m3	150μg/m3	140μg/m3	135μg/m3	122μg/m3	98μg/m3	205μg/m3
21	22	23	24	25	26	27
77μg/m3	17μg/m3	174μg/m3	155μg/m3	110μg/m3	80μg/m3	181μg/m3
28	29	30	31			
125μg/m3	70μg/m3	85μg/m3	125μg/m3			

조건
- 첫째 날과 둘째 날은 예측농도가 '좋음 ~ 약간 나쁨' 사이여야 한다.
- 워크숍 일정은 평일로 하되 불가피할 시 토요일을 워크숍 마지막 날로 정할 수 있다.
- 매달 2 · 4주 수요일은 기획회의가 있다.
- 셋째 주 금요일 저녁에는 우수성과팀 시상식이 있다.
- 7월 29 ~ 31일은 중국 현지에서 열리는 콘퍼런스에 참여한다.

① 1 ~ 3일
② 8 ~ 10일
③ 17 ~ 19일
④ 25 ~ 27일
⑤ 29 ~ 31일

※ K공사는 고령 임직원을 위한 스마트뱅킹 교육을 실시하려고 한다. 다음 자료를 참고하여 이어지는 질문에 답하시오. [34~35]

〈고령 임직원을 위한 스마트뱅킹 교육〉

• 참가인원 : 직원 50명, 임원 15명
• 교육일시 : 2025년 5월 28일 오전 9 ~ 11시
• 필요장비 : 컴퓨터, 빔 프로젝터, 마이크
• 특이사항
 － 교육 종료 후 다과회가 있으므로 별도 회의실이 필요하다.
 － 교육 장소는 조건을 충족하는 장소 중에서 가장 저렴한 장소로 선택한다.

〈센터별 대여료 및 세부사항〉

구분	대여료	보유 장비	수용인원	사용가능 시간	비고
A센터	400,000원	컴퓨터, 빔 프로젝터, 마이크	50명	3시간	회의실 보유
B센터	420,000원	컴퓨터, 빔 프로젝터, 마이크	65명	4시간	회의실 보유
C센터	350,000원	컴퓨터, 마이크	45명	3시간	－
D센터	500,000원	마이크, 빔 프로젝터	75명	1시간	회의실 보유
E센터	400,000원	빔 프로젝터, 마이크, 컴퓨터	70명	2시간	－

34 다음 중 고령 임직원을 위한 스마트뱅킹 교육 계획에 맞는 장소로 적절한 곳은?

① A센터   ② B센터
③ C센터   ④ D센터
⑤ E센터

35 교육 참여자가 30명으로 변경되었을 때, 다음 중 선택할 교육 장소로 적절한 곳은?

① A센터   ② B센터
③ C센터   ④ D센터
⑤ E센터

〈직원 복지정책 및 대출제도〉

구분	내용	혜택	세부사항
복지	경조사	생일 : 10만 원	–
		결혼 : 50만 원	• 입사 1년 차 이상, 본인과 배우자 모두 K회사 직원일 경우 1.5배씩 지원
		출산(등본 상 기준) • 첫째 100만 원 • 둘째 150만 원 • 셋째 이상 200만 원	• 입사 2년 차 이상, 본인과 배우자 중 한 사람 이상 결혼 축하금 받았을 경우 20만 원씩 추가 지원 • 다태아일 경우, 등본상 순서로 지원
		부모님 경조사 : 20만 원	–
	학자금	본인 대학교 학자금	• 입사 1년 차 이상, 잔여 대출원금의 50%지원
		본인 대학원 학자금	• 입사 2년 차 이상, 잔여 대출원금의 80% 지원
		초・중학생 자녀 학자금	• 입사 2년 차 이상, 자녀 1인당 연 50만 원 지원
		고등학생 자녀 학자금	• 입사 3년 차 이상, 자녀 1인당 연 100만 원 지원(3년 차 미만일 경우 50만 원)
		대학생 자녀 학자금	• 입사 4년 차 이상, 자녀 1인당 연 200만 원 지원(4년 차 미만일 경우 100만 원)
대출	주택	저금리 주택 지원 대출	• 입사 1년 차 이상, 최대 2,000만 원, 연이율 2.7% • 입사 2년 차 이상, 최대 3,000만 원, 연이율 2.3% • 입사 3년 차 이상, 최대 5,000만 원, 연이율 2.1% • 입사 5년 차 이상, 최대 10,000만 원, 연이율 1.8%

※ 별도의 사항이 명시되지 않은 경우, 입사 연차 제한이 없음
※ 현재 날짜는 2024년 9월 1일임

36 A대리가 복지부서에 문의한 내용이 다음과 같을 때, A대리가 받을 수 있는 사내 복지 혜택 총 금액은 얼마인가?

〈문의 내용〉

안녕하세요, 영업부서에 근무 중인 A대리입니다. 올해 직원복지 지원금을 신청하고 싶은데, 얼마나 받을 수 있는지 몰라서 문의 드려요. 저는 2021년 11월에 입사해 올해 1월 ㅁㅁ사에서 일하는 아내와 결혼을 했고, 아내는 현재 중학생인 딸아이가 한 명 있어요. 제 등본으로 들어와서 이제 제 딸아이이기도 하고요. 그리고 저번 달 말 제 생일에 저희 아이가 태어났어요. 올해 들어와서는 지원금 신청을 아직 못했는데, 총 얼마를 받을 수 있을까요?

① 160만 원
② 180만 원
③ 210만 원
④ 230만 원
⑤ 280만 원

37 다음은 직원 B와 복지부서 담당자가 대화한 내용이다. 직원 B가 총 지원받을 금액은 얼마인가?

직원 B : 안녕하세요. 사내 학자금 지원금과 주택 지원 대출을 받고 싶어서요.

복지팀 : 안녕하세요. 입사 연차에 따라 지원받을 수 있는 내용이 달라 혹시 입사일이 언제인가요?

직원 B : 작년 3월 초에 입사했어요.

복지팀 : 그러시면, 입사하신 지 2년이 좀 안 되신 거군요. 일단 1년 차 이상이므로 학자금 지원금은 경우에 따라서 신청이 가능할 것 같고요. 주택 지원 대출은 한도 내에서 연이율 2.7%로 가능해요.

직원 B : 학자금은 대학교 학자금은 다 상환했는데, 대학원 학자금이 1,500만 원 남아있어요. 농어촌 학자금이라 무이자이고요. 주택은 지금 전세를 알아봤는데 5,000만 원이라 절반만 대출받으면 될 것 같아요.

---

① 1,500만 원   ② 2,000만 원

③ 2,500만 원   ④ 4,000만 원

⑤ 5,000만 원

38 37번 문제의 직원 B가 재작년 3월 초에 입사했다면, 직원 B가 지원받을 총금액은 얼마인가?

① 3,700만 원   ② 4,000만 원

③ 4,200만 원   ④ 4,500만 원

⑤ 6,200만 원

39 다음은 K기술원 소속 인턴들의 직업선호 유형 및 책임자의 관찰 사항에 대한 자료이다. 소비자들의 불만을 접수해서 처리하는 업무를 맡기기에 가장 적합한 인턴은 누구인가?

〈직업선호 유형 및 책임자의 관찰 사항〉

구분	유형	유관 직종	책임자의 관찰 사항
A인턴	RI	DB개발, 요리사, 철도기관사, 항공기 조종사, 직업군인, 운동선수, 자동차 정비원	부서 내 기기 사용에 문제가 생겼을 때 해결 방법을 잘 찾아냄
B인턴	AS	배우, 메이크업 아티스트, 레크리에이션 강사, 광고기획자, 디자이너, 미술교사, 사회복지사	자기주장이 강하고 아이디어가 참신한 경우가 종종 있었음
C인턴	CR	회계사, 세무사, 공무원, 비서, 통역가, 영양사, 사서, 물류전문가	무뚝뚝하나 잘 흥분하지 않으며, 일처리가 신속하고 정확함
D인턴	SE	사회사업가, 여행안내원, 교사, 한의사, 응급구조 요원, 스튜어디스, 헤드헌터, 국회의원	부서 내 사원들에게 인기 있으나 일처리는 조금 늦은 편임
E인턴	IA	건축설계, 게임기획, 번역, 연구원, 프로그래머, 의사, 네트워크엔지니어	분석적이나 부서 내에서 잘 융합되지 못하고, 겉도는 것처럼 보임

① A인턴
② B인턴
③ C인턴
④ D인턴
⑤ E인턴

40 K유통업체는 현재 바코드를 사용하여 물품을 관리하고 있다. K유통업체에 근무 중인 A~E는 다음 기사를 읽고 관세청이 병행수입물품 관리에 사용한 방법을 자사의 물품관리 시스템에 도입하기 위해 의견을 나누었다. 다음 중 잘못된 의견을 제시하고 있는 사람은?

> 관세청은 병행수입 활성화와 소비자 권리 강화를 위해 275개 상표에 부착하던 '병행수입물품 통관표지'를 595개 상표로 확대해 실시한다고 밝혔다. QR코드 방식의 병행수입물품 통관표지는 수입자와 품명, 상표명, 수입 일자, 통관, 세관 등의 정보를 담고 있어 소비자는 스마트폰을 통해 통관정보를 손쉽게 확인할 수 있다. 통관표지는 지난 2012년 8월부터 시작해 의류나 핸드백 등 35개 품목, 275개 상표의 병행수입물품을 대상으로 부착됐다.
> 관세청은 섬유유연제나 방향제 같은 생활용품을 비롯해 캠핑용 그릴, 등산배낭, 자동차용 엔진오일 등 국민 생활과 밀접한 품목을 추가해 모두 595개 상표의 병행수입물품에 통관표지를 부착하기로 하였다.

① A : 1차원의 코드를 사용하고 있는 우리 회사와 달리 관세청은 사각형의 가로세로 격자무늬의 2차원 코드를 사용하여 병행수입물품을 관리하고 있군.

② B : 관세청의 물품관리 방법을 도입하면 현재보다 더 빠르게, 더 많은 양의 정보를 파악할 수 있겠어.

③ C : 게다가 코드의 일부분이 오염되거나 손상되어도 정보를 복원할 수 있다는 장점도 있어.

④ D : 기존에는 일반적으로 물품에 대한 정보를 파악하기 위해 전용 단말기가 필요했지만, 관세청의 물품관리 방법을 도입하면 별도의 단말기 없이 스마트폰만으로도 정보를 파악할 수 있겠군.

⑤ E : 하지만 관세청이 사용한 사각형의 코드 모양은 방향에 따라 다르게 인식될 수 있기 때문에 이를 유의하여 정보를 파악해야 해.

41 다음 워크시트에서 [틀 고정] 기능을 통해 A열과 1행을 고정하고자 할 때, 어느 셀을 클릭한 후 [틀 고정]을 해야 하는가?

	A	B	C
1	코드번호	성명	취미
2	A001	이몽룡	컴퓨터
3	A002	홍길동	축구
4	A003	성춘향	미술
5	A004	변학도	컴퓨터
6	A005	임꺽정	농구

① [A1] ② [A2]
③ [B1] ④ [B2]
⑤ [C2]

42 다음 프로그램의 실행 결과로 옳은 것은?

```
#include <stdio.h>
void main() {
    int arr[10] = {1, 2, 3, 4, 5};
    int num = 10;
    int i;

    for (i = 0; i < 10; i++) {
      num += arr[i];
    }
    printf("%d\n", num);
}
```

① 10 ② 20
③ 25 ④ 30
⑤ 55

43 다음 [B1] 셀을 기준으로 오른쪽 그림과 같이 자동 필터를 적용하였을 때, A열에 추출되지 않는 성명은?

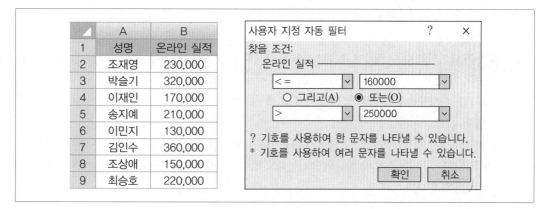

① 박슬기
② 이재인
③ 이민지
④ 김인수
⑤ 조상애

44 다음 [A2:B8] 영역을 선택한 후 오른쪽 그림과 같이 중복된 항목을 제거하였다. 다음 중 유지되는 행의 개수로 옳은 것은?

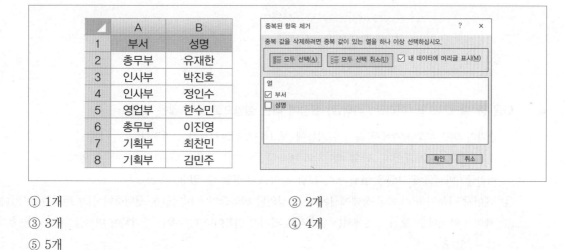

① 1개
② 2개
③ 3개
④ 4개
⑤ 5개

45 다음 중 스프레드 시트의 고급필터에 대한 설명으로 옳지 않은 것은?

① 고급필터는 자동필터에 비해 복잡한 조건을 사용하거나 여러 필드를 결합하여 조건을 지정할 경우에 사용한다.

② 원본 데이터와 다른 위치에 추출된 결과를 표시할 수 있으며, 조건에 맞는 특정한 필드(열)만을 추출할 수도 있다.

③ 조건을 지정하거나 특정한 필드만을 추출할 때 사용하는 필드명은 반드시 원본 데이터의 필드명과 같아야 한다.

④ AND조건은 지정한 모든 조건을 만족하는 데이터만 출력되며 조건을 모두 같은 행에 입력해야 한다.

⑤ OR조건은 지정한 조건 중 하나의 조건이라도 만족하는 경우 데이터가 출력되며 조건을 모두 같은 열에 입력해야 한다.

46 다음 중 데이터베이스 시스템의 특징으로 적절하지 않은 것은?

① 서로 다른 여러 사용자가 데이터베이스를 동시에 함께 사용할 수 있도록 한다.

② 일부 데이터가 변경되어도 관련 있는 데이터가 함께 변경되도록 한다.

③ 데이터베이스의 구조가 변해도 영향을 받지 않도록 한다.

④ 허용되지 않은 사용자도 데이터 접근이 가능하도록 한다.

⑤ 데이터의 중복을 최소화한다.

47 다음 중 워크시트의 [머리글 / 바닥글] 설정에 대한 설명으로 옳지 않은 것은?

① 숨기기 취소 대화상자에서 숨기기 기능에 체크하면 워크시트가 숨겨진다.

② 첫 페이지, 홀수 페이지, 짝수 페이지의 머리글 / 바닥글 내용을 다르게 지정할 수 있다.

③ 머리글 / 바닥글에 그림을 삽입하고, 그림 서식을 지정할 수 있다.

④ '페이지 나누기 미리보기' 상태에서는 미리 정의된 머리글이나 바닥글을 선택하여 쉽게 추가할 수 있다.

⑤ '페이지 레이아웃' 보기 상태에서는 워크시트 페이지 위쪽이나 아래쪽을 클릭하여 머리글 / 바닥글을 추가할 수 있다.

48 다음 중 셀 서식 관련 바로가기 키에 대한 설명으로 옳지 않은 것은?

① 〈Ctrl〉+〈1〉 : 셀 서식 대화상자가 표시된다.

② 〈Ctrl〉+〈2〉 : 선택한 셀에 글꼴 스타일 '굵게'가 적용되며, 다시 누르면 적용이 취소된다.

③ 〈Ctrl〉+〈3〉 : 선택한 셀에 밑줄이 적용되며, 다시 누르면 적용이 취소된다.

④ 〈Ctrl〉+〈5〉 : 선택한 셀에 취소선이 적용되며, 다시 누르면 적용이 취소된다.

⑤ 〈Ctrl〉+〈9〉 : 선택한 셀의 행이 숨겨진다.

49 다음 중 엑셀의 메모에 대한 설명으로 옳지 않은 것은?

① 새 메모를 작성하려면 바로가기 키 〈Shift〉+〈F2〉를 누른다.

② 작성된 메모가 표시되는 위치를 자유롭게 지정할 수 있고, 메모가 항상 표시되도록 설정할 수 있다.

③ [메모서식]에서 채우기 효과를 사용하면 이미지를 삽입할 수 있다.

④ 메모의 텍스트 서식을 변경하거나 메모에 입력된 텍스트에 맞도록 메모 크기를 자동으로 조정할 수 있다.

⑤ 피벗 테이블의 셀에 메모를 삽입한 경우 데이터를 정렬하면 메모도 데이터와 함께 정렬된다.

50 다음 중 UNIX의 특징이 아닌 것은?

① 많은 터미널을 연결하되 사용자는 온라인 실시간으로 사용할 수 있다.

② 계층구조, 트리 형태의 파일 구조를 사용한다.

③ 타 기종에 이식성이 높다.

④ 단일 사용자용 운영체제로서 온라인 대화형 시스템이다.

⑤ 간결하고 사용하기 쉬운 명령어들로 구성되어 있다.

※ K호텔에서는 편의시설로 코인세탁기를 설치하고자 한다. 다음 설명서를 보고 이어지는 질문에 답하시오.
   [41~42]

〈코인세탁기 설명서〉

■ 설치 시 주의사항

  - 전원은 교류 220V / 60Hz 콘센트를 제품 단독으로 사용하세요.
  - 전원코드를 임의로 연장하지 마세요.
  - 열에 약한 물건 근처나 습기, 기름, 직사광선 및 물이 닿는 곳이나 가스가 샐 가능성이 있는 곳에 설치하지 마세요.
  - 안전을 위해서 반드시 접지하도록 하며 가스관, 플라스틱 수도관, 전화선 등에는 접지하지 마세요.
  - 제품을 설치할 때는 전원코드를 빼기 쉬운 곳에 설치하세요.
  - 바닥이 튼튼하고 수평인 곳에 설치하세요.
  - 세탁기와 벽면과는 10cm 이상 거리를 두어 설치하세요.
  - 물이 새는 곳이 있으면 설치하지 마세요.
  - 온수 단독으로 연결하지 마세요.
  - 냉수와 온수 호스의 연결이 바뀌지 않도록 주의하세요.

■ 문제해결방법

증상	확인	해결
동작이 되지 않아요.	세탁기의 전원이 꺼져 있는 것은 아닌가요?	세탁기의 전원버튼을 눌러 주세요.
	문이 열려있는 건 아닌가요?	문을 닫고 동작 버튼을 눌러 주세요.
	물을 받고 있는 중은 아닌가요?	물이 설정된 높이까지 채워질 때까지 기다려 주세요.
	수도꼭지가 잠겨 있는 것은 아닌가요?	수도꼭지를 열어 주세요.
세탁 중 멈추고 급수를 해요.	옷감의 종류에 따라 물을 흡수하는 세탁물이 있어 물의 양을 보충하기 위해 급수하는 것입니다.	이상이 없으니 별도의 조치가 필요 없어요.
	거품이 많이 발생하는 세제를 권장량보다 과다 투입 시 거품 제거를 위해 배수 후 재급수하는 것입니다.	이상이 없으니 별도의 조치가 필요 없어요.
세제 넣는 곳 앞으로 물이 흘러 넘쳐요.	세제를 너무 많이 사용한 것은 아닌가요?	적정량의 세제를 넣어 주세요.
	물이 지나치게 뜨거운 것은 아닌가요?	50℃ 이상의 온수를 단독으로 사용하면 세제 투입 시 거품이 발생하여 넘칠 수 있습니다.
	세제 넣는 곳이 더럽거나 열려 있는 것은 아닌가요?	세제 넣는 곳을 청소해 주세요.
겨울에 진동이 심해요.	세탁기가 언 것은 아닌가요?	세제 넣는 곳이나 세탁조에 60℃ 정도의 뜨거운 물 10L 정도 넣어 세탁기를 녹여 주세요.
급수가 안 돼요.	거름망에 이물질이 끼어 있는 것은 아닌가요?	급수호수 연결부에 있는 거름망을 청소해 주세요.
탈수 시 세탁기가 흔들리거나 움직여요.	세탁기를 앞뒤 또는 옆으로 흔들었을 때 흔들리나요?	세탁기 또는 받침대를 다시 설치해 주세요.
	세탁기를 나무나 고무판 위에 설치하셨나요?	바닥이 평평한 곳에 설치하세요.
문이 열리지 않아요.	세탁기 내부온도가 높나요?	세탁기 내부온도가 70℃ 이상이거나 물 온도가 50℃ 이상인 경우 문이 열리지 않습니다. 내부온도가 내려갈 때까지 잠시 기다리세요.
	세탁조에 물이 남아 있나요?	탈수를 선택하여 물을 배수하세요.

41 다음 중 세탁기를 놓을 장소 선정 시 고려해야 할 사항으로 적절하지 않은 것은?

① 세탁기와 수도꼭지와의 거리를 확인한다.

② 220V / 60Hz 콘센트인지 확인한다.

③ 물이 새는 곳이 있는지 확인한다.

④ 바닥이 튼튼하고 수평인지 확인한다.

⑤ 전원코드를 임의로 연장하지 않도록 콘센트가 가까운 곳에 있는지 확인한다.

42 호텔 투숙객이 세탁기 이용 도중 세탁기 문이 열리지 않고, 진동이 심하다며 불편사항을 접수하였다. 다음 중 투숙객의 불편사항에 대한 해결방법으로 가장 적절한 것은?

① 세탁조에 물이 남아 있는 것을 확인하고 급수를 선택하여 물을 급수하도록 안내한다.

② 세탁기 내부온도가 높으므로 세탁조에 차가운 물을 넣도록 안내한다.

③ 세탁기의 받침대를 다시 설치하여 세탁기의 흔들림을 최소화시켜야 한다.

④ 세탁기 내부온도가 높으므로 내부온도가 내려갈 때까지 기다려달라고 안내한다.

⑤ 세탁기가 얼었을 수 있으므로 세제 넣는 곳이나 세탁조에 미온수를 넣어서 녹이도록 안내한다.

※ 다음은 정수기 사용 설명서이다. 이어지는 질문에 답하시오. [43~45]

〈제품규격〉

모델명	SDWP – 8820
전원	AC 220V / 60Hz
외형치수	260(W)×360(D)×1100(H)(단위 : mm)

〈설치 시 주의사항〉

• 낙수, 우수, 목욕탕, 샤워실, 옥외 등 제품에 물이 닿거나 습기가 많은 장소에는 설치하지 마십시오.
• 급수호스가 꼬이거나 꺾이게 하지 마십시오.
• 화기나 직사광선은 피하십시오.
• 단단하고 평평한 곳에 설치하십시오.
• 제품은 반드시 냉수배관에 연결하십시오.
• 설치 위치는 벽면에서 20cm 이상 띄워 설치하십시오.

〈필터 종류 및 교환시기〉

구분	1단계	2단계	3단계	4단계
필터	세디멘트	프리카본	UF중공사막	실버블록카본
교환시기	약 4개월	약 8개월	약 20개월	약 12개월

〈청소〉

세척 부분	횟수	세척방법
외부	7일 1회	플라스틱 전용 세척제 및 젖은 헝겊으로 닦습니다(신나 및 벤젠은 제품의 변색이나 표면이 상할 우려가 있으므로 사용하지 마십시오).
물받이통	수시	중성세제로 닦습니다.
취수구	1일 1회	히든코크를 시계 반대 방향으로 돌려서 분리하고 취수구를 멸균 면봉을 사용하여 닦습니다. 히든코크는 젖은 헝겊을 사용하여 닦습니다.
피팅(연결구)	2년 1회 이상	필터 교환 시 피팅 또는 튜빙을 점검하고 필요 시 교환합니다.
튜빙(배관)		

〈제품 이상 시 조치방법〉

증상	예상원인	조치방법
온수 온도가 낮음	공급 전원 낮음	공급 전원이 220V인지 확인하고 아니면 전원을 220V로 맞춰 주십시오.
	온수 램프 확인	온수 램프에 전원이 들어오는지 확인하고 제품 뒷면의 온수 스위치가 켜져 있는지 확인하십시오.
냉수가 나오지 않음	공급 전원 낮음	공급 전원이 220V인지 확인하고 아니면 전원을 220V로 맞춰 주십시오.
	냉수 램프 확인	냉수 램프에 전원이 들어오는지 확인하고 제품 뒷면의 냉수 스위치가 켜져 있는지 확인하십시오.
물이 나오지 않음	필터 수명 종료	필터 교환 시기를 확인하고 서비스센터에 연락하십시오.
	연결 호스 꺾임	연결 호스가 꺾인 부분이 있으면 그 부분을 펴 주십시오.
냉수는 나오는데 온수가 나오지 않음	온도 조절기 차단	제품 뒷면의 온수 스위치를 끄고 서비스센터에 연락하십시오.
	히터 불량	

정수물이 너무 느리게 채워짐	필터 수명 종료	서비스센터에 연락하고 필터를 교환받으십시오.
제품에서 누수 발생	조립 부위 불량	원수 밸브를 잠근 후 작동을 중지시키고 서비스센터에 연락하십시오.
불쾌한 맛이나 냄새 발생	냉수 탱크 세척 불량	냉수 탱크를 세척하여 주십시오.

43 다음 중 설명서를 기준으로 판단할 때, 정수기 관리법에 대한 설명으로 옳지 않은 것은?

① 정수기 청소는 하루에 최소 2곳을 해야 한다.
② 불쾌한 맛이나 냄새가 발생하면 냉수 탱크를 세척하면 된다.
③ 적정 시기에 필터를 교환하지 않으면 발생할 수 있는 문제는 2가지이다.
④ 정수기의 크기는 가로 26cm, 깊이 36cm, 높이 110cm이다.
⑤ 습기가 많은 곳에는 설치하면 안 된다.

44 다음 중 제품에 문제가 발생했을 때, 서비스센터에 연락하지 않고 해결이 가능한 현상은?

① 정수물이 너무 느리게 채워진다.
② 필터의 수명이 다해 물이 나오지 않는다.
③ 제품에서 누수가 발생한다.
④ 냉수는 나오는데 온수가 나오지 않는다.
⑤ 연결 호스가 꺾여 물이 나오지 않는다.

45 다음 중 설명서를 기준으로 판단할 때, 정수기에 대한 설명으로 옳은 것을 〈보기〉에서 모두 고르면?

> 보기
> ㄱ. 정수기에 사용되는 필터는 총 4개이다.
> ㄴ. 급한 경우에는 신나 및 벤젠을 사용하여 정수기 외부를 청소해도 된다.
> ㄷ. 3년 사용할 경우 프리카본 필터는 3번 교환해야 한다.
> ㄹ. 벽면과의 간격을 10cm로 하여 정수기를 설치하면 문제가 발생할 수 있다.

① ㄱ, ㄴ   ② ㄱ, ㄷ
③ ㄱ, ㄹ   ④ ㄴ, ㄷ
⑤ ㄷ, ㄹ

※ K병원에서는 환자들의 휴식 시간을 위해 병실마다 벽걸이 TV를 설치하고자 한다. 다음 자료를 보고 이어지는
질문에 답하시오. [46~47]

■ 설치 시 주의사항
- 반드시 제공하는 구성품 및 부품을 사용해 주세요.
- 수직 벽면 이외의 장소에는 설치하지 마세요.
- 진동이나 충격이 가해질 염려가 있는 곳은 제품이 떨어질 수 있으므로 피하세요.
- 제품의 열을 감지하고 스프링클러가 작동할 수 있으므로 스프링클러 감지기 옆에는 설치하지 마세요.
- 고압 케이블의 간섭을 받아 화면이 제대로 나오지 않을 수 있으므로 고압 케이블 근처에는 설치하지 마세요.
- 난방기기 주변은 과열되어 고장의 염려가 있으므로 피하십시오.
- 벽면의 안정성을 확인하세요.
- 설치한 후 벽면과 제품 사이의 거리는 최소 15mm 이상 유지하세요.
- 제품 주변으로 10cm 이상의 공간을 두어 통풍이 잘 되도록 하세요. 제품 내부 온도의 상승은 화재 및 제품
  고장의 원인이 될 수 있습니다.

■ 문제해결

증상	해결
전원이 켜지지 않아요.	• 전원코드가 잘 연결되어 있는지 확인하세요. • 안테나 케이블 연결이 제대로 되어 있는지 확인하세요. • 케이블 방송 수신기의 연결이 제대로 되어 있는지 확인하세요.
전원이 갑자기 꺼져요.	• 에너지 절약을 위한 '취침예약'이 설정되어 있는지 확인하세요. • 에너지 절약을 위한 '자동전원끄기' 기능이 설정되어 있는지 확인하세요.
제품에서 뚝뚝 소리가 나요.	• TV 외관의 기구적 수축이나 팽창 때문에 나타날 수 있는 현상이므로 안심하고 사용하세요.
제품이 뜨거워요.	• 제품 특성상 장시간 시청 시 패널에서 열이 발생하므로 열이 발생하는 것은 결함이나 동작 사용상의 문제가 되는 것이 아니니 안심하고 사용하세요.
리모컨 동작이 안 돼요.	• 새 건전지로 교체해 보세요.

※ 문제가 해결되지 않는다면 가까운 서비스센터로 문의할 것

---

46 다음 중 벽걸이 TV를 설치하기 위한 장소 선정 시 고려해야 할 사항으로 적절하지 않은 것은?

① 전동안마기가 비치되어 있는 병실을 확인한다.
② 스프링클러 감지기가 설치되어 있는 곳을 확인한다.
③ 냉방기가 설치되어 있는 곳을 확인한다.
④ 도면으로 고압 케이블이 설치되어 있는 위치를 확인한다.
⑤ 벽면 강도가 약한 경우 벽면을 보강할 수 있는지 확인한다.

47 TV가 제대로 작동되지 않아 A/S를 요청하기 전 간단하게 문제를 해결하고자 한다. 다음 중 문제를 해결하기 위한 방법으로 가장 적절한 것은?

① 전원이 켜지지 않아 전원코드 및 안테나 케이블, 위성 리시버가 잘 연결되어 있는지 확인했다.

② 전원이 갑자기 꺼져 전력 소모를 줄일 수 있는 기능들이 설정되어 있는지 확인했다.

③ 제품에서 뚝뚝 소리가 나서 TV의 전원을 끄고 다시 켰다.

④ 제품이 뜨거워서 분무기로 물을 뿌리고, 마른 천으로 물기를 깨끗이 닦았다.

⑤ 리모컨이 작동하지 않아 분해 후 녹이 슬어 있는 곳이 있는지 확인했다.

48 다음 중 매뉴얼 작성 방법에 대해 잘못 이야기한 사원은?

> K팀장 : 우리 신제품에 대한 매뉴얼을 작성해야 하는데 어떻게 작성해야 좋을까?
> A사원 : 매뉴얼의 서술에 있어 명령문의 경우 약한 형태보다는 단정적으로 표현하는 것이 좋을 것 같습니다.
> B사원 : 의미 전달을 명확하게 하기 위해서는 능동태보다는 수동태의 동사를 사용해야 할 것입니다.
> C사원 : 사용자가 한 번 본 후 더 이상 매뉴얼이 필요하지 않게 빨리 외울 수 있도록 배려하는 것도 필요하다고 생각합니다.
> D사원 : 사용자의 질문들을 예상하고 사용자에게 답을 제공해야 한다는 마음으로 매뉴얼을 작성해야 할 것입니다.
> E사원 : 짧고 의미 있는 제목과 비고를 통해 사용자가 원하는 정보의 위치를 파악할 수 있었으면 합니다.

① A사원   ② B사원

③ C사원   ④ D사원

⑤ E사원

49 다음 글의 빈칸에 들어갈 내용으로 적절하지 않은 것은?

> 기술능력은 직업에 종사하기 위해 모든 사람이 필요로 하는 능력이며, 이것을 넓은 의미로 확대해 보면 기술교양(Technical Literacy)이라는 개념으로 사용될 수 있다. 즉, 기술능력은 기술교양의 개념을 보다 구체화시킨 개념으로 볼 수 있다. 일반적으로 기술교양을 지닌 사람들은 _____

① 기술학의 특성과 역할을 이해한다.
② 기술과 관련된 위험을 평가할 수 있다.
③ 기술에 의한 윤리적 딜레마에 대해 합리적으로 반응할 수 있다.
④ 기술체계가 설계되고, 사용되고, 통제되는 방법을 이해한다.
⑤ 기술과 관련된 이익을 가치화하지 않는다.

50 다음 중 산업 재해에 해당되는 사례가 아닌 것은?

① 산업활동 중의 사고로 인해 사망하는 경우
② 근로자가 휴가 기간 중 사고로 부상당한 경우
③ 회사에 도보로 통근을 하는 도중 교통사고를 당하는 경우
④ 일용직, 계약직, 아르바이트생이 산업활동 중 부상당하는 경우
⑤ 유해 물질에 의한 중독 등으로 직업성 질환에 걸리거나 신체적 장애를 가져오는 경우

4일 차
기출응용 모의고사

〈모의고사 안내〉
지원하시는 분야에 따라 다음 영역의 문제를 풀어 주시기 바랍니다.

사무	배전·송변전
I 01 I 공통영역(의사소통능력, 수리능력, 문제해결능력)	
I 02 I 자원관리능력	I 02 I 자원관리능력
I 03 I 정보능력	I 04 I 기술능력

4일 차 기출응용 모의고사

문항 수 : 50문항
시험시간 : 60분

|01| 공통영역

01 다음 글에서 밑줄 친 ㉠ ~ ㉤의 수정 방안으로 적절하지 않은 것은?

> 요즘은 안심하고 야외 활동을 즐기기가 어려워졌다. 초미세먼지로 인한 우리나라의 대기 오염이 부쩍 ㉠ 심각해
> 졌다. 공기의 질은 우리 삶의 질과 직결되어 있다. 그렇기 때문에 초미세먼지가 어떤 것이며 얼마나 위험한지를
> 알아야 한다. 또한 초미세먼지에 대응하는 방안을 알고 생활 속에서 그 방안을 실천할 수 있어야 한다.
> 초미세먼지란 입자의 크기가 매우 작은 먼지를 말한다. 입자가 큰 일반적인 먼지는 코나 기관지에서 걸러지
> 지만, 초미세먼지는 걸러지지 않는다. 그래서 초미세먼지가 인체에 미치는 유해성이 매우 크다. ㉡ 초미세먼
> 지는 호흡기의 가장 깊은 곳까지 침투해 혈관으로 들어간다.
> 우리나라의 초미세먼지는 중국에서 ㉢ 날라온 것들도 있지만 국내에서 발생한 것들도 많다. 화석 연료를 사
> 용해 배출된 공장 매연이 초미세먼지의 주요한 국내 발생원이다. 현재 정부에서는 매연을 통한 오염 물질의
> 배출 총량을 규제하고 대체 에너지원 개발을 장려하는 등 초미세먼지를 줄이기 위한 노력을 하고 있다. 초미
> 세먼지를 줄이기 위해서는 우리의 노력도 필요하다. 과도한 난방을 자제하고, ㉣ 주·정차시 불필요하게 자
> 동차 시동을 걸어 놓는 공회전을 줄이기 위한 캠페인 활동에 참여하는 것 등이 우리가 할 수 있는 일이다.
> 생활 속에서 초미세먼지에 적절히 대응하기 위해서는 매일 알려 주는 초미세먼지에 대한 기상 예보를 확인하
> 는 것을 습관화해야 한다. 특히 초미세먼지가 나쁨 단계 이상일 때는 외출을 삼가고 부득이 외출할 때는 특수
> 마스크를 착용해야 한다. ㉤ 그리고 초미세먼지로부터 우리 몸을 보호하기 위해 물을 충분히 마시고, 항산화
> 식품을 자주 섭취하는 것이 좋다. 항산화 식품으로는 과일과 채소가 대표적이다. 자신의 건강도 지키고 깨끗
> 한 공기도 만들기 위한 실천을 시작해 보자.

① ㉠ : 호응 관계를 고려하여 '심각해졌기 때문이다.'로 고친다.
② ㉡ : 문장의 연결 관계를 고려하여 앞의 문장과 위치를 바꾼다.
③ ㉢ : 맞춤법에 어긋나므로 '날아온'으로 고친다.
④ ㉣ : 띄어쓰기가 올바르지 않으므로 '주·정차 시'로 고친다.
⑤ ㉤ : 앞 문장과의 관계를 고려하여 '그러므로'로 고친다.

02 다음 중 밑줄 친 부분과 같은 의미로 쓰인 것은?

> 지훈이는 1등 자리를 <u>지키기</u> 위해 열심히 노력했다.

① 조선 시대 사대부는 죽음으로 절개를 <u>지켰다</u>.
② 정해진 출근 시간을 <u>지킵시다</u>.
③ 군복을 입은 병사들이 국경을 <u>지키고</u> 있다.
④ 적들로부터 반드시 성을 <u>지켜야</u> 한다.
⑤ 공무원은 정치적 중립을 <u>지켜야</u> 한다.

03 다음 중 〈보기〉의 문장이 들어갈 위치로 가장 적절한 곳은?

한국의 전통문화는 근대화의 과정에서 보존되어야 하는가, 아니면 급격한 사회 변동에 따라 해체되어야 하는가? 한국 사회 변동 과정에서 외래문화는 전통문화에 흡수되어 토착화되는가, 아니면 전통문화 자체를 전혀 다른 것으로 변질시키는가? 이러한 질문에 대해서 오늘 한국 사회는 진보주의와 보수주의로 나뉘어 뜨거운 논란을 빚고 있다. (가) 그러나 전통의 유지와 변화에 대한 견해 차이는 단순하게 진보주의와 보수주의로 나뉠 성질이 아니다. 한국 사회는 한 세기 이상의 근대화 과정을 거쳐 왔으며 앞으로도 광범하고 심대한 사회 구조의 변동을 가져올 것이다. (나) 이런 변동 때문에 보수주의적 성향을 가진 사람들도 전통문화의 변질을 어느 정도 수긍하지 않을 수 없고, 진보주의 성향을 가진 사람 또한 문화적 전통의 가치를 인정하지 않을 수 없다. (다) 근대화는 전통문화의 계승과 끊임없는 변화를 다 같이 필요로 하며 외래문화의 수용과 토착화를 동시에 요구하기 때문이다. (라) 근대화에 따르는 사회 구조적 변동이 문화를 결정짓기 때문에 전통문화의 변화 문제는 특수성이나 양자택일이라는 기준으로 다룰 것이 아니라 끊임없는 사회 구조의 변화라는 시각에서 바라보고 분석하는 것이 중요하다. (마)

보기

또한 이 논란은 단순히 외래문화나 전통문화 중 양자택일을 해야 하는 문제도 아니다.

① (가)   ② (나)
③ (다)   ④ (라)
⑤ (마)

04 다음 중 글쓴이의 주장으로 가장 적절한 것은?

> 동물들의 행동을 잘 살펴보면 동물들도 우리가 사용하는 말 못지않은 의사소통 수단을 가지고 있는 듯이 보인다. 즉, 동물들도 여러 가지 소리를 내거나 몸짓을 함으로써 자신들의 감정과 기분을 나타낼 뿐 아니라 경우에 따라서는 인간과 다를 바 없이 의사를 교환하고 있는 듯하다. 그러나 그것은 단지 겉모습의 유사성에 지나지 않을 뿐이고 사람의 말과 동물의 소리에는 아주 근본적인 차이가 존재한다는 점을 잊어서는 안 된다. 동물들이 사용하는 소리는 단지 배고픔이나 고통 같은 생물학적인 조건에 대한 반응이거나, 두려움이나 분노 같은 본능적인 감정들을 표현하기 위한 것에 지나지 않는다.

① 모든 동물이 다 말을 하는 것은 아니지만, 원숭이와 같이 지능이 높은 동물은 말을 할 수 있다.
② 동물들은 인간이 알아듣지 못하는 방식으로 대화할 뿐 서로 대화를 나누고 정보를 교환하며 인간과 같이 의사소통을 한다.
③ 사육사의 지속적인 훈련을 받는다면 동물들은 인간의 소리를 똑같은 목소리로 정확하게 따라 할 수 있다.
④ 동물들이 내는 소리가 때때로 의사소통의 수단으로 이용된다고 해서 그것을 대화나 토론이나 회의와 같은 언어활동이라고 할 수는 없다.
⑤ 자라면서 언어를 익히는 인간과 달리 동물들은 태어날 때부터 소리를 내고, 이를 통해 자신들의 의사를 표현한다.

05 다음 중 문서를 이해하는 과정에 대한 설명으로 적절하지 않은 것은?

① 문서를 이해하기 위해서는 우선 문서의 목적을 이해하는 것이 첫 번째로 수행되어야 한다.
② 상대방의 의도를 도표, 그림 등으로 요약해보는 것은 문서의 이해에 큰 도움이 되는 과정이다.
③ 문서에 제시된 현안 문제를 파악한 후에 작성자의 의도를 분석한다.
④ 정확한 문서 이해를 위해서는 문서의 내용을 분석하기 이전에 문서 작성의 배경과 주체를 파악하여야 한다.
⑤ 문서의 핵심내용만 아는 것으로는 문서를 이해하는 데에 한계가 있으므로 모든 내용을 파악하는 것이 필수적이다.

06 다음 중 빈칸에 들어갈 접속어를 순서대로 바르게 나열한 것은?

> 도덕적 명분관은 인간의 모든 행위에 대해 인간의 본성에 근거하는 도덕적 정당성의 기준을 제시함으로써 개인의 정의감이나 용기를 뒷받침한다. 즉, 불의에 대한 비판 의식이라든가 타협을 거부하는 선비의 강직한 정신 같은 것이 바로 그것인데, 이는 우리 사회를 도덕적으로 건전하게 이끌어 오는 데 기여하였다. 또한 사회적 행위에 적용되는 도덕적 명분은 공동체의 정당성을 확고하게 하여 사회를 통합하는 데 기여해 왔다. _____ 자신의 정당성에 대한 신념이 지나친 나머지 경직된 비판 의식을 발휘하게 되면 사회적 긴장과 분열을 초래할 수도 있다. _____ 조선 후기의 당쟁(黨爭)은 경직된 명분론의 대립으로 말미암아 심화한 측면이 있는 것이다.

① 게다가, 예컨대
② 그리고, 왜냐하면
③ 하지만, 그리고
④ 그러나, 예컨대
⑤ 또한, 반면에

07 다음 중 밑줄 친 부분과 같은 의미로 쓰인 것은?

> 잔뜩 취한 아저씨가 비어 있는 술병을 붙잡고 노래를 부른다.

① 빈 몸으로 와도 괜찮으니 네가 꼭 와줬으면 좋겠어.
② 논리성이 없는 빈 이론은 쉽게 사라지기 마련이다.
③ 시험공부로 밤을 새웠더니 오히려 머리가 완전히 비어 버린 느낌이야.
④ 텅 빈 사무실에 혼자 앉아 생각에 잠겼다.
⑤ 얼마 전부터 자꾸 매장의 물건이 비자 사장은 CCTV를 설치했다.

08 다음 문단을 논리적 순서대로 바르게 나열한 것은?

> (가) '인력이 필요해서 노동력을 불렀더니 사람이 왔더라.'라는 말이 있다. 인간을 경제적 요소로만 단순하게 생각했으나, 이에 따른 인권문제, 복지문제, 내국인과 이민자와의 갈등 등이 수반된다는 말이다. 프랑스처럼 우선 급하다고 이민자를 선별하지 않고 받으면 인종 갈등과 이민자의 빈곤화 등 많은 사회비용이 발생한다.
>
> (나) 이제 다문화정책의 패러다임을 전환해야 한다. 한국에 들어온 다문화가족을 적극적으로 지원해야 한다. 다문화가족과 더불어 살면서 다양성과 개방성을 바탕으로 상생의 발전을 도모해야 한다. 그리고 결혼이민자만 다문화가족으로 볼 것이 아니라 외국인 근로자와 유학생, 북한이탈 주민까지 큰 틀에서 함께 보는 것도 필요하다.
>
> (다) 다문화정책의 핵심은 두 가지이다. 첫째, 새로운 사회에 적응하려는 의지가 강해서 언어 배우기, 일자리, 문화 이해에 매우 적극적인 태도를 지닌 좋은 인력을 선별해서 입국하도록 하는 것이다. 둘째, 이민자가 새로운 사회에 잘 정착할 수 있도록 사회통합에 주력해야 하는 것이다. 해외 인구 유입 초기부터 사회 비용을 절약할 수 있는 사람들을 들어오게 하는 것이 중요하기 때문이다.
>
> (라) 또한 이미 들어온 이민자에게는 적극적인 지원을 해야 한다. 언어와 문화, 환경이 모두 낯선 이민자에게는 이민 초기에 세심한 배려가 필요하다. 특히 중요한 것은 다문화 가족이 그들이 가지고 있는 강점을 활용하여 취약 계층이 아닌 주류층으로 설 수 있도록 지원해야 한다. 뿐만 아니라 이민자에 대한 지원 시기를 놓치거나 차별과 편견으로 내국인에게 증오감을 갖게 해서는 안 된다.

① (가) – (나) – (다) – (라)

② (가) – (나) – (라) – (다)

③ (나) – (다) – (라) – (가)

④ (다) – (가) – (라) – (나)

⑤ (라) – (가) – (나) – (다)

근대와 현대가 이어지는 지점에서 많은 사상가는 지식과 이해가 인간의 삶에 미치는 영향, 그리고 그것이 형성되는 과정들을 포착하려고 노력했다. 그러한 입장은 여러 가지가 있겠지만, 그중 세 가지 정도를 소개하고자 한다.

첫 번째 입장은 다음과 같이 말한다. 진보적 사유라는 가장 포괄적인 의미에서, 계몽은 예로부터 공포를 몰아내고 인간을 주인으로 세운다는 목표를 추구해왔다. 그러나 완전히 계몽된 지구에는 재앙만이 승리를 구가하고 있다. 인간은 더 이상 알지 못하는 것이 없다고 느낄 때 무서울 것이 없다고 생각한다. 이러한 생각이 신화와 계몽주의의 성격을 규정한다. 신화가 죽은 것을 산 것과 동일시한다면, 계몽은 산 것을 죽은 것과 동일시한다. 계몽주의는 신화적 삶이 더욱 더 철저하게 이루어진 것이다. 계몽주의의 최종적 산물인 실증주의의 순수한 내재성은 보편적 금기에 불과하다. _____(가)_____

두 번째 입장은 다음과 같이 말한다. 인간의 이해라는 것은 인간 현존재의 사실성, 즉, 우리가 처해 있는 역사적 상황과 문화적 전통의 근원적인 제약 속에 있는 현존재가 부단히 미래의 가능성으로 기획하여 나아가는 자기 이해이다. 따라서 이해는 탈역사적, 비역사적인 것을, 즉, 주관 내의 의식적이고 심리적인 과정 또는 이를 벗어나 객관적으로 존재하는 것을 파악하는 사건이 아니다. _____(나)_____ 인간은 시간 속에 놓여 있는 존재로서, 그의 이해 역시 전승된 역사와 결별하여 어떤 대상을 순수하게 객관적으로 인식하는 것이 아니라 전통과 권위의 영향 속에서 이루어진다. 따라서 선(先)판단은 이해에 긍정적인 기능을 한다.

세 번째 입장은 다음과 같이 말한다. 우리는 권력의 관계가 중단된 곳에서만 지식이 있을 수 있다는, 그리고 지식은 권력의 명령, 요구, 관심의 밖에서만 발전될 수 있다는 전통적인 생각을 포기해야 한다. 그리고 아마도 권력이 사람을 미치도록 만든다고 하여, _____(다)_____ 오히려 권력은 지식을 생산한다는 것을 인정해야 한다. 권력과 지식은 서로를 필요로 하는 관계에 놓여 있다. 결과적으로 인식하는 주체, 인식해야 할 대상, 그리고 인식의 양식들은 모두 권력, 즉, 지식에 근본적으로 그만큼 연루되어 있다. 따라서 권력에 유용하거나 반항적인 지식을 생산하는 것도 인식 주체의 자발적 활동의 산물이 아니다. 인식의 가능한 영역과 형태를 결정하는 것은 그 주체를 관통하고, 그 주체가 구성되는 투쟁과 과정, 그리고 권력 및 지식이다.

보기

㉠ 이해는 어디까지나 시간과 역사 속에서 가능하며, 진리라는 것도 이미 역사적 진리이다.

㉡ 바로 이 권력을 포기할 경우에만 학자가 될 수 있다는 이와 같은 믿음도 포기해야 한다.

㉢ 내가 알지 못하는 무언가가 바깥에 있다고 하는 것은 바로 공포의 원인이 되기 때문에, 내가 관계하지 못하는 무언가가 바깥에 머물러 있는 상태를 허용할 수 없다.

	(가)	(나)	(다)			(가)	(나)	(다)
①	㉢	㉡	㉠		②	㉢	㉠	㉡
③	㉡	㉢	㉠		④	㉡	㉠	㉢
⑤	㉠	㉡	㉢					

10 다음 글을 읽고 이해한 반응으로 적절하지 않은 것은?

녹차와 홍차는 모두 카멜리아 시넨시스(Camellia Sinensis)라는 식물에서 나오는 찻잎으로 만든다. 공정과정에 따라 녹차와 홍차로 나뉘며, 재배지 품종에 따라서도 종류가 달라진다. 이처럼 같은 잎에서 만든 차일지라도 녹차와 홍차가 가지고 있는 특성에는 차이가 있다.

녹차와 홍차는 발효방법에 따라 구분된다. 녹차는 발효과정을 거치지 않은 것이며, 반쯤 발효시킨 것은 우롱차, 완전히 발효시킨 것은 홍차가 된다. 녹차는 찻잎을 따서 바로 솥에 넣거나 증기로 쪄서 만드는 반면, 홍차는 찻잎을 먼저 햇볕이나 그늘에서 시들게 한 후 천천히 발효시켜 만든다. 녹차가 녹색을 유지하는 반면에 홍차가 붉은색을 띠는 것은 녹차와 달리 높은 발효과정을 거치기 때문이다.

이러한 녹차와 홍차에는 긴장감을 풀어주고 마음을 진정시키는 L-테아닌(L-Theanine)이라는 아미노산이 들어 있는데, 이는 커피에 들어 있지 않은 성분으로 진정효과와 더불어 가슴 두근거림 등의 카페인(Caffeine) 각성 증상을 완화하는 역할을 한다. 또한 항산화 효과가 강력한 폴리페놀(Polyphenol)이 들어 있어 심장 질환 위험을 줄일 수 있다는 장점도 있다. 한 연구에 따르면, 녹차는 콜레스테롤 수치를 낮춰 심장병과 뇌졸중으로 사망할 위험을 줄이는 것으로 나타났다. 홍차 역시 연구 결과, 하루 두 잔 이상 마실 경우 심장발작 위험을 44% 정도 낮추는 효과를 보였다.

한편, 홍차와 녹차 모두에 폴리페놀 성분이 들어 있지만 그 종류는 다르다. 녹차는 카테킨(Catechin)이 많이 들어 있는 것으로 유명하지만 홍차는 발효과정에서 카테킨의 함량이 어느 정도 감소한다. 이 카테킨에는 EGCG(Epigallocatechin-3-gallate)가 많이 들어 있어 혈중 콜레스테롤 수치를 낮춰 동맥경화 예방을 돕고, 신진대사의 활성화와 지방 배출에 효과적이다. 홍차는 발효과정에서 생성된 테아플라빈(Theaflavins)을 가지고 있는데, 이 역시 혈관 기능을 개선하며, 혈당 수치를 감소시키는 것으로 알려져 있다. 연구에 따르면 홍차에 든 테아플라빈 성분이 인슐린과 유사작용을 보여 당뇨병을 예방하는 효과를 보이는 것으로 나타났다. 만약 카페인에 민감한 경우라면 홍차보다 녹차를 선택하는 것이 좋다. 카페인의 각성효과를 완화해 주는 L-테아닌이 녹차에 더 많기 때문이다. 녹차에도 카페인이 들어 있지만, 커피와 달리 심신의 안정 효과와 스트레스 해소에 도움을 줄 수 있는 것은 이 때문이다. 또한 녹차의 떫은맛을 내는 카테킨 성분은 카페인을 해독하고 흡수량을 억제하기 때문에 실제 카페인의 섭취량보다 흡수되는 양이 적다.

① 카멜리아 시넨시스의 잎을 천천히 발효시키면 붉은색을 띠겠구나.

② 녹차가 떫은맛이 나는 이유는 카테킨이 들어 있기 때문이야.

③ 녹차와 홍차에 들어 있는 폴리페놀이 심장 질환 위험을 줄이는 데 도움을 줘.

④ 녹차에 들어 있는 테아플라빈이 혈중 콜레스테롤 수치를 낮추는 역할을 하는구나.

⑤ 녹차를 마셨을 때 가슴이 두근거리는 현상이 커피를 마셨을 때보다 적게 나타나는 이유는 L-테아닌 때문이야.

※ 다음은 K공사 직원 1,200명을 대상으로 출·퇴근 수단 이용률 및 출근 시 통근시간을 조사한 자료이다. 이어지는 질문에 답하시오. [11~12]

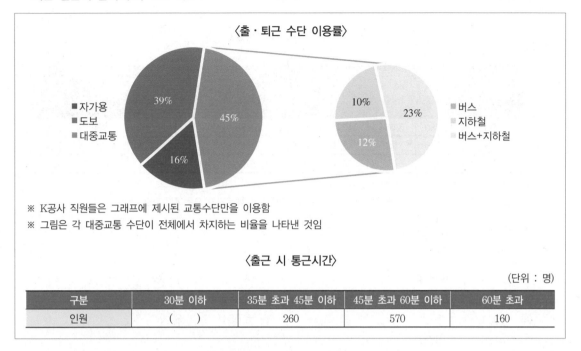

〈출·퇴근 수단 이용률〉

※ K공사 직원들은 그래프에 제시된 교통수단만을 이용함
※ 그림은 각 대중교통 수단이 전체에서 차지하는 비율을 나타낸 것임

〈출근 시 통근시간〉

(단위 : 명)

구분	30분 이하	35분 초과 45분 이하	45분 초과 60분 이하	60분 초과
인원	( )	260	570	160

11 다음 중 자료에 대한 설명으로 옳지 않은 것은?

① 통근시간이 30분 이하인 직원은 전체의 17.5%이다.

② 전체 직원을 900명이라고 할 때, 자가용을 이용하는 인원은 144명이다.

③ 버스와 지하철 모두 이용하는 직원 수는 도보를 이용하는 직원 수보다 174명 적다.

④ 통근시간이 45분 이하인 직원은 60분 초과인 직원의 3.5배 미만이다.

⑤ 대중교통을 이용하는 모든 인원의 통근시간이 45분을 초과하고, 그중 25%의 통근시간이 60분을 초과한다면 이들은 통근시간이 60분을 초과하는 인원의 80% 이상을 차지한다.

12 도보 또는 버스만 이용하는 직원 중 25%의 통근시간이 30분 초과, 45분로 이하로 소요된다. 통근시간이 30분 초과 45분 이하인 인원에서 도보 또는 버스만 이용하는 직원 외에는 모두 자가용을 이용한다고 할 때, 이 인원이 자가용으로 출근하는 전체 인원에서 차지하는 비중은 얼마인가?(단, 비율은 소수점 첫째 자리에서 반올림한다)

① 56%
② 67%
③ 74%
④ 80%
⑤ 87%

13 다음은 유배우 가구 중에서 맞벌이 가구의 비율을 나타낸 자료이다. ⓐ+ⓑ와 ⓒ+ⓓ를 구하면?(단, 맞벌이 가구는 소수점 첫째 자리에서 반올림하고, 비율은 소수점 둘째 자리에서 반올림한다)

〈맞벌이 가구 비율〉

(단위 : 천 가구, %)

구분	2022년			2023년			2024년		
	유배우 가구	맞벌이 가구	비율	유배우 가구	맞벌이 가구	비율	유배우 가구	맞벌이 가구	비율
전체	11,780	5,054	42.9	11,825	5,186	43.9	11,858	5,206	43.9
남자	10,549	ⓐ	43.3	10,538	4,611	ⓒ	10,528	4,623	43.9
여자	1,231	ⓑ	39.5	1,287	575	44.7	1,330	583	ⓓ

※ 유배우 가구 : 가구주의 배우자가 있는 가구

※ 맞벌이 가구 : 유배우 가구 중 동거 여부와 상관없이 가구주와 배우자가 모두 취업자인 가구

※ [비율(%)]$= \dfrac{(맞벌이\ 가구)}{(유배우\ 가구)} \times 100$

	ⓐ+ⓑ	ⓒ+ⓓ		ⓐ+ⓑ	ⓒ+ⓓ
①	5,054	87.6	②	5,186	87.6
③	5,054	87.8	④	5,054	87.7
⑤	5,186	87.9			

※ 다음은 공공체육시설 현황 및 1인당 체육시설 면적을 나타낸 자료이다. 이어지는 질문에 답하시오. [14~16]

〈공공체육시설 현황 및 1인당 체육시설 면적〉

(단위 : 개소, m²)

구분		2021년	2022년	2023년	2024년
공공체육시설의 수	축구장	467	558	618	649
	체육관	529	581	639	681
	간이운동장	9,531	10,669	11,458	12,194
	테니스장	428	487	549	565
	기타	1,387	1,673	1,783	2,038
1인당 체육시설 면적		2.54	2.88	3.12	3.29

14 2023년에 전년 대비 시설이 가장 적게 늘어난 곳과 가장 많이 늘어난 곳의 2023년 시설 수의 합은 얼마인가?

① 10,197개소
② 11,197개소
③ 12,097개소
④ 12,197개소
⑤ 13,197개소

15 2021년 전체 공공체육시설 중 체육관이 차지하고 있는 비율은 얼마인가?(단, 소수점 둘째 자리에서 반올림한다)

① 5.4%
② 4.3%
③ 3.2%
④ 2.1%
⑤ 1.0%

16 다음 중 자료에 대한 설명으로 옳지 않은 것은?

① 테니스장은 2023년에 전년 대비 약 12.7% 증가했다.
② 2022년 간이운동장의 수는 같은 해 축구장 수의 약 19.1배이다.
③ 2024년 1인당 체육시설 면적은 2021년에 비해 약 1.3배 증가했다.
④ 2022년 축구장 수는 전년 대비 91개소 증가했다.
⑤ 2024년 공공체육시설의 수는 총 14,127개소이다.

17 민채는 집에서 도서관을 거쳐 영화관에 갔다가 되돌아오려고 한다. 집에서 도서관에 가는 길은 3가지이고, 도서관에서 영화관에 가는 길은 4가지일 때, 다음 〈조건〉을 만족하는 모든 경우의 수는?

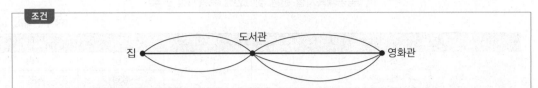

- 도서관에서 영화관을 다녀올 때 같은 길을 이용한다면, 집과 도서관 사이에는 다른 길을 이용해야 한다.
- 도서관에서 영화관을 다녀올 때 다른 길을 이용한다면, 집과 도서관 사이에는 같은 길을 이용해야 한다.

① 12가지   ② 48가지
③ 60가지   ④ 128가지
⑤ 144가지

18 다음은 지식경제부에서 발표한 산업경제지표 추이이다. 이에 대한 설명으로 옳지 않은 것은?

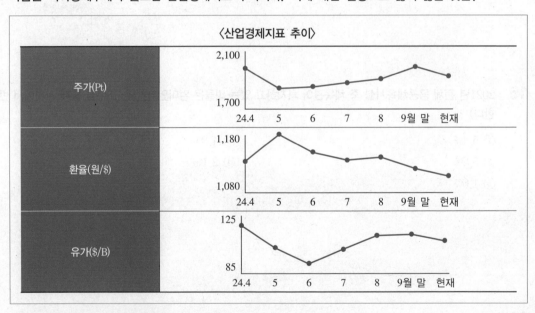

① 2024년 8월을 기점으로 위 세 가지 지표는 모두 하락세를 보이고 있다.
② 환율은 5월 이후 하락세에 있으므로 원화가치는 높아질 것이다.
③ 유가는 6월까지는 큰 폭으로 하락했으나, 그 이후 9월까지 서서히 상승세를 보이고 있다.
④ 숫자상의 변동 폭이 가장 작은 지표는 유가이다.
⑤ 주가는 5월에 급락했다가 9월 말까지 서서히 회복세를 보였으나, 현재는 다시 하락해서 24년 4월선을 회복하지 못하고 있다.

19 다음은 초·중·고등학생의 사교육비에 대한 자료이다. 학생 만 명당 사교육비가 가장 높은 해는?

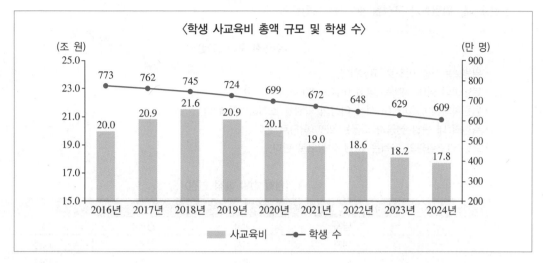

① 2024년　　　　　　　　　　② 2022년
③ 2020년　　　　　　　　　　④ 2018년
⑤ 2016년

20 K초등학교 1, 2학년 학생들에게 다섯 가지 색깔 중 선호하는 색깔을 선택하게 하였다. 1학년 전체 학생 중 빨강을 좋아하는 학생 수의 비율과 2학년 전체 학생 중 노랑을 좋아하는 학생 수의 비율을 바르게 나열한 것은?(단, 각 학년의 인원수는 250명이다)

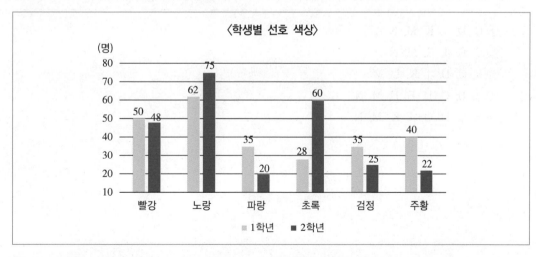

① 20%, 30%　　　　　　　　② 25%, 25%
③ 25%, 30%　　　　　　　　④ 30%, 25%
⑤ 30%, 50%

21 K공사는 A ~ N직원 중 연구위원을 선발하여 위원회를 구성하고자 한다. 연구위원회 구성 조건이 다음과 같을 때, 위원회가 구성될 수 있는 조합은?

〈위원회 구성 조건〉

- 위원회는 8명 이하로 구성한다.
- 위원회의 남녀 성비는 남성 비율을 60% 이하로 한다.
- 위원회의 40% 이상이 석사 이상의 학위를 소지하여야 한다.
- 위원회 내 동일 전공자 비율은 25% 이하로 한다.
- 모든 연구위원의 경력은 10년 이상으로 한다.

〈위원회 선발 예정 인원〉

직원	성별	학력	전공	경력
A	남자	학사	경제학	9년
B	여자	석사	경영학	12년
C	남자	박사	경영학	15년
D	여자	석사	경제학	10년
E	남자	학사	국문학	7년
F	여자	석사	국문학	8년
G	남자	박사	물리학	20년
H	여자	학사	경영학	5년
I	남자	박사	물리학	9년
J	여자	석사	회계학	11년
K	남자	학사	회계학	16년
L	여자	학사	국문학	3년
M	남자	석사	철학	10년
N	여자	박사	철학	13년

① C, D, J, K, M, N
② C, E, J, K, M, N
③ B, C, D, J, K, L, M
④ A, B, C, D, E, F, M, N
⑤ B, C, D, G, J, K, M, N

22 다음 〈조건〉을 토대로 할 때 항상 옳은 것은?

> **조건**
> • A사와 B사는 동일 제품을 동일 가격에 판다.
> • 어제는 A사와 B사의 판매수량 비가 4 : 3이었다.
> • 오늘 A사는 동일 가격에 판매하고, B사는 20%를 할인해서 팔았다.
> • 오늘 A사는 어제와 같은 수량을 팔았고, B사는 어제보다 150개를 더 팔았다.
> • 오늘 A사와 B사의 전체 판매액은 동일하다.

① A사는 어제, 오늘 제품을 2천 원에 팔았다.
② 오늘 A사는 어제 B사보다 제품 80개를 더 팔았다.
③ B사는 오늘 375개의 제품을 팔았다.
④ 오늘 A사와 B사의 판매수량 비는 동일하다.
⑤ 오늘 B사는 600원을 할인했다.

23 다음 기사에 나타난 문제 유형을 바르게 설명한 것은?

> 도색이 완전히 벗겨진 차선과 지워지기 직전의 흐릿한 차선이 서울 강남의 도로 여기저기서 발견되고 있다. 알고 보니 규격 미달의 불량 도료 때문이었다. 시공 능력이 없는 업체들이 서울시가 발주한 도색 공사를 따낸 뒤 브로커를 통해 전문 업체에 공사를 넘겼고, 이 과정에서 수수료를 떼인 전문 업체들은 손해를 만회하기 위해 값싼 도료를 사용한 것이다. 차선용 도료에 값싼 일반용 도료를 섞다 보니 야간에 차선이 잘 보이도록 하는 유리알이 제대로 붙어있지 못해 차선 마모는 더욱 심해졌다. 지난 4년간 서울 전역에서는 74건의 부실 시공이 이뤄졌고, 공사 대금은 총 183억 원에 달하는 것으로 밝혀졌다.

① 발생형 문제로, 일탈 문제에 해당한다.
② 발생형 문제로, 미달 문제에 해당한다.
③ 탐색형 문제로, 잠재 문제에 해당한다.
④ 탐색형 문제로, 예측 문제에 해당한다.
⑤ 탐색형 문제로, 발견 문제에 해당한다.

24 다음 자료를 근거로 판단할 때, A사원이 선택할 4월의 광고수단은?

- 주어진 예산은 월 3천만 원이며, A사원은 월별 광고효과가 가장 큰 광고수단 하나만을 선택한다.
- 광고비용이 예산을 초과하면 해당 광고수단은 선택하지 않는다.
- 광고효과는 아래와 같이 계산한다.

$$(광고효과) = \frac{(총광고\ 횟수) \times (회당\ 광고\ 노출자\ 수)}{(광고비용)}$$

- 광고수단은 한 달 단위로 선택된다.

광고수단	광고 횟수	회당 광고 노출자 수	월 광고비용
TV	월 3회	100만 명	30,000천 원
버스	일 1회	10만 명	20,000천 원
KTX	일 70회	1만 명	35,000천 원
지하철	일 60회	2천 명	25,000천 원
포털사이트	일 50회	5천 명	30,000천 원

① TV
② 버스
③ KTX
④ 지하철
⑤ 포털사이트

25 과장인 K씨는 올해 입사한 A ~ C사원의 중간 평가를 해야 한다. 업무 능력, 리더십, 인화력의 세 영역에 대해 평가하며, 평가는 절대 평가 방식에 따라 −1(부족), 0(보통), 1(우수)로 이루어진다. 세 영역의 점수를 합산하여 개인별로 총점을 낸다면 가능한 평가 결과표의 개수는?

〈평가 결과표〉

사원 ＼ 영역	업무 능력	리더십	인화력
A			
B			
C			

※ 각자의 총점은 0임
※ 각 영역의 점수 합은 0임
※ 인화력 점수는 A가 제일 높고, 그다음은 B, C 순서임

① 3개
② 4개
③ 5개
④ 6개
⑤ 7개

26 K공사 홍보실에 근무하는 A사원은 12일부터 15일까지 워크숍을 가게 되었다. 워크숍을 떠나기 직전 A사원은 자신의 스마트폰 날씨예보 어플을 통해 워크숍 장소인 춘천의 날씨를 확인해 보았다. 다음 중 A사원이 확인한 날씨예보의 내용으로 가장 적절한 것은?

① 워크숍 기간 중 오늘이 일교차가 가장 크므로 감기에 유의해야 한다.

② 내일 춘천지역의 미세먼지가 심하므로 주의해야 한다.

③ 워크숍 기간 중 비를 동반한 낙뢰가 예보된 날이 있다.

④ 모레 춘천지역의 최고·최저기온이 모두 영하이므로 야외활동 시 옷을 잘 챙겨 입어야 한다.

⑤ 글피엔 비는 내리지 않지만 최저기온이 영하이다.

27 다음은 커피의 종류, 은희의 취향 및 오늘 아침의 상황이다. 오늘 아침에 은희가 주문할 커피는?

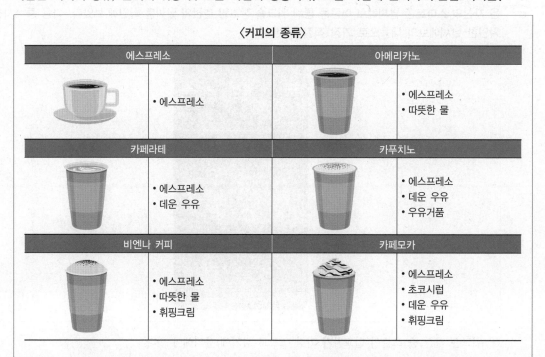

〈커피의 종류〉

에스프레소		아메리카노	
	• 에스프레소		• 에스프레소 • 따뜻한 물
카페라테		카푸치노	
	• 에스프레소 • 데운 우유		• 에스프레소 • 데운 우유 • 우유거품
비엔나 커피		카페모카	
	• 에스프레소 • 따뜻한 물 • 휘핑크림		• 에스프레소 • 초코시럽 • 데운 우유 • 휘핑크림

〈은희의 취향〉

• 배가 고플 때에는 데운 우유가 들어간 커피를 마신다.
• 다른 음식과 함께 커피를 마실 때에는 데운 우유를 넣지 않는다.
• 스트레스를 받으면 휘핑크림이나 우유거품을 추가한다.
• 피곤하면 휘핑크림이 들어간 경우에 한하여 초코시럽을 추가한다.

〈오늘 아침의 상황〉

출근을 하기 위해 지하철을 탄 은희는 꽉 들어찬 사람들 사이에서 스트레스를 받으며 내리기만을 기다리고 있었다. 목적지에 도착한 은희는 커피를 마시며 기분을 달래기 위해 커피전문점에 들렀다. 아침식사를 하지 못해 배가 고프고 고된 출근길에 피곤하지만, 시간 여유가 없어 오늘 아침은 커피만 마실 생각이다. 그런데 은희는 체중관리를 위해 휘핑크림은 넣지 않기로 하였다.

① 카페라테   ② 아메리카노
③ 비엔나 커피   ④ 카페모카
⑤ 카푸치노

28 남성 정장 제조 전문회사에서 20대를 위한 캐주얼 SPA 브랜드에 신규 진출하려고 한다. A사원은 3C 분석 방법을 취하여 다양한 자료를 조사했으며, 다음과 같은 분석내용을 도출하였다. 자사에서 추진하려는 신규 사업 계획의 타당성에 대해서 바르게 설명한 것은?

3C	상황분석
고객 (Customer)	• 40대 중년 남성을 대상으로 한 정장 시장은 정체 및 감소 추세 • 20대 캐주얼 및 SPA 시장은 매년 급성장
경쟁사 (Competitor)	• 20대 캐주얼 SPA 시장에 진출할 경우, 경쟁사는 글로벌 및 토종 SPA 기업, 캐주얼 전문 기업 외에도 비즈니스 캐주얼, 아웃도어 의류 기업도 포함 • 경쟁사들은 브랜드 인지도, 유통망, 생산 등에서 차별화된 경쟁력을 가짐 • 경쟁사들 중 상위업체는 하위업체와의 격차 확대를 위해 파격적 가격정책과 20대 지향 디지털마케팅 전략을 구사
자사 (Company)	• 신규 시장 진출 시 막대한 마케팅 비용 발생 • 낮은 브랜드 인지도 • 기존 신사 정장 이미지 고착 • 유통과 생산 노하우 부족 • 디지털마케팅 역량 미흡

① 20대 SPA 시장이 급성장하고, 경쟁이 치열해지고 있지만 자사의 유통 및 생산 노하우로 가격경쟁력을 확보할 수 있으므로 신규 사업을 추진하는 것이 바람직하다.

② 40대 중년 정장 시장은 감소 추세에 있으므로 새로운 수요 발굴이 필요하며, 기존의 신사 정장 이미지를 벗어나 20대 지향 디지털마케팅 전략을 구사하면 신규 시장의 진입이 가능하므로 신규 사업을 진행하는 것이 바람직하다.

③ 20대 SPA 시장이 급성장하고 있지만, 하위업체의 파격적인 가격정책을 이겨내기에 막대한 비용이 발생하므로 신규 사업의 진출은 적절하지 않다.

④ 20대 SPA 시장은 계속해서 성장하고 매력적이지만 경쟁이 치열하고 경쟁자의 전략이 막강한 데 비해 자사의 자원과 역량은 부족하여 신규 사업의 진출은 하지 않는 것이 바람직하다.

⑤ 브랜드 경쟁력을 유지하기 위해서는 20대 SPA 시장 진출이 필요하며 파격적 가격정책을 도입하면 자사의 높은 브랜드 이미지와 시너지 효과를 낼 수 있기에 신규 사업을 진행하는 것이 바람직하다.

29

K공사는 1차 서류전형, 2차 직업기초능력, 3차 직무수행능력, 4차 면접전형을 모두 마친 면접자들의 평가 점수를 최종 합격자 선발기준에 따라 판단하여 A ~ E 중 상위자 2명을 최종 합격자로 선정하고자 한다. 다음 중 최종 합격자들로 바르게 짝지어진 것은?

〈최종 합격자 선발기준〉

평가요소	의사소통능력	문제해결능력	조직이해능력	대인관계능력	합계
평가비중	40%	30%	20%	10%	100%

〈면접평가 결과〉

구분	A	B	C	D	E
의사소통능력	A^+	A^+	A^+	B^+	C
문제해결능력	B^+	B+5	A^+	B+5	A+5
조직이해능력	A+5	A	C^+	A^+	A
대인관계능력	C	A^+	B^+	C^+	B^++5

※ 등급별 변환 점수 : A^+=100, A=90, B^+=80, B=70, C^+=60, C=50
※ 면접관의 권한으로 등급별 점수에 +5점을 가점할 수 있음

① A, B ② B, C
③ C, D ④ C, E
⑤ D, E

30 다음 글과 대화를 근거로 판단할 때 대장 두더지는?

- 갑은 튀어나온 두더지를 뿅망치로 때리는 '두더지 게임'을 했다.
- 두더지는 총 5마리(A ~ E)이며, 이 중 1마리는 대장 두더지이고 나머지 4마리는 부하 두더지이다.
- 대장 두더지를 맞혔을 때는 2점, 부하 두더지를 맞혔을 때는 1점을 획득한다.
- 두더지 게임 결과, 갑은 총 14점을 획득하였다.
- 두더지 게임이 끝난 후 두더지들은 아래와 같은 대화를 하였다.

A두더지 : 나는 맞은 두더지 중에 가장 적게 맞았고, 맞은 횟수는 짝수야.
B두더지 : 나는 C두더지와 똑같은 횟수로 맞았어.
C두더지 : 나와 A두더지, D두더지가 맞은 횟수를 모두 더하면 모든 두더지가 맞은 횟수의 $\frac{3}{4}$ 이야.
D두더지 : 우리 중에 한 번도 맞지 않은 두더지가 1마리 있지만 나는 아니야.
E두더지 : 우리가 맞은 횟수를 모두 더하면 12번이야.

① A두더지 ② B두더지
③ C두더지 ④ D두더지
⑤ E두더지

31 K문구제조업체는 연필 생산 공장을 신설하고자 한다. 다음 자료를 토대로 총 운송비를 최소화할 수 있는 공장입지 부지는 어디인가?

〈생산조건〉

• 완제품인 연필을 생산하기 위해서는 나무와 흑연이 모두 필요하다.

구분	나무	흑연
완제품 1톤 생산에 필요한 양(톤)	3	2

〈운송조건〉

• 원재료 운송비는 산지에서 공장으로 공급하는 운송비만을 고려한다.
• 완제품인 연필의 운송비는 공장에서 시장으로 공급하는 운송비만 고려한다.

구분	나무	흑연	연필
km · 톤당 운송비(만 원/km · 톤)	20	50	20

※ (총 운송비)=(원재료 운송비)+(완제품 운송비)

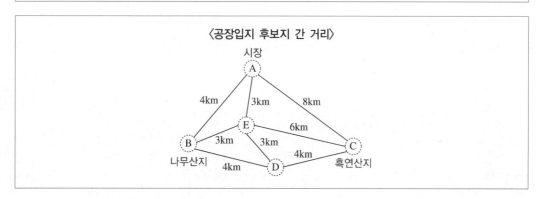

〈공장입지 후보지 간 거리〉

① A ② B

③ C ④ D

⑤ E

※ K공사는 천연가스 운송을 위한 운송기지를 건설하려고 한다. 다음 후보지역 평가 현황 자료를 보고 이어지는 질문에 답하시오. [32~33]

〈후보지역 평가 현황〉

(단위 : 점)

지역	접근성	편의성	활용도	인지도
갑	5	7	6	3
을	3	7	8	4
병	5	8	2	6
정	8	7	5	2
무	7	7	1	4

※ 평가항목당 가중치는 접근성이 0.4, 편의성이 0.2, 활용도 0.1, 인지도 0.3임

32 평가항목당 가중치를 적용한 총점으로 개최지를 선정할 때, 선정되는 지역은 다음 중 어느 지역인가?

① 갑   ② 을
③ 병   ④ 정
⑤ 무

33 접근성과 편의성의 평가항목당 가중치를 서로 바꾸었을 때, 선정되는 지역은 다음 중 어느 지역인가?

① 갑   ② 을
③ 병   ④ 정
⑤ 무

34 K공사는 상반기 신입사원 공개채용을 시행했다. 최종 면접자들의 점수를 확인하여 합격 점수 산출법에 따라 합격자를 선정하려고 한다. 총점이 80점 이상인 지원자가 합격한다고 할 때, 합격자를 바르게 짝지은 것은?(단, 과락은 환산 전 점수를 기준으로 한다)

〈최종 면접 점수〉

구분	A	B	C	D	E
수리능력	75	65	60	68	90
의사소통능력	52	70	55	45	80
문제해결능력	44	55	50	50	49

〈합격 점수 산출법〉

- (수리능력)×0.6
- (문제해결능력)×0.4
- (의사소통능력)×0.3
- 총점 : 80점 이상

※ 과락 점수(미만) : 수리능력 60점, 의사소통능력 50점, 문제해결능력 45점

① A, C
② A, D
③ B, E
④ C, E
⑤ D, E

※ 다음은 K공사의 물품관리 대장과 물품코드 생성방법에 대한 자료이다. 이어지는 질문에 답하시오. [35~37]

〈물품관리 대장〉

물품코드	물품명	파손 여부	개수	구매 가격	중고판매 시 가격 비율 (원가 대비)
CD - 16 - 1000	노트북	-	5대	70만 원	70%
ST - 14 - 0100	회의실 책상	-	2개	20만 원	30%
SL - 21 - 0010	볼펜	파손	20자루	3천 원	0%
MN - 17 - 0100	사무실 책상	-	7개	15만 원	40%
MN - 21 - 1000	TV	파손	1대	120만 원	55%
LA - 12 - 0100	사무실 서랍장	파손	3개	10만 원	35%
ST - 22 - 0100	회의실 의자	파손	10개	5만 원	55%
CD - 13 - 0010	다이어리	-	15개	7천 원	0%

〈물품코드 생성방법〉

알파벳 두 자리	중간 두 자리	마지막 네 자리
• 부서별 분류 – CD : 신용팀 – MN : 관리팀 – ST : 총무팀 – LA : 대출팀 – SL : 판매팀	구매 연도 마지막 두 자리	• 물품 종류 – 1000 : 전자기기 – 0100 : 사무용 가구 – 0010 : 문구류

35 다음 중 물품관리 대장에서 찾을 수 없는 물품은 무엇인가?

① 총무팀에서 2022년에 구매한 사무용 가구

② 관리팀에서 2017년에 구매한 문구류

③ 대출팀에서 2012년에 구매한 사무용 가구

④ 신용팀에서 2016년에 구매한 전자기기

⑤ 판매팀에서 2021년에 구매한 문구류

36 다음 중 구매 연도부터 9년 이상 경과한 물품을 교체한다면 교체할 수 있는 물품은?(단, 올해는 2024년이다)

① 관리팀 – TV   ② 총무팀 – 회의실 의자

③ 신용팀 – 노트북   ④ 관리팀 – 사무실 책상

⑤ 총무팀 – 회의실 책상

37 K공사에서는 물품을 고치는 대신 파손된 물품을 중고로 판매하려고 한다. 예상되는 판매수익금은 얼마인가?

① 104만 원 ② 108만 원

③ 110만 원 ④ 112만 원

⑤ 116만 원

38 세계 표준시는 본초 자오선인 0°를 기준으로 동서로 각각 180°, 360°로 나누어져 있으며 경도 15°마다 1시간의 시차가 생긴다. 동경 135°인 우리나라가 3월 14일 현재 오후 2시일 때, 동경 120°인 중국은 같은 날 오후 1시이고, 서경 75°인 뉴욕은 같은 날 자정이다. 우리나라가 4월 14일 오전 6시일 때, 서경 120°인 LA의 시각으로 옳은 것은?

① 4월 13일 오후 1시

② 4월 13일 오후 5시

③ 4월 13일 오후 9시

④ 4월 14일 오전 3시

⑤ 4월 14일 오전 5시

※ K회사의 총무팀 L대리는 회사 내 복합기 교체를 위해 제조업체별 복합기 정보를 다음과 같이 조사하였다. 이어지는 질문에 답하시오. [39~40]

구분	C회사	F회사	S회사
제품명	IR2204F	3060CFPS	D430CFPS
정가	970,000원 (양면 복사 기능 추가 시 200,000원 추가)	1,900,000원	3,050,000원
성능(A4기준)	분당 22매 출력	분당 25매 출력	분당 25매 출력
특징	흑백 출력 복사 / 컬러 스캔 / 팩스 단면 복사	흑백 출력 복사 / 컬러 스캔 / 팩스 양면 복사	컬러 출력 복사 / 컬러 스캔 / 팩스 양면 복사

39 총무팀의 P팀장은 L대리에게 다음과 같은 업무지시를 내렸다. L대리가 복합기 구매에 사용할 금액은 얼마인가?(단, 가장 저렴한 제품을 선택한다)

> P팀장 : L대리, 구매할 복합기에 대해서는 알아보았나요? 일단 2층부터 5층까지 층마다 2대씩 새롭게 교체할 예정이에요. 디자인팀이 있는 3층에는 반드시 컬러 출력이 가능한 복합기가 1대 이상 있어야 해요. 그리고 4층과 5층에서는 양면 복사가 가능한 복합기로 모두 교체해 달라는 요청이 있었어요. 근무 인원이 가장 많은 2층에서는 아무래도 2대 모두 빠른 출력 속도가 가장 중요하다고 하더군요. 각 요청사항을 모두 반영하여 최대한 적은 가격으로 구매할 수 있도록 노력해 주세요.

① 7,760,000원
② 11,700,000원
③ 12,500,000원
④ 15,420,000원
⑤ 16,350,000원

40 L대리는 39번에서 결정한 복합기를 주문하기 위해 사무용품 판매점과 인터넷 쇼핑몰을 찾아본 결과 다음과 같은 정보를 알게 되었고, 더 많은 금액을 할인받을 수 있는 곳에서 복합기를 주문하려고 한다. L대리가 복합기를 주문할 곳과 할인받을 수 있는 금액이 바르게 연결된 것은?

〈정보〉

- 사무용품 판매점
  - 이달의 행사로 전 품목 10% 할인(단, S회사 제품 할인 대상에서 제외)
  - 전국 무료 배송
  - 설치비용 1대당 30,000원 별도
- 인터넷 쇼핑몰
  - S회사 제품 단독 15% 할인
  - 전국 무료 배송
  - 기기 수와 관계없이 전 제품 무료 설치

	복합기를 주문할 곳	할인받을 수 있는 금액
①	사무용품 판매점	457,500원
②	사무용품 판매점	945,000원
③	인터넷 쇼핑몰	457,500원
④	인터넷 쇼핑몰	705,000원
⑤	인터넷 쇼핑몰	945,000원

41 다음 중 함수식의 실행 결과가 옳지 않은 것은?

① $=\text{MOD}(17,-5) \rightarrow 2$

② $=\text{PRODUCT}(7,2,2) \rightarrow 28$

③ $=\text{INT}(-5.2) \rightarrow -6$

④ $=\text{ROUND}(6.29,0) \rightarrow 6$

⑤ $=\text{PRODUCT}(2,8,9) \rightarrow 144$

42 다음 워크시트를 참조하여 작성한 수식 「$=\text{INDEX}(\text{B2:D9},2,3)$」의 결괏값은?

▲	A	B	C	D
1	코드	정가	판매수량	판매가격
2	L-001	25,400	503	12,776,000
3	D-001	23,200	1,000	23,200,000
4	D-002	19,500	805	15,698,000
5	C-001	28,000	3,500	98,000,000
6	C-002	20,000	6,000	96,000,000
7	L-002	24,000	750	18,000,000
8	L-003	26,500	935	24,778,000
9	D-003	22,000	850	18,700,000

① 19,500

② 23,200,000

③ 1,000

④ 805

⑤ 12,776,000

43 다음 시트에서 [찾기 및 바꾸기] 기능을 통해 찾을 내용에 '가?'를, 바꿀 내용에 'A'를 입력한 후, 모두 바꾸기를 실행하였을 경우 나타나는 결괏값으로 옳은 것은?

◢	A
1	가수 레이디 가가
2	가정평화
3	가지꽃
4	가족가정

①

◢	A
1	A
2	A
3	A
4	A

②

◢	A
1	A 레이디 가가
2	A평화
3	A꽃
4	A

③

◢	A
1	A 레이디 A
2	A평화
3	A꽃
4	AA

④

◢	A
1	A 레이디 A
2	A
3	A
4	AA

⑤

◢	A
1	A 레이디 가가
2	A평화
3	A꽃
4	AA

44 엑셀프로그램을 이용하여 자료를 입력한다고 할 때, 기본적으로 셀의 왼쪽으로 정렬되지 않는 것은?

① "2025"
② 2025-09-01
③ 2,000원
④ FIFA2025
⑤ 2025년

45 다음 중 컴퓨터 범죄의 예방 및 대책 방법으로 옳지 않은 것은?

① 다운로드받은 파일은 백신 프로그램으로 검사한 후 사용한다.
② 시스템에 상주하는 바이러스 방지 장치를 설치한다.
③ 정기적인 보안 검사를 통해 해킹 여부를 확인한다.
④ 정기적으로 패스워드를 변경하여 사용한다.
⑤ 의심이 가는 메일은 열어서 확인 후 삭제하도록 한다.

46 다음 시트와 같이 월~금요일까지는 '업무'로, 토요일과 일요일에는 '휴무'로 표시하고자 할 때 [B2] 셀에 입력해야 할 함수식으로 옳지 않은 것은?

	A	B
1	일자	휴무, 업무
2	2025-01-11	휴무
3	2025-01-12	휴무
4	2025-01-13	업무
5	2025-01-14	업무
6	2025-01-15	업무
7	2025-01-16	업무
8	2025-01-17	업무

① =IF(OR(WEEKDAY(A2,0)=0,WEEKDAY(A2,0)=6),"휴무","업무")

② =IF(OR(WEEKDAY(A2,1)=1,WEEKDAY(A2,1)=7),"휴무","업무")

③ =IF(OR(WEEKDAY(A2,2)=6,WEEKDAY(A2,2)=7),"휴무","업무")

④ =IF(WEEKDAY(A2,2)>=6,"휴무","업무")

⑤ =IF(WEEKDAY(A2,3)>=5,"휴무","업무")

47 다음 시트에서 [A2:A4] 영역의 데이터를 이용하여 [C2:C4] 영역처럼 표시하려고 할 때, [C2] 셀에 입력할 수식으로 옳은 것은?

	A	B	C
1	주소	사원 수	출신지
2	서귀포시	10	서귀포
3	여의도동	90	여의도
4	김포시	50	김포

① =LEFT(A2,LEN(A2)-1)

② =RIGHT(A2,LENGTH(A2))-1

③ =MID(A2,1,VALUE(A2))

④ =LEFT(A2,TRIM(A2))-1

⑤ =MID(A2,LENGTH(A3))

48 다음 중 추세선을 추가할 수 있는 차트 종류는?

① 방사형   ② 분산형
③ 원형   ④ 표면형
⑤ 도넛형

49 다음 중 데이터베이스를 사용하는 경우의 장점이 아닌 것은?

① 데이터 무결성 유지   ② 데이터 공용 사용
③ 데이터 일관성 유지   ④ 데이터 중복의 최대화
⑤ 데이터 보안 향상

50 다음 중 대규모로 저장된 데이터 안에서 체계적이고 자동적으로 통계적 규칙이나 패턴을 찾아내는 것을 의미하는 용어는?

① 데이터 마이닝   ② 웹 마이닝
③ 오피니언 마이닝   ④ 소셜 마이닝
⑤ 현실 마이닝

※ 다음은 제습기 사용과 보증기간에 대한 설명이다. 이어지는 질문에 답하시오. **[41~42]**

〈사용 전 알아두기〉

- 제습기의 적정 사용온도는 18 ~ 35℃입니다.
  - 18℃ 미만에서는 냉각기에 결빙이 시작되어 제습량이 줄어들 수 있습니다.
- 제습 운전 중에는 컴프레서 작동으로 실내 온도가 올라갈 수 있습니다.
- 설정한 희망 습도에 도달하면 운전을 멈추고 실내 습도가 높아지면 자동 운전을 다시 시작합니다.
- 물통이 가득 찰 경우 제습기 작동이 멈춥니다.
- 안전을 위하여 제습기 물통에 다른 물건을 넣지 마십시오.
- 제습기가 작동하지 않거나 아무 이유 없이 작동을 멈추는 경우 다음 사항을 확인하세요.
  - 전원플러그가 제대로 끼워져 있는지 확인하십시오.
  - 위의 사항이 정상인 경우 전원을 끄고 10분 정도 경과 후 다시 전원을 켜세요.
  - 여전히 작동이 안 되는 경우 판매점 또는 서비스 센터에 연락하시기 바랍니다.
- 현재 온도 / 습도는 설치장소 및 주위 환경에 따라 실제와 차이가 있을 수 있습니다.

〈보증기간 안내〉

- 품목별 소비자 피해 보상규정에 의거 아래와 같이 제품에 대한 보증을 실시합니다.
- 보증기간 산정 기준
  - 제품 보증기간이라 함은 제조사 또는 제품 판매자가 소비자에게 정상적인 상태에서 자연 발생한 품질 성능 기능 하자에 대하여 무료 수리해 주겠다고 약속한 기간을 말합니다.
  - 제품 보증기간은 구입일자를 기준으로 산정하며 구입일자의 확인은 제품보증서를 기준으로 합니다. 단, 보증서가 없는 경우는 제조일(제조번호, 검사필증)로부터 3개월이 경과한 날부터 보증기간을 계산합니다.
  - 중고품(전파상 구입, 모조품) 구입 시 보증기간은 적용되지 않으며 수리 불가의 경우 피해보상을 책임지지 않습니다.
- 당사와의 계약을 통해 납품되는 제품의 보증은 그 계약내용을 기준으로 합니다.
- 제습기 보증기간은 일반제품으로 1년으로 합니다.
  - 2017년 1월 이전 구입분은 2년 적용

〈제습기 부품 보증기간〉

- 인버터 컴프레서(2016년 1월 이후 생산 제품) : 10년
- 컴프레서(2018년 1월 이후 생산 제품) : 4년
- 인버터 컴프레서에 한해서 5년차부터 부품대만 무상 적용함

---

41 제습기 구매자가 사용 전 알아두기에 대한 설명서를 읽고 나서 제습기를 사용했다. 다음 중 구매자가 서비스 센터에 연락해야 할 작동 이상으로 가장 적절한 것은?

① 실내 온도가 17℃일 때 제습량이 줄어들었다.

② 제습기 사용 후 실내 온도가 올라갔다.

③ 물통에 물이 $\frac{1}{2}$ 정도 들어있을 때 작동이 멈췄다.

④ 제습기가 갑자기 작동되지 않아 잠시 10분 꺼두었다가 다시 켰더니 작동하였다.

⑤ 희망 습도에 도달하니 운전을 멈추었다.

42 보증기간 안내 및 제습기 부품 보증기간을 참고할 때, 제습기 사용자가 잘못 이해한 내용은?

① 제품 보증서가 없는 경우 영수증에 찍힌 구입한 날짜부터 보증기간을 계산한다.

② 보증기간 무료 수리는 정상적인 상태에서 자연 발생한 품질 성능 기능 하자가 있을 때이다.

③ 제습기 보증기간은 구입일로부터 1년이다.

④ 2017년도 이전에 구입한 제습기는 보증기간이 2년 적용된다.

⑤ 2016년도에 생산된 인버터 컴프레서는 10년이 보증기간이다.

※ K공사는 사내 의무실 체온계의 고장으로 새로운 체온계를 구입하였다. 다음 설명서를 보고 이어지는 질문에 답하시오. [43~44]

■ **사용방법**
1) 체온을 측정하기 전 새 렌즈필터를 부착하여 주세요.
2) 〈ON〉 버튼을 눌러 액정화면이 켜지면 귓속에 체온계를 삽입합니다.
3) 〈START〉 버튼을 눌러 체온을 측정합니다.
4) 측정이 잘 이루어졌으면 '삐' 소리와 함께 측정 결과가 액정화면에 표시됩니다.
5) 60초 이상 사용하지 않으면 자동으로 전원이 꺼집니다.

■ **체온 측정을 위한 주의사항**
 – 오른쪽 귀에서 측정한 체온은 왼쪽 귀에서 측정한 체온과 다를 수 있습니다. 그러므로 항상 같은 귀에서 체온을 측정하십시오.
 – 체온을 측정할 때는 정확한 측정을 위해 과다한 귀지가 없도록 하십시오.
 – 한쪽 귀를 바닥에 대고 누워 있었을 때, 매우 춥거나 더운 곳에 노출되어 있는 경우, 목욕을 한 직후 등은 외부적 요인에 의해 귀 체온측정에 영향을 미칠 수 있으므로 이런 경우에는 30분 정도 기다리신 후 측정하십시오.

■ **문제해결**

상태	해결방법	에러 메시지
렌즈필터가 부착되어 있지 않음	렌즈필터를 끼우세요.	▬ ▬
체온계가 렌즈의 정확한 위치를 감지할 수 없어 정확한 측정이 어려움	〈ON〉 버튼을 3초간 길게 눌러 화면을 지운 다음 정확한 위치에 체온계를 넣어 측정합니다.	POE
측정체온이 정상범위(34 ~ 42.2℃)를 벗어난 경우 – HI : 매우 높음 – LO : 매우 낮음	온도가 10℃와 40℃ 사이인 장소에서 체온계를 30분간 보관한 다음 다시 측정하세요.	HI℃ LO℃
건전지 수명이 다하여 체온 측정이 불가능한 상태	새로운 건전지(1.5V AA타입 2개)로 교체하십시오.	▬ ▬ ▬

43 근무 중 몸이 좋지 않아 의무실을 내원한 A사원의 체온을 측정하려고 한다. 다음 중 체온 측정 과정으로 가장 적절한 것은?

① 렌즈필터가 깨끗하여 새것으로 교체하지 않고 체온을 측정하였다.

② 오른쪽 귀의 체온이 38℃로 측정되어 다시 왼쪽 귀의 체온을 측정하였다.

③ 정확한 측정을 위해 귓속의 귀지를 제거한 다음 체온을 측정하였다.

④ 정확한 측정을 위해 영점조정을 맞춘 뒤 체온을 측정하였다.

⑤ 구비되어 있는 렌즈필터가 없어 렌즈를 알코올 솜으로 닦은 후 측정하였다.

44 체온계 사용 중 'POE'의 에러 메시지가 떴다. 에러 메시지 확인 후 해결 방법으로 가장 적절한 것은?

① 〈ON〉 버튼을 3초간 길게 눌러 화면을 지운 뒤, 정확한 위치에서 다시 측정한다.

② 렌즈필터가 부착되어 있지 않으므로 깨끗한 새 렌즈필터를 끼운다.

③ 1분간 그대로 둬서 전원을 끈 다음 〈ON〉 버튼을 눌러 다시 액정화면을 켠다.

④ 건전지 삽입구를 열어 1.5V AA타입 2개의 새 건전지로 교체한다.

⑤ 온도가 10℃와 40℃ 사이인 장소에서 체온계를 30분간 보관한 다음 다시 측정한다.

45 다음 글에서 설명하는 기술혁신의 특성으로 가장 적절한 것은?

> 새로운 기술을 개발하기 위한 아이디어의 원천이나 신제품에 대한 소비자의 수요, 기술개발의 결과 등은 예측하기가 매우 어렵기 때문에, 기술개발의 목표나 일정, 비용, 지출, 수익 등에 대한 사전계획을 세우기란 쉽지 않다. 또한 이러한 사전계획을 세운다 하더라도 모든 기술혁신의 성공이 사전의 의도나 계획대로 이루어지진 않는다. 때로는 그러한 성공들은 우연한 기회에 이루어지기도 하기 때문이다.

① 기술혁신은 장기간의 시간을 필요로 한다.

② 기술혁신은 매우 불확실하다.

③ 기술혁신은 지식 집약적인 활동이다.

④ 기술혁신은 기업 내에서 많은 논쟁을 유발한다.

⑤ 기술혁신은 부서 단독으로 수행되지 않으며, 조직의 경계를 넘나든다.

46 다음 글을 참고할 때 기술경영자의 역할이 아닌 것은?

> 기술경영자에게는 리더십, 기술적인 능력, 행정능력 외에도 다양한 도전을 해결하기 위한 여러 능력들이 요구된다. 기술개발이 결과 지향적으로 수행되도록 유도하는 능력, 기술개발 과제의 세부 사항까지도 파악할 수 있는 능력, 기술개발 과제의 전 과정을 전체적으로 조망할 수 있는 능력이 그것이다. 또한 기술개발은 기계적인 관리보다는 조직 및 인간 행동상의 요인들이 더 중요하게 작용되는 사람 중심의 진행이다. 이 밖에도, 기술의 성격 및 이와 관련된 동향·사업 환경 등을 이해할 수 있는 능력과 기술적인 전문성을 갖춰 팀원들의 대화를 효과적으로 이끌어낼 수 있는 능력 등 다양한 능력을 필요로 하고 있다. 이와는 달리 중간급 매니저라 할 수 있는 기술관리자에게는 기술경영자와는 조금 다른 능력이 필요하다. 기술관리자는 기술적 능력에 대한 것과 계획서 작성, 인력관리, 예산 관리, 일정 관리 등 행정능력에 대한 능력이 필요하다.

① 시스템적인 관점에서 인식하는 능력
② 기술을 효과적으로 평가할 수 있는 능력
③ 조직 내의 기술 이용을 수행할 수 있는 능력
④ 새로운 제품개발 시간을 단축할 수 있는 능력
⑤ 기술을 기업의 전반적인 전략 목표에 통합시키는 능력

47 다음 중 상향식 기술선택과 하향식 기술선택에 대한 설명으로 옳지 않은 것은?

① 상향식 기술선택은 연구자나 엔지니어들이 자율적으로 기술을 선택한다.
② 상향식 기술선택은 기술 개발자들의 창의적인 아이디어를 활용할 수 있다.
③ 상향식 기술선택은 기업 간 경쟁에서 승리할 수 없는 기술이 선택될 수 있다.
④ 하향식 기술선택은 단기적인 목표를 설정하고 달성하기 위해 노력한다.
⑤ 하향식 기술선택은 기업이 획득해야 하는 대상 기술과 목표기술수준을 결정한다.

48 다음 중 '반도체의 성능은 24개월마다 2배씩 증가한다.'는 뜻의 네트워크 혁명 법칙은?

① 카오(Kao)의 법칙
② 무어(Moore)의 법칙
③ 황(Hwang)의 법칙
④ 메트칼프(Metcalfe)의 법칙
⑤ 던바(Dunbar)의 법칙

49 다음 글에서 설명하는 기술교육은 무엇인가?

> 일반적으로 다음과 같은 장점이 있다. 첫째, 정해진 시간, 장소에 모여서 학습을 할 필요가 없고, 원하는 시간과 장소에서 컴퓨터만 연결되어 있다면 학습이 가능하기 때문에 시간적·공간적으로 독립적이다. 둘째, 원하는 내용을 원하는 순서에 맞게 원하는 시간만큼 학습이 가능하며, 개개인의 요구에 맞게 개별화·맞춤화가 가능하기 때문에 학습자 스스로가 학습을 조절 및 통제할 수 있다. 셋째, 칠판 판서 및 책이 아니라 비디오, 사진, 텍스트, 소리, 동영상 등 멀티미디어를 이용한 학습이 가능하다. 넷째, 이메일, 토론방, 자료실 등을 통해 의사교환과 상호작용이 자유롭게 이루어질 수 있다. 다섯째, 한번 출판되면 새로운 내용을 반영하기 어려운 책에 비해 업데이트를 통해 새로운 내용을 반영하기 쉽기 때문에 새로운 교육의 요구나 내용을 신속하게 반영할 수 있어 교육에 소요되는 비용을 절감할 수 있다. 반면에 직접적으로 교수자와 동료들 간의 인간적인 접촉이 상대적으로 적고, 중도탈락율이 높으며, 기술교육의 특성상 현장 중심의 실무 교육이 중요함에도 불구하고 현장중심의 교육이 힘든 단점이 있다.

① E-Learning을 활용한 기술교육
② 상급학교 진학을 통한 기술교육
③ 전문 연수원을 통한 기술교육
④ OJT를 활용한 기술교육
⑤ 전문가 초청 연수를 통한 기술교육

50 다음은 LPG 차량의 동절기 관리 요령에 대해 설명한 자료이다. 이를 이해한 내용으로 적절하지 않은 것은?

〈LPG 차량의 동절기 관리 요령〉

LPG 차량은 가솔린이나 경유에 비해 비등점이 낮은 특징을 갖고 있기 때문에 대기온도가 낮은 겨울철에 시동성이 용이하지 못한 결점이 있습니다. 동절기 시동성 향상을 위해 다음 사항을 준수하시기 바랍니다.

▶ **LPG 충전**
  - 동절기에 상시 운행지역을 벗어나 추운지방으로 이동할 경우에는 도착지 LPG 충전소에서 연료를 완전 충전하시면 다음 날 시동이 보다 용이합니다. 이는 지역별로 외기온도에 따라 시동성 향상을 위해 LPG 내에 포함된 프로판 비율이 다르며, 추운 지역의 LPG는 프로판 비율이 높습니다(동절기에는 반드시 프로판 비율이 15 ~ 35%를 유지하도록 관련 법규에 명문화되어 있습니다).

▶ **주차 시 요령**
  - 가급적 건물 내 또는 주차장에 주차하는 것이 좋으나, 부득이 옥외에 주차할 경우에는 엔진 위치가 건물벽 쪽을 향하도록 주차하거나, 차량 앞쪽을 해가 뜨는 방향으로 주차함으로써 태양열의 도움을 받을 수 있도록 하는 것이 좋습니다.

▶ **시동 시 주의사항**
  - 시동이 잘 안 걸리면 엔진 시동을 1회에 10초 이내로만 실시하십시오. 계속해서 엔진 시동을 걸면 배터리가 방전될 수 있습니다.

▶ **시동 직후 주의사항**
  - 저온 시 엔진 시동 후 계기판에 가속방지 지시등이 점등됩니다.
  - 가속방지 지시등의 점등은 주행성 향상을 위한 것으로 부품의 성능에는 영향이 없습니다.
  - 가속방지 지시등 점등 시 고속 주행을 삼가십시오.
  - 가속방지 지시등 점등 시 급가속, 고속주행은 연비 및 엔진꺼짐 등의 문제가 발생할 수 있습니다.
  - 가급적 가속방지 지시등 소등 후에 주행하여 주시길 바랍니다.

---

① 옥외에 주차할 경우 차량 앞쪽을 해가 뜨는 방향에 주차하는 것이 좋다.
② 동절기에 LPG 충전소에서 연료를 완전 충전하면 다음 날 시동이 용이하다.
③ 추운 지역의 LPG는 따뜻한 지역보다 프로판 비율이 낮다.
④ 가속방지 지시등 점등 시 고속 주행을 삼가도록 한다.
⑤ 시동이 잘 안 걸릴 경우에는 엔진 시동을 1회에 10초 이내로 하는 것이 좋다.

답안채점 • 성적분석 서비스

모바일 OMR

 → → → → → → →

도서 내 모의고사
우측 상단에 위치한
QR코드 찍기

로그인
하기

'시작하기'
클릭

'응시하기'
클릭

나의 답안을
모바일 OMR
카드에 입력

'성적분석 & 채점결과'
클릭

현재 내 실력
확인하기

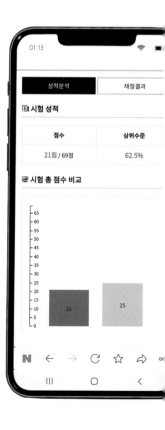

도서에 수록된 모의고사에 대한
객관적인 결과(정답률, 순위)를
종합적으로 분석하여 제공합니다.

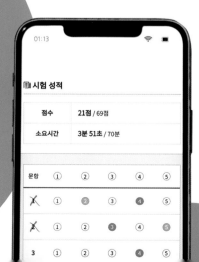

※OMR 답안채점 / 성적분석 서비스는 등록 후 30일간 사용 가능합니다.

2025
최신판

사이다 기출응용
모의고사 시리즈

판매량
1위
한전 고졸
YES24

사일 동안
이것만 풀면
다 합격!

한국전력공사
고졸채용 NCS

4회분 | 정답 및 해설

모바일 OMR
답안채점 / 성적분석
서비스
—
NCS
핵심이론 및
대표유형 PDF
—
[합격시대]
온라인 모의고사
무료쿠폰
—
무료
한전
특강

SDC
SDC는 시대에듀 데이터 센터의 약자로 약 30만 개의 NCS · 적성 문제
데이터를 바탕으로 최신 출제경향을 반영하여 문제를 출제합니다.

편저 | SDC(Sidae Data Center)

시대에듀

기출응용 모의고사
정답 및 해설

1일 차 기출응용 모의고사 정답 및 해설

| 01 | 공통영역

01	02	03	04	05	06	07	08	09	10
③	④	②	⑤	⑤	①	④	④	④	⑤
11	12	13	14	15	16	17	18	19	20
④	②	④	④	②	①	①	③	①	①
21	22	23	24	25	26	27	28	29	30
①	③	②	②	⑤	⑤	⑤	④	⑤	④

01
정답 ③

삼각지는 본래 지명 새벌(억새 벌판)의 경기 방언인 새뿔을 각각 석 삼(三)과 뿔 각(角)으로 잘못 해석하여 바꾼 것이므로 뿔 모양의 지형에서 유래되었다는 내용은 옳지 않다.

[오답분석]
① 우리나라의 지명 중 山(산), 谷(곡), 峴(현), 川(천) 등은 산악 지형이 대부분인 한반도의 산과 골짜기를 넘는 고개, 그 사이를 굽이치는 하천을 반영한 것이다.
② 평지나 큰 들이 있는 곳에는 坪(평), 平(평), 野(야), 原(원) 등의 한자가 많이 쓰였다.
④ 조선 시대에는 촌락의 특수한 기능이 지명에 반영되는 경우가 많았는데, 하천 교통이 발달한 곳의 지명에는 ~도(渡), ~진(津), ~포(浦) 등의 한자가 들어간다.
⑤ 김포공항에서 유래된 공항동은 서울의 인구 증가로 인해 새롭게 만들어진 동이므로 공항동 지명의 역사는 일제에 의해 한자어 지명이 바뀐 고잔동 지명의 역사보다 짧다.

02
정답 ④

'역은 공문서의 전달과 관리의 내왕, 관물의 수송 등을 주로 담당했고, 원은 관리나 일반 여행자에게 숙박 편의를 제공했다.'와 '주로 역로를 따라서는 역원취락(驛院聚落)이 발달했다.'는 앞의 내용을 통해 역(驛)~, ~원(院) 등의 한자가 들어가는 지명은 과거에 육상 교통이 발달했던 곳임을 알 수 있다.

03
정답 ②

문맥상 의미에 따라 사실이나 비밀·입장 등을 명확하게 한다는 뜻의 '밝히기 위한'으로 수정하는 것이 적절하다.

[오답분석]
① 의존 명사는 띄어 쓰는 것이 원칙이므로 '정하는 바에 의하여'가 적절한 표기이다.
③ ⓒ의 '-하다'는 앞의 명사와 붙여 써야 하는 접사이므로 '등록하거나'가 적절한 표기이다.
④ 주가 되는 것에 달리거나 딸리다는 의미의 '붙는'이 적절한 표기이다.
⑤ 우리말로 표현이 가능한 경우 외국어나 외래어 사용을 지양해야 하므로 '관리하는'이 적절한 표기이다.

04
정답 ⑤

제시문과 ⑤의 '잡다'는 '어느 한쪽으로 기울거나 굽거나 잘못된 것을 바르게 만들다.'의 의미이다.

[오답분석]
① 붙들어 손에 넣다.
② 권한 따위를 차지하다.
③ 실마리, 요점, 단점 따위를 찾아내거나 알아내다.
④ 담보로 맡다.

05
정답 ⑤

보기의 핵심 내용은 맹장이라도 길 찾기가 중요하다는 것이다. (마)의 앞 문장에서는 '길을 잃어버리는 것'을 '전체의 핵심을 잡지 못하는 것'으로 비유하였다. 또한 (마)의 뒤 문장에서도 요점과 핵심의 중요성을 강조하고 있으므로 보기는 (마)에 위치해야 한다.

06
정답 ①

제시문은 2,500년 전 인간과 현대의 인간의 공통점을 언급하며 2,500년 전에 쓰인 『논어』가 현대에서 지니는 가치에 대하여 설명하고 있다. 따라서 (가) 『논어』가 쓰인 2,500년 전 과거와 현대의 차이점 → (마) 2,500년 전의 책인 『논어』가 폐기되지 않고 현대에서도 읽히는 이유에 대한 의문 → (나) 인간이라는 공통점을 지닌 2,500년 전 공자와 우리들 → (다) 2,500년의 시간이 흐르는 동안 인간의 달라진 부분과 달라지지 않은 부분에 대한 설명 → (라) 시대가 흐름에 따라 폐기될 부분을 제외하더라도 여전히 오래된 미래로서의 가치를 지니는 『논어』 순으로 나열하는 것이 적절하다.

07
정답 ④

탄소배출권거래제는 의무감축량을 초과 달성했을 경우 초과분을 거래할 수 있는 제도이다. 따라서 온실가스의 초과 달성분을 구입혹은 매매할 수 있음을 추측할 수 있으며, 빈칸 이후 문단에서도 탄소배출권을 일종의 현금화가 가능한 자산으로 언급함으로써 이러한 추측을 돕고 있다. 따라서 ④가 빈칸에 들어갈 내용으로 가장 적절하다.

오답분석
① 청정개발체제에 대한 설명이다.
② 제시문에는 탄소배출권거래제가 가장 핵심적인 유연성체제라고는 언급되어 있지 않다.
③ 제시문에서 탄소배출권거래제가 6대 온실가스 중 이산화탄소를 줄이는 것을 특히 중요시한다는 내용은 확인할 수 없다.
⑤ 탄소배출권거래제가 탄소배출권이 사용되는 배경이라고는 볼 수 있으나, 다른 감축의무국가를 도움으로써 탄소배출권을 얻을 수 있다는 내용은 제시문에서 확인할 수 없다.

08
정답 ④

제시문에서는 말하지 않아도 상대방이 이해할 것이라는 선입견과 고정관념이 의사소통의 저해요인이라고 말하고 있다.

09
정답 ④

㉠의 주장을 요약하면 저작물의 공유 캠페인과 신설된 공정 이용 규정으로 인해 저작권자들의 정당한 권리가 침해받고, 이 때문에 창작물을 창조하는 사람들의 동기가 크게 감소한다는 것이다. 이에 따라 활용 가능한 저작물이 줄어들게 되어 이용자들도 피해를 당한다고 말한다. 따라서 ㉠은 저작권자의 권리를 인정해 주는 것이 결국 이용자에게도 도움이 된다고 주장함을 추론할 수 있다.

10
정답 ⑤

제시된 기사는 미세먼지 특별법 제정과 시행 내용에 대해 설명하고 있다. 따라서 ⑤가 제목으로 가장 적절하다.

11
정답 ④

K국은 30개의 회원국 중에서 OECD 순위가 매년 20위 이하이므로 상위권이라 볼 수 없다.

오답분석
③ 청렴도는 2018년에 4.5점으로 가장 낮고, 2024년과의 차이는 $5.4-4.5=0.9$점이다.

12
정답 ②

방사형 그래프(레이더 차트, 거미줄 그래프)에 대한 설명이다.

오답분석
① 막대 그래프 : 세로 또는 가로 막대로 사물의 양을 나타내며, 크고 작음을 한눈에 볼 수 있기 때문에 편리하다.
③ 선 그래프 : 꺾은선 그래프라고도 하며, 시간에 따라 지속적으로 변화하는 것을 기록할 때 편리하다.
④ 층별 그래프 : 합계와 각 부분의 크기를 백분율 또는 실수로 나타내고, 시간적 변화를 볼 때 사용한다.
⑤ 점 그래프 : 종축과 횡축에 두 개의 요소를 두고, 보고자 하는 것이 어떤 위치에 있는지 확인할 때 사용한다.

13
정답 ④

- 5% 소금물 600g에 들어있는 소금의 양 : $\frac{5}{100} \times 600 = 30$g
- 10분 동안 가열한 후 남은 소금물의 양 : $600-(10 \times 10) = 500$g
- 가열 후 남은 소금물의 농도 : $\frac{30}{500} \times 100 = 6\%$

여기에 더 넣은 소금물 200g의 농도를 $x\%$라 하면 다음과 같다.

$$\frac{6}{100} \times 500 + \frac{x}{100} \times 200 = \frac{10}{100} \times 700$$
$$\rightarrow 2x+30=70$$
$$\therefore x=20$$

따라서 더 넣은 소금물 200g의 농도는 20%이다.

14
정답 ④

1층에서 16층까지는 15층 차이이므로 기압은 $0.2 \times 15=3$kPa 떨어진다. 따라서 16층의 기압은 $200-3=197$kPa이다.

15

최초 투입한 원유의 양을 aL라 하자.
- LPG를 생산하고 남은 원유의 양 : $(1-0.05a)=0.95a$L
- 휘발유를 생산하고 남은 원유의 양 : $0.95a(1-0.2)=0.76a$L
- 등유를 생산하고 남은 원유의 양 : $0.76a(1-0.5)=0.38a$L
- 경유를 생산하고 남은 원유의 양 : $0.38a(1-0.1)=0.342a$L

따라서 아스팔트의 생산량은 $0.342a \times 0.04=0.01368a$L이고, 아스팔트는 최초 투입한 원유량의 $0.01368 \times 100=1.368\%$가 생산된다.

16
정답 ①

㉠ • 1시간 미만 운동하는 3학년 남학생 수 : 87명
 • 4시간 이상 운동하는 1학년 여학생 수 : 46명
따라서 옳은 설명이다.
㉡ 제시된 자료를 통해 모든 학년에서 남학생 중 1시간 미만 운동하는 남학생의 비율이 여학생 중 1시간 미만 운동하는 여학생의 비율보다 낮음을 확인할 수 있다.

[오답분석]
㉢ 남학생과 여학생 모두 학년이 높아질수록 3시간 이상 4시간 미만 운동하는 학생의 비율은 낮아진다. 그러나 남학생과 여학생 모두 학년이 높아질수록 4시간 이상 운동하는 학생의 비율은 높아지므로 옳지 않은 설명이다.
㉣ 3학년 남학생의 경우 3시간 이상 4시간 미만 운동하는 학생의 비율은 4시간 이상 운동하는 학생의 비율보다 낮다.

17
정답 ①

하루 평균 총 200잔이 팔렸다면, 카페라테는 전체에서 25%, 에스프레소는 6%이므로 각각 50잔, 12잔이 판매되었다. 따라서 카페라테는 에스프레소보다 $50-12=38$잔이 더 팔렸다.

18
정답 ③

오늘 판매된 커피 180잔 중 아메리카노는 50%로 90잔이 판매되었고, 매출은 $90 \times 2,000=180,000$원이다.

19
정답 ①

2000년 아시아의 소비실적이 1,588Moe이었으므로, 3배 이상이 되려면 $1,588 \times 3=4,764$Moe 이상이 되어야 한다.

20
정답 ①

나영이와 현지가 같이 간 거리는 $150 \times 30=4,500$m이고, 집에서 공원까지의 거리는 $150 \times 50=7,500$m이다. 나영이가 집에 가는 데 걸린 시간은 $4,500 \div 300=15$분이고, 다시 공원까지 가는 데 걸린 시간은 $7,500 \div 300=25$분이다.
따라서 둘이 헤어진 후 현지가 공원에 도착하기까지 걸린 시간은 20분이고, 나영이가 걸린 시간은 40분이므로 나영이는 현지가 도착하고 20분 후에 공원에 도착한다.

21
정답 ①

주어진 조건에 따라 직원 A~H가 원탁에 앉을 수 있는 경우는 'A-B-D-E-C-F-H-G'이다. 여기서 D와 E의 자리를 서로 바꿔도 모든 조건이 성립하고, 'A-G-H'와 'D-E-C'의 자리를 바꿔도 모든 조건이 성립한다. 따라서 가능한 모든 경우의 수는 $2 \times 2=4$가지이다.

22
정답 ③

네 번째와 다섯 번째 조건에 의해 A와 C는 각각 2종류의 동물을 키운다. 또한 첫 번째와 두 번째, 세 번째 조건에 의해 A는 토끼를 키우지 않는다. 따라서 A는 개와 닭, C는 고양이와 토끼를 키운다. 첫 번째 조건에 의해 D는 닭을 키우므로 C는 키우지 않지만 D가 키우는 종류의 동물은 닭이다.

[오답분석]
① 세 번째 조건에 의해 B는 개를 키운다.
② B는 토끼를 키우지 않지만, 고양이는 키울 수도 있다. 하지만 주어진 조건만 가지고 정확히 알 수는 없다.
④ A, B, D 또는 B, C, D가 같은 종류의 동물을 키울 수 있다.
⑤ B 또는 D는 3가지 종류의 동물을 키울 수 있다.

23
정답 ②

분류코드에서 알 수 있는 정보를 앞에서부터 순서대로 나열하면 다음과 같다.
- 발송코드 : c4(충청지역에서 발송)
- 배송코드 : 304(경북지역으로 배송)
- 보관코드 : HP(고가품)
- 운송코드 : 115(15톤 트럭으로 배송)
- 서비스코드 : 01(당일 배송 서비스 상품)

따라서 분류코드에서 알 수 있는 정보가 아닌 것은 ②이다.

24
정답 ②

제품 A의 분류코드는 앞에서부터 순서대로 수도권인 경기도에서 발송되었으므로 a1, 울산지역으로 배송되므로 062, 냉동보관이 필요하므로 FZ, 5톤 트럭으로 운송되므로 105, 배송일을 7월 7일로 지정하였으므로 02로 구성된 'a1062FZ10502'이다.

25

- 두 번째 요건에 따라 $1,500m^2$에 2대를 설치해야 하므로 발전기 1기당 필요면적이 $750m^2$를 초과하는 D발전기는 제외한다.
- 세 번째 요건에 따라 에너지 발전단가가 97.5원/kWh를 초과하는 C발전기는 제외한다.
- 네 번째 요건에 따라 탄소배출량이 91g/kWh로 가장 많은 B발전기는 제외한다.
- 다섯 번째 요건에 따라 발전기 1기당 중량이 3,600kg인 A발전기는 제외한다.

따라서 후보 발전기 중 설치하기 적합한 발전기는 E발전기이다.

26

정답 ⑤

E는 교양 수업을 신청한 A보다 나중에 수강한다고 하였으므로 목요일 또는 금요일에 강의를 들을 수 있다. 이때, 목요일과 금요일에는 교양 수업이 진행되므로 'E는 반드시 교양 수업을 듣는다.'는 항상 참이 된다.

오답분석

① A가 수요일에 강의를 듣는다면 E는 교양2 또는 교양3 강의를 들을 수 있다.
② B가 수강하는 전공 수업의 정확한 요일을 알 수 없으므로 C는 전공1 또는 전공2 강의를 들을 수 있다.
③ C가 화요일에 강의를 듣는다면 D는 교양 강의를 듣는다. 이때, 교양 수업을 듣는 A는 E보다 앞선 요일에 수강하므로 E는 교양2 또는 교양3 강의를 들을 수 있다.

구분	월 (전공1)	화 (전공2)	수 (교양1)	목 (교양2)	금 (교양3)
경우 1	B	C	D	A	E
경우 2	B	C	A	D	E
경우 3	B	C	A	E	D

④ D는 전공 수업을 신청한 C보다 나중에 수강하므로 전공 또는 교양 수업을 들을 수 있다.

27

정답 ⑤

제시된 조건에 따라 최고점과 최저점을 제외한 3명의 면접관의 평균과 보훈 가점을 더한 총점은 다음과 같다.

구분	총점	순위
A	$\frac{80+85+75}{3}=80$점	7위
B	$\frac{75+90+85}{3}+5≒88.33$점	3위
C	$\frac{85+85+85}{3}=85$점	4위
D	$\frac{80+85+80}{3}≒81.67$점	6위
E	$\frac{90+95+85}{3}+5=95$점	2위
F	$\frac{85+90+80}{3}=85$점	4위
G	$\frac{80+90+95}{3}+10≒98.33$점	1위
H	$\frac{90+80+85}{3}=85$점	4위
I	$\frac{80+80+75}{3}+5≒83.33$점	5위
J	$\frac{85+80+85}{3}≒83.33$점	5위
K	$\frac{85+75+75}{3}+5≒83.33$점	5위
L	$\frac{75+90+70}{3}≒78.33$점	8위

따라서 총점이 가장 높은 6명의 합격자를 면접을 진행한 순서대로 나열하면 G – E – B – C – F – H이다.

28

정답 ④

- (가) 하드 어프로치 : 상이한 문화적 토양을 가지고 있는 구성원을 가정하고, 서로의 생각을 직설적으로 주장하고 논쟁이나 협상을 통해 서로의 의견을 조정해 가는 방법이다.
- (나) 퍼실리테이션 : 퍼실리테이션이란 '촉진'을 의미하며, 어떤 그룹이나 집단이 의사결정을 잘 하도록 도와주는 일을 의미한다. 깊이 있는 커뮤니케이션을 통해 서로의 문제점을 이해하고 공감함으로써 창조적인 문제해결을 도모한다.
- (다) 소프트 어프로치 : 대부분의 기업에서 볼 수 있는 전형적인 스타일로, 조직구성원들을 같은 문화적 토양을 가지고 이심전심으로 서로를 이해하는 상황을 가정한다.

29

정답 ⑤

조건의 주요 명제들을 순서대로 논리 기호화하면 다음과 같다.
- 두 번째 명제 : 머그컵 → ~노트
- 세 번째 명제 : 노트
- 네 번째 명제 : 태블릿PC → 머그컵
- 다섯 번째 명제 : ~태블릿PC → (가습기 ∧ ~컵받침)

세 번째 명제에 따라 노트는 반드시 선정되며, 두 번째 명제의 대우(노트 → ~머그컵)에 따라 머그컵은 선정되지 않는다. 그리고 네 번째 명제의 대우(~머그컵 → ~태블릿PC)에 따라 태블릿PC도 선정되지 않으며, 다섯 번째 명제에 따라 가습기는 선정되고 컵받침은 선정되지 않는다. 따라서 총 3종류의 경품을 선정한다고 하였으므로 노트, 가습기와 함께 펜이 경품으로 선정된다.

30

제시문에 따르면 J부서에 근무하는 신입사원은 단 한 명이며, 신입사원은 단 한 지역의 출장에만 참가한다. 따라서 갑과 단둘이 가는 한 번의 출장에만 참가하는 을이 신입사원임을 알 수 있다. 이때, 네 지역으로 모두 출장을 가는 총괄 직원도 단 한 명뿐이므로 을과 단둘이 출장을 간 갑이 총괄 직원임을 알 수 있다. 또한 신입사원을 제외한 모든 직원은 둘 이상의 지역으로 출장을 가야 하므로 병과 정이 함께 같은 지역으로 출장을 가면 무는 남은 두 지역 모두 출장을 가야 한다. 이때, 병과 정 역시 남은 두 지역 중 한 지역으로 각각 출장을 가야 한다. 따라서 다섯 명의 직원이 출장을 가는 경우를 정리하면 다음과 같다.

지역	직원	
	경우 1	경우 2
A	갑, 을	갑, 을
B	갑, 병, 정	갑, 병, 정
C	갑, 병, 무	갑, 정, 무
D	갑, 정, 무	갑, 병, 무

따라서 정은 두 곳으로만 출장을 가므로 정이 총 세 곳에 출장을 간다는 ④는 항상 거짓이 된다.

오답분석
① 갑은 총괄 직원이다.
② 두 명의 직원만이 두 광역시에 모두 출장을 간다고 하였으므로 을의 출장 지역은 광역시에 해당하지 않는다.
③ㆍ⑤ 위의 표를 통해 확인할 수 있다.

| 02 | 자원관리능력(사무 / 배전ㆍ송변전)

31	32	33	34	35	36	37	38	39	40
③	②	②	⑤	⑤	③	③	③	①	④

31

오답분석
① 5일에 K공사 단합대회 행사가 있으므로 명절선물세트 홍보행사를 진행할 수 없다.
② 10일부터 12일까지 수소에너지 홍보행사가 있으므로 명절선물세트 홍보행사를 진행할 수 없다.
④ 21일에 에너지 안전 홍보행사가 있으므로 명절선물세트 홍보행사를 진행할 수 없다.
⑤ 명절선물세트 홍보행사는 설 연휴 이전에 마쳐야 하므로 적절하지 않다.

32

7 ~ 9일에는 행사가 없으므로 8일에 진급공고를 게시할 수 있다.

오답분석
① K공사 단합대회 다음날이므로 진급공고를 게시할 수 없다.
③ 명절선물세트 홍보기간이므로 진급공고를 게시할 수 없다.
④ 설 연휴 전날이므로 진급공고를 게시할 수 없다.
⑤ 대체공휴일 다음날이므로 진급공고를 게시할 수 없다.

33

선행작업이 완료되어야 이후 작업을 진행할 수 있기 때문에 가장 오래 걸리는 경로가 끝난 후에 프로젝트가 완료된다. 즉, 가장 오래 걸리는 경로인 'B - D - G - J'가 끝난 후에 프로젝트가 완료되므로 최단작업기간은 21주(=5+6+6+4)가 소요된다.

오답분석
① 가장 오래 걸리는 경로에 작업 A와 C가 포함되어 있지 않으므로 전체 프로젝트 기간에는 영향을 주지 못한다.
③ 작업 D는 가장 오래 걸리는 경로에 포함되어 있으므로 전체 프로젝트 기간에 영향을 주어 일주일 줄어든다.
⑤ 전체 프로젝트 기간에 영향을 주는 작업 B, D, G, J 중에서 단축비용이 가장 적게 드는 것을 선택해야 합리적이다.

34

정답 ⑤

비용이 17억 원 이하인 업체는 A, D, E, F이며, 이 중 1차로 선정할 업체를 구하기 위해 가중치를 적용한 점수는 다음과 같다.
- A : $(18 \times 1) + (11 \times 2) = 40$점
- D : $(16 \times 1) + (12 \times 2) = 40$점
- E : $(13 \times 1) + (10 \times 2) = 33$점
- F : $(16 \times 1) + (14 \times 2) = 44$점

따라서 1차로 선정될 3개 업체는 A, D, F이며, 이 중 친환경소재 점수가 가장 높은 업체인 F가 최종 선정된다.

35

정답 ⑤

비용이 17억 2천만 원 이하인 업체는 A, C, D, E, F이며, 이 중 1차로 선정할 업체를 구하기 위해 가중치를 적용한 점수는 다음과 같다.
- A : $(11 \times 3) + (15 \times 2) = 63$점
- C : $(13 \times 3) + (13 \times 2) = 65$점
- D : $(12 \times 3) + (14 \times 2) = 64$점
- E : $(10 \times 3) + (17 \times 2) = 64$점
- F : $(14 \times 3) + (16 \times 2) = 74$점

따라서 1차 선정될 업체는 C와 F이며, 이 중 입찰 비용이 더 낮은 업체인 F가 최종 선정된다.

36

정답 ③

사용 부서의 수(5부서)가 가장 많은 메모지와 종이컵부터 구매한다(메모지 $800 \times 5 = 4,000$원, 종이컵 $10,000 \times 8 = 80,000$원). 다음으로는 현재 재고가 없는 지우개와 연필부터 구매한다(지우개 $500 \times 3 = 1,500$원, 연필 $400 \times 15 = 6,000$원). 현재까지 구매 금액은 91,500원이므로 더 구매할 수 있는 금액의 한도는 $100,000 - 91,500 = 8,500$원이다. 나머지 비품 중 수정테이프를 구매할 경우 $1,500 \times 7 = 10,500$원이고, 볼펜을 구매할 경우의 금액은 $1,000 \times 4 = 4,000$원이다. 따라서 수정테이프는 구매할 수 없고, 볼펜 구매는 가능하므로 구매할 비품들은 메모지, 볼펜, 종이컵, 지우개, 연필임을 알 수 있다.

37

정답 ③

밴쿠버 지사에 메일이 도착한 시각은 4월 22일 오전 12시 15분이지만, 업무 시간이 아니므로 메일을 읽을 수 없다. 따라서 밴쿠버 지사에서 가장 빠르게 읽을 수 있는 시각은 전력 점검이 끝난 4월 22일 오전 10시 15분이다. 모스크바는 밴쿠버와 10시간의 시차가 있으므로 이때의 모스크바 현지 시각은 4월 22일 오후 8시 15분이다.

38

정답 ③

B사원의 대화 내용을 살펴보면 16:00부터 사내 정기 강연으로 2시간 정도 소요된다는 것을 알 수 있다. 또한 B사원은 강연 준비로 30분 정도 더 일찍 나서야 하는 점도 알 수 있다. 따라서 15:30부터는 가용할 시간이 없다. 그리고 기획안 작성업무는 두 시간 정도 걸릴 것으로 예상하는데, A팀장이 먼저 기획안부터 마무리 짓자고 하였으므로 11:00부터 업무를 시작할 것이다. 그런데 중간에 점심시간이 있으므로 기획안 업무는 14:00에 완료될 것이다. 따라서 A팀장과 B사원 모두 여유가 되는 시간은 14:00 ~ 15:30이므로 ③이 가장 적절하다.

39

정답 ①

12/5(토)에 근무하기로 예정된 1팀 차도선이 개인사정으로 근무를 대체하려고 할 경우 그 주에 근무가 없는 3팀의 한 명과 바꿔야 한다. 이때 대체근무자인 하선오는 3팀에 소속된 인원이긴 하나, 대체근무일이 12/12(토)로 1팀인 차도선이 근무하게 될 경우 12/13(일)에도 1팀이 근무하는 날이기 때문에 주말근무 규정에 어긋나 적절하지 못하다.

40

정답 ④

A ~ E씨의 진료 날짜를 2025년 1월 이후를 기준으로 구분한 후, 현행 본인부담금 제도와 개선된 본인부담금 제도를 적용하여 본인부담금을 계산하면 다음과 같다.
- A씨 : $17,000 \times 0.3$(현행) $= 5,100$원
- B씨 : 1,500원(진료비 1만 5천 원 이하)
- C씨 : $23,000 \times 0.2$(개선) $= 4,600$원
- D씨 : $24,000 \times 0.3$(현행) $= 7,200$원
- E씨 : $27,000 \times 0.3$(개선) $= 8,100$원

따라서 $5,100 + 1,500 + 4,600 + 7,200 + 8,100 = 26,500$원이다.

41	42	43	44	45	46	47	48	49	50
①	④	③	④	①	②	②	③	③	⑤

41 정답 ①

SUMPRODUCT 함수는 배열 또는 범위의 대응되는 값끼리 곱해서 그 합을 구하는 함수이다.
「=SUMPRODUCT(B4:B10,C4:C10,D4:D10)」는 (B4×C4×D4)+(B5×C5×D5)+ ⋯ +(B10×C10×D10)의 값으로 나타난다. 따라서 (가) 셀에 나타나는 값은 2,610이다.

42 정답 ④

인쇄 영역에 포함된 도형, 차트 등의 개체는 기본적으로 인쇄된다.

43 정답 ③

PROPER 함수는 단어의 첫 글자만 대문자로 나타내고 나머지는 소문자로 나타내주는 함수이다. 따라서 'Republic Of Korea'로 나와야 한다.

44 정답 ④

POWER 함수는 밑수를 지정한 만큼 거듭제곱한 결과를 나타내는 함수이다. 따라서 $6^3 = 216$이 옳다.

오답분석

① ODD 함수는 주어진 수에서 가장 가까운 홀수로 변환해 주는 함수이며, 양수인 경우 올림하고 음수인 경우 내림한다.
② EVEN 함수는 주어진 수에서 가장 가까운 짝수로 변환해 주는 함수이며, 양수인 경우 올림하고 음수인 경우 내림한다.
③ MOD 함수는 나눗셈의 나머지를 구하는 함수이다. 40을 −6으로 나눈 나머지는 −2이다.
⑤ QUOTIENT 함수는 나눗셈 몫의 정수 부분을 구하는 함수이다. 19를 6으로 나눈 몫의 정수는 3이다.

45 정답 ①

데이터베이스(DB; Data Base)란 어느 한 조직의 여러 응용 프로그램들이 공유하는 관련 데이터들의 모임이다. 대학 내 서로 관련 있는 데이터들을 하나로 통합하여 데이터베이스로 구축하게 되면, 학생 관리 프로그램, 교수 관리 프로그램, 성적 관리 프로그램은 이 데이터베이스를 공유하며 사용하게 된다. 이처럼 데이터베이스는 여러 사람에 의해 공유되어 사용될 목적으로 통합하여 관리되는 데이터의 집합을 말하며, 자료항목의 중복을 없애고 자료를 구조화하여 저장함으로써 자료 검색과 갱신의 효율을 높인다.

오답분석

② 유비쿼터스 : 사용자가 네트워크나 컴퓨터를 의식하지 않고 장소에 상관없이 자유롭게 네트워크에 접속할 수 있는 정보통신 환경을 의미한다.
③ RFID : 극소형 칩에 상품정보를 저장하고 안테나를 달아 무선으로 데이터를 송신하는 장치를 말한다.
④ NFC : 전자태그(RFID)의 하나로, 13.56Mhz 주파수 대역을 사용하는 비접촉식 근거리 무선통신 모듈이며, 10cm의 가까운 거리에서 단말기 간 데이터를 전송하는 기술이다.
⑤ 와이파이 : 무선접속장치(AP; Access Point)가 설치된 곳에서 전파를 이용하여 일정 거리 안에서 무선인터넷을 할 수 있는 근거리 통신망을 칭하는 기술이다.

46 정답 ②

TCP / IP(Transmission Control Protocol / Internet Protocol)는 컴퓨터 간의 통신을 위해 미국 국방부에서 개발한 통신 프로토콜로, 보안 기능 취약과 IP주소 부족에도 불구하고 TCP와 IP를 조합하여 인터넷 표준 프로토콜로 사용되고 있다.

47 정답 ②

오답분석

① 피싱(Phishing) : 금융기관 등의 웹사이트나 거기서 보내온 메일로 위장하여 개인의 인증번호나 신용카드번호, 계좌정보 등을 빼내 이를 불법적으로 이용하는 사기수법이다.
③ 스미싱(Smishing) : 휴대폰 사용자에게 웹사이트 링크를 포함하는 문자메시지를 보내 휴대폰 사용자가 웹사이트에 접속하면 트로이목마를 주입해 휴대폰을 통제하며 개인정보를 빼내는 범죄 유형이다.
④ 스누핑(Snooping) : 소프트웨어 프로그램(스누퍼)을 이용하여 원격으로 다른 컴퓨터의 정보를 엿볼 수 있어, 개인적인 메신저 내용, 로그인 정보, 전자 우편 등의 정보를 몰래 획득하는 범죄 유형이다.
⑤ 스푸핑(Spoofing) : 승인받은 사용자인 것처럼 시스템에 접근하거나 네트워크상에서 허가된 주소로 가장하여 접근 제어를 우회하는 범죄 유형이다.

48

정답 ③

하이퍼링크(Hyperlink)는 다른 문서로 연결하는 HTML로 구성된 링크로, 외부 데이터를 가져오기 위해 사용하는 기능은 아니다.

오답분석

① [데이터] → [외부 데이터 가져오기] → [기타 원본에서] → [데이터 연결 마법사]
② [데이터] → [외부 데이터 가져오기] → [기타 원본에서] → [Microsoft Query]
④ [데이터] → [외부 데이터 가져오기] → [웹]
⑤ [데이터] → [외부 데이터 가져오기] → [텍스트]

49

정답 ③

LEFT(데이터가 있는 셀 번호, 왼쪽을 기준으로 가져올 자릿수)이기 때문에 주민등록번호가 있는 [C2] 셀을 선택하고 왼쪽을 기준으로 생년월일은 6자리이기 때문에 「=LEFT(C2,6)」가 옳다.

50

정답 ⑤

• 최종점수는 [E2] 셀에 「=ROUND(AVERAGE(B2:C2)*0.9+D2*0.1,1)」를 넣고 채우기 핸들 기능을 사용하면 된다. 따라서 ②와 ④는 필요한 함수이다.
• 등수는 [F2] 셀에 「=RANK(E2,$E$2:$E$8)」를 넣고 채우기 핸들 기능을 사용하면 된다. 따라서 ③은 필요한 함수이다.
• 등급은 [G2] 셀에 「=IFS(RANK(E2,$E$2:$E$8)<=2,"A", RANK(E2,$E$2:$E$8)<=5,"B",TRUE,"C")」를 넣고 채우기 핸들 기능을 사용하면 된다. 따라서 ①은 필요한 함수이다.

| 04 | 기술능력(배전 · 송변전)

41	42	43	44	45	46	47	48	49	50
④	③	④	③	④	③	①	②	①	⑤

41

정답 ④

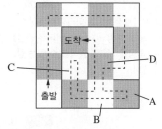

A에서 B, C에서 D로 이동할 때는 보조명령을 통해 이동했다. 그 외의 구간은 주명령을 통해 이동했다.

42

정답 ③

가정에 있을 경우 전력수급 비상단계를 신속하게 극복하기 위해 전력기기 등의 전원을 차단하거나 사용을 중지하는 것이 필요하나, 4번 항목에 따르면 안전, 보안 등을 위한 최소한의 조명까지 소등할 필요는 없다.

오답분석

① 가정에 있을 경우 TV, 라디오 등을 통해 재난상황을 파악하여 대처하라고 하였으므로, 전력수급 비상단계 발생 시 대중매체를 통해 재난상황에 대한 정보를 파악할 수 있다는 것을 알 수 있다.
② 사무실에 있을 경우 즉시 사용이 필요하지 않은 사무기기의 전원을 차단하여야 한다.
④ 공장에서는 비상발전기의 가동을 점검하여 가동을 준비해야 한다.
⑤ 전력수급 비상단계가 발생할 경우 컴퓨터, 프린터 등 긴급하지 않은 모든 사무기기의 전원을 차단하여야 하므로 한동안 사무실의 업무가 중단될 수 있다.

43

정답 ④

ⓒ 사무실에서의 행동요령에 따르면 본사의 중앙보안시스템은 긴급한 설비로 볼 수 있다. 따라서 3번 항목의 예외에 해당하므로 중앙보안시스템의 전원을 즉시 차단해버린 이주임의 행동은 적절하지 않다고 볼 수 있다.
ⓔ 상가에서의 행동요령에 따르면 식재료의 부패와 관련 없는 가전제품의 가동을 중지하거나 조정하도록 설명되어 있다. 하지만 최사장은 횟감을 포함한 식재료를 보관 중인 모든 냉동고의 전원을 차단하였으므로 이는 적절하지 않은 행동이다.

㉠ 집에 있던 중 세탁기 사용을 중지하고 실내조명을 최소화한 김
   사원의 행동은 행동요령에 따른 적절한 행동이다.
㉢ 공장에 있던 중 공장 내부 조명 밝기를 최소화한 박주임의 행
   동은 적절하다.

44

정답 ③

안마의자 사용설명서에서 설치 시에 등받이와 다리부를 조절할 경
우를 대비하여 제품의 전방 50cm, 후방 10cm 이상 여유 공간을
두라고 설명하고 있다. 따라서 후방을 벽면에 밀착할 수 있는 장소
를 고려하는 것은 적절하지 않다.

45

정답 ④

안마의자의 움직이는 부위에 손가락이 끼어 다칠 수 있다는 내용
을 담고 있다. 제품설명서의 '안전을 위한 주의사항'에서 7번째 사
항을 보면 같은 내용이 있으며, '삼각형 느낌표' 표시가 되어 있어
해당 내용이 '경고' 수준의 주의를 필요로 한다는 것을 알 수 있다.

① 사용 중에 잠들지 말라는 의미를 가진 그림이다. 이는 '주의'
   수준에 해당한다.
② 사용 중에 음료나 음식을 섭취하지 말라는 의미를 가진 그림이
   다. 이는 '주의' 수준에 해당한다.
③ 사용 시간은 1회 20분을 권장한다는 의미를 가진 그림이다.
   이는 '주의' 수준에 해당한다.
⑤ 제품 안쪽에 휴대폰 등의 물건을 빠뜨리지 않도록 주의하라는
   의미를 가진 그림이다. 이는 '주의' 수준에 해당한다.

46

정답 ③

기술 발전에 있어 환경 보호를 추구하는 점을 볼 때, 지속가능한
개발의 사례로 볼 수 있다. 지속가능한 개발은 경제 발전과 환경
보전의 양립을 위하여 새롭게 등장한 개념으로 볼 수 있으며, 미래
세대가 그들의 필요를 충족시킬 수 있는 가능성을 손상시키지 않
는 범위에서 현재 세대의 필요를 충족시키는 개발이다.

① 개발독재 : 개발도상국에서 개발이라는 이름으로 행해지는 정
   치적 독재를 말한다.
② 연구개발 : 자연과학기술에 대한 새로운 지식이나 원리를 탐색
   하고 해명하여, 그 성과를 실용화하는 일을 말한다.
④ 개발수입 : 기술이나 자금을 제3국에 제공하여 미개발자원 등
   을 개발하거나 제품화하여 수입하는 것을 말한다.
⑤ 조직개발 : 기업이 생산능률을 높이기 위하여 기업조직을 개혁
   하는 일을 말한다.

47

정답 ①

상향식 기술선택(Bottom Up Approach)은 기술자들로 하여금
자율적으로 기술을 선택하게 함으로써 기술자들의 흥미를 유발할
수 있고, 이를 통해 그들의 창의적인 아이디어를 활용할 수 있는
장점이 있다.

② 상향식 기술선택은 기술자들로 하여금 자율적으로 기술을 선
   택하게 함으로써 시장에서 불리한 기술이 선택될 수 있다.
③ 상향식 기술선택은 기술자들이 자신의 과학기술 전문 분야에
   대한 지식과 흥미만을 고려하여 기술을 선택하게 함으로써 시
   장의 고객들이 요구하는 제품이나 서비스를 개발하는 데 부적
   합한 기술이 선택될 수 있다.
④ 하향식 기술선택은 기술에 대한 체계적인 분석을 한 후, 기업
   이 획득해야 하는 대상기술과 목표기술수준을 결정한다.
⑤ 하향식 기술선택은 먼저 기업이 직면하고 있는 외부환경과 기
   업의 보유 자원에 대한 분석을 통해 기업의 중장기적인 사업목
   표를 설정하고, 이를 달성하기 위해 확보해야 하는 핵심고객층
   과 그들에게 제공하고자 하는 제품과 서비스를 결정한다.

48

정답 ②

공기청정기를 약하고 기울어진 바닥에 두면 이상 소음 및 진동이
생길 수 있으므로 단단하고 평평한 바닥에 두어야 한다. 따라서
공기청정기를 부드러운 매트 위에 놓는 것은 적절하지 않다.

49

정답 ①

프리필터는 청소주기에 따라 1개월에 2회 이상 청소해야 한다.

②·③ 탈취필터와 헤파필터의 교체주기는 6개월 ~ 1년이지만
   사용 환경에 따라 차이가 날 수 있으며, 필터 교체 표시등을
   확인하여 교체해야 한다.
④ 프리필터는 반영구적으로 사용하는 것이므로 교체할 필요가
   없다.
⑤ 냄새가 심하게 날 경우 탈취필터를 확인하여 교체해야 한다.

50

정답 ⑤

스마트에어 서비스 기기 등록 시 스마트폰의 Wi-Fi 고급설정 모
드에서 '개방형 Wi-Fi' 관련 항목이 아닌 '신호 약한 Wi-Fi 끊기
항목'과 '신호 세기'와 관련된 기능을 확인해야 한다.

2일 차 기출응용 모의고사 정답 및 해설

| 01 | 공통영역

01	02	03	04	05	06	07	08	09	10
④	②	④	②	①	①	④	⑤	⑤	⑤
11	12	13	14	15	16	17	18	19	20
②	②	③	③	③	③	②	②	④	①
21	22	23	24	25	26	27	28	29	30
④	③	④	②	④	①	③	①	③	②

01
정답 ④

설비용량이 총 11.44MW인 동탄 연료전지 발전소를 짓는 데 총 550억 원이 투입되었으므로 동탄 연료전지 발전소의 투자비용은 1MW당 $\frac{550억 원}{11.44MW}$≒48.07억 원으로 50억 원 이하이다.

오답분석
① 연료전지 발전의 연료는 천연가스, LPG 등으로, 연료를 통해 얻은 수소를 산소와 결합시키는 방식으로 전기를 얻는다.
② 2024년 9월의 연료전지 설비용량은 전년 동월 대비 51.1% 증가하였으므로 2023년 9월 연료전지 설비용량의 1.5배 이상임을 알 수 있다.
③ 2024년 9월의 연료전지 전력거래량은 194.4GWh로, 전년 동월의 136.3GWh에서 194.4-136.3=51.8GWh 증가하였다.
⑤ REC 가중치가 높다는 것은 그만큼 비싼 값에 REC를 팔 수 있다는 의미이다. 연료전지의 REC 가중치가 태양광 등의 주력 신재생에너지보다 높으므로 연료전지의 REC는 태양광 REC보다 비싸게 판매된다.

02
정답 ②

• 첫 번째 빈칸 : '공동체적 연대를 위해 집단적 노력이 존재한다.'라는 내용으로 볼 때 ㉠이 적절하다.
• 두 번째 빈칸 : '아파트의 위치나 평형, 단지의 크기 등에 따라 공동체 형성의 정도가 서로 다르다.'라는 내용으로 볼 때 같은 의미의 내용이 들어간 사례로 ㉢이 적절하다.
• 세 번째 빈칸 : '부자 동네와 가난한 동네가 뚜렷이 구분되지 않는 주거환경'과 '규범'이라는 내용을 볼 때 ㉡이 적절하다.

03
정답 ④

제시문은 정부가 제공하는 공공 데이터를 활용한 앱 개발에 대한 글이다. 따라서 먼저 다양한 앱을 개발하려는 사람들을 통해 화제를 제시한 (라) 문단이 오는 것이 적절하며, 이러한 앱 개발에 있어 부딪히는 문제들을 제시한 (가) 문단이 그 뒤에 오는 것이 적절하다. 다음으로 이러한 문제들을 해결하기 위한 방법으로 공공 데이터를 제시하는 (나) 문단이 오고, 공공 데이터에 대한 추가 설명으로 공공 데이터를 위한 정부의 노력인 (다) 문단이 마지막으로 오는 것이 적절하다.

04
정답 ②

B사원은 현재 문제 상황과 관련이 없는 A사원의 업무 스타일을 근거로 들며, A사원의 의견을 무시하고 있다. 즉, 상대방에 대한 부정적인 판단 때문에 상대방의 말을 듣지 않는 태도가 B사원의 경청을 방해하고 있는 것이다.

오답분석
① 짐작하기 : 상대방의 말을 듣고 받아들이기보다 자신의 생각에 들어맞는 단서들을 찾아 자신의 생각을 확인하는 것이다.
③ 조언하기 : 지나치게 다른 사람의 문제를 본인이 해결하고자 상대방의 말끝마다 조언하며 끼어드는 것이다.
④ 비위 맞추기 : 상대방을 위로하기 위해서 혹은 비위를 맞추기 위해서 너무 빨리 동의하는 것이다.
⑤ 대답할 말 준비하기 : 상대방의 말을 듣고 곧 자신이 다음에 할 말을 생각하기에 바빠 상대방이 말하는 것을 잘 듣지 않는 것이다.

05
정답 ①

제시문에서는 유럽과 신대륙 간 필요한 자원의 가치에 따라 교환이 일어나고 있는 상황을 설명한다. 이는 자원의 특징 중 상대성에 해당하는 내용이므로 ①이 가장 적절하다.

오답분석
②·④ 자원의 유한성에 대한 설명이다.
③ 자원의 가변성에 대한 설명이다.
⑤ 자원의 희소성에 대한 설명이다.

06

정답 ①

제시문은 유전자 치료를 위하여 프로브와 겔 전기영동법을 통해 비정상적인 유전자를 찾아내는 방법을 설명하고 있다. 따라서 제시문의 주제로 ①이 가장 적절하다.

07

정답 ④

제시문은 현대 건축가 르 코르뷔지에의 업적에 대해 설명하고 있다. 따라서 (라) 현대 건축의 거장으로 불리는 르 코르뷔지에에 대한 소개 → (가) 르 코르뷔지에가 만든 도미노 이론의 정의 → (다) 도미노 이론에 대한 설명 → (나) 도미노 이론의 연구와 적용되고 있는 다양한 건물에 대한 설명 순서로 나열하는 것이 적절하다.

08

정답 ⑤

문서를 이해할 때는 그 내용이 옳은 것인지 그른 것인지 판단하는 것이 중요하다.

오답분석

① 문서이해능력은 다양한 종류의 문서에서 전달하고자 하는 핵심 내용을 요약·정리하여 이해하는 능력을 포함한다.
② 문서이해능력은 문서의 내용 파악에 그치는 것이 아니라 문서에서 전달하는 정보를 바탕으로 업무와 관련하여 요구되는 정보가 무엇인지 적절하게 추론할 수 있는 능력을 포함한다.
③ 문서이해능력은 문서를 읽고 필요하다면 도표나 기호를 통해 그 내용을 요약·정리할 수 있는 능력을 포함한다.
④ 문서이해능력은 문서에서 전달하는 정보를 이해하고 더불어 그 정보의 출처를 파악하는 능력을 포함한다.

09

정답 ⑤

ㄴ. B는 공직자의 임용 기준을 개인의 능력·자격·적성에 두고 공개경쟁 시험을 통해 공무원을 선발한다면, 정실 개입의 여지가 줄어든다고 주장하고 있다. 따라서 공직자 임용과정의 공정성을 높일 필요성이 부각된다면, B의 주장은 설득력을 얻는다.
ㄷ. C는 사회를 구성하는 모든 지역 및 계층으로부터 인구 비례에 따라 공무원을 선발해야 한다고 주장하고 있다. 따라서 지역 편향성을 완화할 필요성이 제기된다면, C의 주장은 설득력을 얻는다.

오답분석

ㄱ. A는 대통령 선거에서 승리한 정당이 공직자 임용의 권한을 가져야 한다고 주장하였다. 이는 정치적 중립성이 보장되지 않는 것이므로 A의 주장은 설득력을 잃는다.

10

정답 ⑤

문서 작성 시 의미 전달에 중요하지 않은 경우에는 한자 사용을 자제하도록 하며, 상용한자의 범위 내에서 사용하여야 상대방의 문서 이해에 도움이 된다.

11

정답 ②

pH가 가장 높은 구역은 8.2인 D구역이며, BOD는 0.9mg/L, DO는 7.9mg/L이므로 수질 등급 기준표에서 D구역이 해당하는 등급은 '매우 좋음'인 1a등급이다. 상수도 구역별 농도 및 pH에 맞는 등급을 정리하면 다음 표와 같다.

구분	Do(mg/L)	BOD(mg/L)	pH	등급
A구역	4.2	8.0	5.0	pH 기준 미달
B구역	5.2	4.8	6.0	4(약간 나쁨)
C구역	1.1	12	6.3	6(매우 나쁨)
D구역	7.9	0.9	8.2	1a(매우 좋음)
E구역	3.3	6.5	7.6	4(약간 나쁨)
F구역	2.4	9.2	8.1	5(나쁨)

따라서 자료에 대한 설명으로 옳은 것은 ②이다.

오답분석

① BOD농도가 5mg/L 이하인 상수도 구역은 B구역과 D구역이며, 3등급은 없다.
③ 상수도 구역에서 등급이 '약간 나쁨(4등급)' 또는 '나쁨(5등급)'인 구역은 B, E, F구역으로 세 곳이다.
④ 수질 등급 기준을 보면 DO농도는 높을수록, BOD농도는 낮을수록 좋은 등급을 받는다.
⑤ 좋은 등급의 pH 수치는 나쁜 등급의 pH 수치보다 약간 높다.

12

정답 ②

월간 용돈을 5만 원 미만으로 받는 비율은 중학생 89.4%, 고등학생 60%이므로 중학생이 고등학생보다 높다.

오답분석

① 용돈을 받는 남학생과 여학생의 비율은 각각 82.9%, 85.4%이다. 따라서 여학생이 더 높다.
③ 고등학교 전체 인원을 100명이라 한다면 그중에 용돈을 받는 학생은 약 80.8명이다. 80.8명 중에 용돈을 5만 원 이상 받는 학생의 비율은 40%이므로 $80.8 \times 0.4 = 32.3$명이다.
④ 전체에서 금전출납부의 기록, 미기록 비율은 각각 30%, 70%이다. 따라서 기록하는 비율이 더 낮다.
⑤ 용돈을 받지 않는 중학생과 고등학생 비율은 각각 12.4%, 19.2%이다. 따라서 용돈을 받지 않는 고등학생 비율이 더 높다.

13

정답 ③

총성과급을 x만 원이라 하자.

· A의 성과급 : $\left(\dfrac{1}{3}x+20\right)$만 원

· B의 성과급 : $\dfrac{1}{2}\left[x-\left(\dfrac{1}{3}x+20\right)\right]+10=\dfrac{1}{3}x$만 원

· C의 성과급 : $\dfrac{1}{3}\left[x-\left(\dfrac{1}{3}x+20+\dfrac{1}{3}x\right)\right]+60$

$\quad=\left(\dfrac{1}{9}x+\dfrac{160}{3}\right)$만 원

· D의 성과급 : $\dfrac{1}{2}\left[x-\left(\dfrac{1}{3}x+20+\dfrac{1}{3}x+\dfrac{1}{9}x+\dfrac{160}{3}\right)\right]+70$

$\quad=\left(\dfrac{1}{9}x+\dfrac{100}{3}\right)$만 원

$x=\dfrac{1}{3}x+20+\dfrac{1}{3}x+\dfrac{1}{9}x+\dfrac{160}{3}+\dfrac{1}{9}x+\dfrac{100}{3}$

$\therefore x=960$

따라서 총성과급은 960만 원이다.

14

정답 ③

· 첫 번째 문제를 맞힐 확률 : $\dfrac{1}{5}$

· 첫 번째 문제를 틀릴 확률 : $1-\dfrac{1}{5}=\dfrac{4}{5}$

· 두 번째 문제를 맞힐 확률 : $\dfrac{2}{5}\times\dfrac{1}{4}=\dfrac{1}{10}$

· 두 번째 문제를 틀릴 확률 : $1-\dfrac{1}{10}=\dfrac{9}{10}$

$\therefore$ 두 문제 중 하나만 맞힐 확률

$\quad:\dfrac{1}{5}\times\dfrac{9}{10}+\dfrac{4}{5}\times\dfrac{1}{10}=\dfrac{13}{50}=26\%$

15

정답 ③

· 1인 1일 사용량에서 영업용 사용량이 차지하는 비중

$\quad:\dfrac{80}{282}\times100≒28.37\%$

· 1인 1일 가정용 사용량의 하위 두 항목이 차지하는 비중

$\quad:\dfrac{20+13}{180}\times100≒18.33\%$

16

정답 ③

부산(1.9%) 및 인천(2.5%) 지역은 증가율이 상대적으로 낮게 나와 있으나, 이는 서울(1.1%) 또한 마찬가지이다.

오답분석

㉠·㉡ 자료를 통해 확인할 수 있다.

㉢ 2024년 에너지 소비량은 경기(9,034천 TOE), 충남(4,067천 TOE), 서울(3,903천 TOE)의 순서이다.

㉣ 전국 에너지 소비량은 2014년이 28,588천 TOE, 2024년이 41,594천 TOE로, 10년 사이에 13,006천 TOE의 증가를 보이고 있다.

17

정답 ②

제시된 자료에 의하면 수도권은 서울과 인천·경기를 합한 지역을 의미한다. 따라서 전체 마약류 단속 건수 중 수도권의 마약류 단속 건수의 비중은 22.1+35.8=57.9%이다.

오답분석

① · 대마 단속 전체 건수 : 167건

· 코카인 단속 전체 건수 : 65건

$65\times3=195>167$이므로 옳지 않은 설명이다.

③ 코카인 단속 건수가 없는 지역은 강원, 충북, 제주로 3곳이다.

④ · 대구·경북 지역의 향정신성의약품 단속 건수 : 138건

· 광주·전남 지역의 향정신성의약품 단속 건수 : 38건

$38\times4=152>138$이므로 옳지 않은 설명이다.

⑤ · 강원 지역의 향정신성의약품 단속 건수 : 35건

· 강원 지역의 대마 단속 건수 : 13건

$13\times3=39>35$이므로 옳지 않은 설명이다.

18

정답 ②

A집과 B집 사이의 거리를 $x$km, A집에서 전시회 주차장까지 걸린 시간을 y시간이라고 하자.

A집과 B집 사이의 거리와 B집에서 전시회 주차장까지 거리를 구하면 다음과 같다.

$70\times\left(y+\dfrac{30}{60}\right)-55\times y=x\cdots㉠$

$70\times\left(y+\dfrac{30}{60}\right)=49$km

$\rightarrow y+\dfrac{30}{60}=\dfrac{49}{70}$

$\rightarrow y+0.5=0.7$

$\therefore y=0.2$

㉠에 y를 대입하여 x를 구하면 다음과 같다.

$x=49-55\times0.2=38$

따라서 A집과 B집 사이의 거리는 38km이다.

19

기본요금을 x원, 1kWh당 단위요금을 y원이라 하자.
$x+60y=15,000 \cdots \bigcirc$
$x+90y+20\times1.2y=42,000 \rightarrow x+114y=42,000 \cdots \bigcirc$
$\bigcirc-\bigcirc$을 하면
$54y=27,000$
$\therefore y=500$
따라서 1kWh당 단위요금에 20%를 가산한 금액은 500×1.2
$=600$원이다.

20

분기별 매출이익 대비 순이익의 비는 다음과 같다.

• 2023년 1분기 : $\dfrac{302}{1,327} \fallingdotseq 0.228$

• 2023년 2분기 : $\dfrac{288}{1,399} \fallingdotseq 0.206$

• 2023년 3분기 : $\dfrac{212}{1,451} \fallingdotseq 0.146$

• 2023년 4분기 : $\dfrac{240}{1,502} \fallingdotseq 0.160$

• 2024년 1분기 : $\dfrac{256}{1,569} \fallingdotseq 0.163$

따라서 매출이익 대비 순이익의 비가 가장 낮은 때는 2023년 3분기이며, 영업이익은 전분기 대비 동일하므로 증감률은 0%이다.

21

대리 1명과 과장 1명이 2박 3일간 부산 출장으로 받을 수 있는 총금액은 다음과 같다.
• 일비 : $(30,000\times3)+(50,000\times3)=240,000$원
• 교통비 : $(3,200\times2)+(121,800\times2)+10,300=260,300$원
• 숙박비 : $(120,000\times2)+(150,000\times2)=540,000$원
• 식비 : $(8,000\times3\times3)+(10,000\times3\times3)=162,000$원
따라서 2명의 총출장비는 $240,000+260,300+540,000+162,000$
$=1,202,300$원이다.

22

사원 2명과 대리 1명이 1박 2일간 강릉 출장으로 받을 수 있는 총금액은 다음과 같다.
• 일비 : $(20,000\times2\times2)+(30,000\times2)=140,000$원
• 교통비 : 0원($\because$ 자가용 이용)
• 숙박비 : $(80,000\times3)=240,000$원
• 식비 : $(6,000\times3\times2\times2)+(8,000\times3\times2)=120,000$원
따라서 3명의 총출장비를 구하면 $140,000+240,000+120,000$
$=500,000$원이다.

23

게임 규칙과 결과를 토대로 경우의 수를 따져보면 다음과 같다.

라운드	벌칙 제외	총 퀴즈 개수(개)
3	A	15
4	B	19
5	C	21
	D	21
	C	22
	E	22
	D	22
	E	22

ㄴ. 총 22개의 퀴즈가 출제되었다면, E가 정답을 맞혀 벌칙에서 제외된 것이다.

ㄷ. 게임이 종료될 때까지 총 21개의 퀴즈가 출제되었다면, C, D가 벌칙에서 제외된 경우로 5라운드에서 E에게는 정답을 맞힐 기회가 주어지지 않았다. 따라서 퀴즈를 푸는 순서가 벌칙을 받을 사람 선정에 영향을 미친다.

[오답분석]

ㄱ. 5라운드까지 4명의 참가자가 벌칙에서 제외되었으므로 정답을 맞힌 퀴즈는 8개, 벌칙을 받을 사람은 5라운드까지 정답을 맞힌 퀴즈는 0개나 1개이므로 총 정답을 맞힌 퀴즈는 8개나 9개이다.

24

주어진 조건을 표로 정리하면 다음과 같다.

구분	1층	2층	3층	4층	5층
경우 1	E	A	B	C	D
경우 2	E	A	B	D	C
경우 3	E	A	C	D	B
경우 4	E	A	D	C	B

따라서 어떠한 경우에도 E는 1층에 살기 때문에 A는 항상 E보다 높은 층에 산다.

[오답분석]
① 경우 1에서만 D가 가장 높은 층에 산다.
③ 경우 3에서만 C가 3층에 산다.
④ 어떠한 경우에도 E는 가장 낮은 1층에 산다.
⑤ 경우 1 또는 2에서 B는 3층에 산다.

25
정답 ④

첫 번째 규칙에 따라 A설비는 반드시 도입하며, 세 번째 규칙의 대우에 따라 A설비를 도입하면 E설비는 도입하지 않는다. 그러므로 네 번째 규칙에 따라 E설비를 제외한 B · F설비를 반드시 도입하고, 다섯 번째 규칙에 따라 C설비는 도입하지 않는다. D설비의 도입 여부는 규칙에서 알 수 없지만, 최대한 많은 설비를 도입한다는 여섯 번째 규칙에 따라 D설비도 도입한다. 따라서 A · B · D · F설비를 도입한다.

26
정답 ①

제시된 상황은 고객의 요구가 빠르게 변화하는 사회에서 현재의 상품에 안주하다가는 최근 냉동핫도그 고급화 전략을 내세우는 곳들에게 뒤처질 수 있다는 문제를 인식하고, 그에 대한 문제 상황을 해결하기 위해 신제품 개발에 대해 논의하는 내용이다.

문제해결 절차 5단계

문제인식	'What'을 결정하는 단계로, 해결해야 할 전체 문제를 파악하여 우선순위를 정하고, 선정문제에 대한 목표를 명확히 하는 단계
문제도출	선정된 문제를 분석하여 해결해야 할 것이 무엇인지를 명확히 하는 단계
원인분석	파악된 핵심문제에 대한 분석을 통해 근본 원인을 도출해 내는 단계
해결안 개발	문제로부터 도출된 근본 원인을 효과적으로 해결할 수 있는 최적의 해결방안을 수립하는 단계
해결안 실행 및 평가	해결안 개발에서 수립된 실행계획을 실제 상황에 적용하는 활동으로, 당초 장애가 되는 문제 원인들을 해결안을 사용하여 제거해 나가는 단계

27
정답 ③

제시된 문제를 해결하기 위해서는 고급화에 맞춰 시장을 공략하기 위해 새로운 관점으로 사고를 전환하는 능력이 필요하다.

문제해결을 위한 기본적 사고

전략적 사고	문제와 해결방안이 상위 시스템 또는 다른 문제와 어떻게 연결되어 있는지를 생각하는 것
분석적 사고	전체를 각각의 요소로 나누어 그 요소의 의미를 도출한 다음 우선순위를 부여하고 구체적인 문제해결 방법을 실행하는 것
발상의 전환	기존의 사물과 세상을 바라보는 인식의 틀을 전환하여 새로운 관점에서 바라보는 사고를 지향
내외부 자원의 효과적 활용	문제해결 시 기술, 재료, 방법, 사람 등 필요한 자원 확보 계획을 수립하고 모든 자원을 효과적으로 활용하는 것

28
정답 ①

제시된 조건을 수식으로 정리하면 다음과 같다.
A>B, D>C, F>E>A, E>B>D
∴ F>E>A>B>D>C
따라서 옳은 것은 ①이다.

29
정답 ③

주어진 조건에 의하면 D면접자와 E면접자는 2번과 3번 의자에 앉아 있고, A면접자는 1번과 8번 의자에 앉을 수 없다. B면접자는 6번 또는 7번 의자에 앉을 수 있다는 점과 A면접자와 C면접자 사이에는 2명이 앉지 않는다는 조건까지 모두 고려하면 A면접자와 B면접자가 서로 이웃해 있을 때, 다음과 같은 두 가지 경우를 확인할 수 있다.

• B면접자가 6번에 앉을 경우

구분	1	2	3	4	5	6	7	8
경우 1		D	E		A	B		C
경우 2		D	E	C			B	A
경우 3		D	E	A		B		C
조건	A (×) C (×)							A (×)

• B면접자가 7번에 앉을 경우

구분	1	2	3	4	5	6	7	8
경우 1		D	E	C (×)			A	B
경우 2		D	E			A	B	C (×)
경우 3		D	E		A		B	C
조건	A (×) C (×)							A (×)

→ B면접자가 7번에 앉는 경우 1과 경우 2에서는 A면접자와 C면접자 사이에 2명이 앉지 않는다는 조건이 성립되지 않는다.

따라서 A면접자와 B면접자가 서로 이웃해 앉는다면 C면접자는 4번 또는 8번 의자에 앉을 수 있다.

오답분석

① 주어진 조건에 의하면 A면접자는 1번과 8번 의자에 앉지 않고, 2번과 3번 의자는 D면접자와 E면접자로 확정되어 있다. 그리고 C면접자와의 조건 때문에 6번 의자에도 앉을 수 없다. 따라서 A면접자는 4번, 5번, 7번 의자에 앉을 수 있으므로 A면접자가 4번에 앉는 것이 항상 옳다고 볼 수 없다.

② 주어진 조건에서 C면접자는 D면접자와 이웃해 앉지 않는다고 하였다. D면접자는 2번 의자로 확정되어 있으므로 C면접자는 1번 의자에 앉을 수 없다.

④ B면접자가 7번 의자에 앉고 A면접자와 B면접자 사이에 2명이 앉도록 하면, A면접자는 4번 의자에 앉아야 한다. 그런데 A면접자와 C면접자 사이에 2명이 앉는다는 조건이 성립되려면 C면접자는 1번 의자에 앉아야 하는데, C면접자는 D면접자와 이웃해 있지 않다고 하였으므로 옳지 않다.

⑤ C면접자가 8번에 앉는 것과는 상관없이 B면접자는 6번 또는 7번 의자에 앉을 수 있다. 따라서 B면접자가 6번에 앉는다는 것은 항상 옳다고 볼 수 없다.

30
정답 ②

주어진 자료를 표로 정리하면 다음과 같다.

선택		B여행팀	
		관광지에 간다	관광지에 가지 않는다
A여행팀	관광지에 간다	(10, 15)	(15, 10)
	관광지에 가지 않는다	(25, 20)	(35, 15)

• A여행팀의 최대효용
– B여행팀이 관광지에 가는 경우 : A여행팀이 관광지에 가지 않을 때 25의 최대효용을 얻는다.
– B여행팀이 관광지에 가지 않는 경우 : A여행팀이 관광지에 가지 않을 때 35의 최대효용을 얻는다.
따라서, A여행팀은 B여행팀의 선택에 상관없이 관광지에 가지 않아야 효용이 발생하며, 이때의 최대효용은 35이다.

• B여행팀의 최대효용
– A여행팀이 관광지에 가는 경우 : B여행팀이 관광지에 갈 때 15의 최대효용을 얻는다.
– A여행팀이 관광지에 가지 않는 경우 : B여행팀이 관광지에 갈 때 20의 최대효용을 얻는다.
따라서, B여행팀은 A여행팀의 선택에 상관없이 관광지에 가야 효용이 발생하며, 이때의 최대효용은 20이다.

이를 종합하면, A여행팀은 관광지에 가지 않을 때, B여행팀은 관광지에 갈 때 효용이 극대화되고, 이때의 총효용은 45(=25+20)이다.

31	32	33	34	35	36	37	38	39	40
②	③	④	②	③	⑤	②	③	②	③

31
정답 ②

1) P기사가 거쳐야 할 경로는 'A도시 → E도시 → C도시 → A도시'이다. A도시에서 E도시로 바로 갈 수 없으므로 다른 도시를 거쳐야 하는데, 가장 짧은 시간 내에 A도시에서 E도시로 갈 수 있는 경로는 B도시를 경유하는 것이다. 따라서 P기사의 운송경로는 'A도시 → B도시 → E도시 → C도시 → A도시'이며, 이동시간은 1.0+0.5+2.5+0.5=4.5시간이다.

2) Q기사는 A도시에서 출발하여 모든 도시를 한 번씩 거친 뒤 다시 A도시로 돌아와야 한다. 해당 조건이 성립하는 운송경로의 경우는 다음과 같다.
• A도시 → B도시 → D도시 → E도시 → C도시 → A도시
 – 이동시간 : 1.0+1.0+0.5+2.5+0.5=5.5시간
• A도시 → C도시 → B도시 → E도시 → D도시 → A도시
 – 이동시간 : 0.5+2.0+0.5+0.5+1.5=5시간
따라서 Q기사가 운행할 최소 이동시간은 5시간이다.

32
정답 ③

회의실에 2인용 테이블이 4개 있었고 첫 번째 주문 후 2인용 테이블 4개가 더 생겨 총 8개가 있기 때문에 테이블 1개를 추가로 주문해야 한다. 의자는 회의실에 9개, 창고에 2개, 주문한 1개를 더하면 총 12개로, 5개를 더 주문해야 한다.

33
정답 ④

지원자는 400명이므로 수용 가능 인원이 380명인 A중학교는 시험 장소로 적절하지 않으며, E고등학교의 경우 시험 진행에 필요한 스피커를 갖추고 있지 않으므로 적절하지 않다. 한편, B고등학교는 일요일에만 대여할 수 있으므로 시험이 실시되는 토요일에 대여할 수 없다. 따라서 신입직 채용시험 장소로 선택할 수 있는 곳은 C대학교와 D중학교이며, 이 중 대여료가 저렴한 D중학교가 신입직 채용시험 장소로 가장 적절하다.

34
정답 ②

신입직과 경력직 지원자는 총 480명이므로 수용 가능 인원이 480명 이하인 A중학교와 D중학교는 시험 장소로 적절하지 않으며, 스피커를 갖추고 있지 않은 E고등학교 역시 적절하지 않다. 따라서 신입 · 경력직 채용시험 장소로 선택할 수 있는 곳은 모든 조건을 만족하는 B고등학교와 C대학교이고 이 중 대여료가 저렴한 B고등학교가 신입 · 경력직 채용시험 장소로 가장 적절하다.

35

프로젝트에 소요되는 비용은 인건비와 작업장 사용료로 구성된다. 인건비의 경우 각 작업의 필요 인원은 증원 또는 감원될 수 없으므로 조절이 불가능하다. 다만, 작업장 사용료는 작업기간이 감소하면 비용이 줄어들 수 있다. 따라서 최단기간으로 프로젝트를 완료하는 데 드는 비용을 산출하면 다음과 같다.

프로젝트	인건비	작업장 사용료
A작업	(10만 원×5명)×10일＝500만 원	50만 원×50일 ＝2,500만 원
B작업	(10만 원×3명)×18일＝540만 원	
C작업	(10만 원×5명)×50일＝2,500만 원	
D작업	(10만 원×2명)×18일＝360만 원	
E작업	(10만 원×4명)×16일＝640만 원	
합계	4,540만 원	2,500만 원

프로젝트를 완료하는 데 소요되는 최소비용은 7,040만 원이다. 따라서 최소비용은 7천만 원 이상이라고 판단하는 것이 옳다.

오답분석

① 각 작업에서 필요한 인원을 증원하거나 감원할 수 없다. 그러므로 주어진 자료와 같이 각 작업에 필요한 인원만큼만 투입된다. 따라서 가장 많은 인원이 투입되는 A작업과 C작업의 필요 인원이 5명이므로 해당 프로젝트를 완료하는 데 필요한 최소 인력은 5명이다.

② 프로젝트를 최단기간으로 완료하기 위해서는 각 작업을 동시에 진행해야 한다. 다만, B작업은 A작업이 완료된 이후에 시작할 수 있고, E작업은 D작업이 완료된 이후에 시작할 수 있다는 점을 고려하여야 한다. C작업은 50일, A+B작업은 28일, D+E작업은 34일이 걸리므로 프로젝트가 완료되는 최단기간은 50일이다.

④ 프로젝트를 완료할 수 있는 최단기간은 50일이다. C작업은 50일 내내 작업해야 하므로 반드시 5명이 필요하다. 그러나 나머지 작업은 50일을 안분하여 진행해도 된다. 먼저 A작업에 5명을 투입한다. 작업이 완료된 후 그들 중 3명은 B작업에, 2명은 D작업에 투입한다. 그리고 B, D작업을 완료한 5명 중 4명만 E작업에 투입한다. 이 경우 작업기간은 10일(A)＋18일(B와 D 동시진행)＋16일(E)＝44일이 걸린다. 따라서 프로젝트를 최단기간에 완료하는 데 투입되는 최소 인력은 10명이다.

⑤ 프로젝트를 완료할 수 있는 최소 인력은 5명이다. 먼저 5명이 A작업에 투입되면 10일 동안은 다른 작업을 진행할 수 없다. A작업이 완료되면 5명은 B작업과 D작업으로 나뉘어 투입된다. 그 다음으로 C작업과 E작업을 순차적으로 진행하면 총 10일(A)＋18일(B와 D 동시진행)＋50일(C)＋16일(E)＝94일이 최단기간이 된다.

36

규정에 따라 직원별 평정 최종점수를 산출하면 다음과 같다.

구분	올해 업무 평정(점)	일반 사고(건)	중대 사고(건)	수상 경력(회)	평정 최종점수(점)
A사원	420	4	2	－	260
B사원	380	9	－	1	300
C대리	550	11	1	－	290
D대리	290	－	3	2	370
E과장	440	5	3	－	220

따라서 가장 낮은 점수를 받을 직원은 E과장이다.

37

9일이 □□기능사 필기시험일이지만 중복이 가능하므로 7월 7일~9일이 ○○기능사 실기시험 날짜로 가장 적절하다.

오답분석

① 3일에는 K공사 체육대회가 있다.
③ 14～16일에는 △△기능사 실기시험이 있다.
④·⑤ 24～29일에는 시험장 보수공사로 불가능하다.

38

모스크바에 4일 오전 11시에 도착하려면 비행시간이 8시간이므로 모스크바 시각으로 4일 오전 3시에는 출발해야 한다. 모스크바 시각으로 4일 오전 3시는 한국 시각으로 4일 오전 9시이다(∵ 인천이 6시간 빠르다).

39

• 역의 개수 : 47개
• 역과 역 사이 구간 : 47−1＝46구간
• 당고개에서 오이도까지 걸리는 시간 : 2×46＝92분
• ㉮열차의 경우
 − ㉮열차와 오이도행 열차의 출발 시각 차이
   : 6시−5시 40분＝20분
 − 오이도행 열차의 6시까지 이동구간의 개수
   : $\frac{20}{2}$＝10구간
 − 오이도행 열차의 위치 순번 : 47−10＝37번
 − 1번째 역과 37번째 역의 중간역 : (1＋37)÷2＝19번째 역

- ㉯열차의 경우
  - ㉯열차와 오이도행 열차의 출발 시각 차이
    : 6시 24분−5시 40분=44분
  - 오이도행 열차의 6시 24분까지 이동구간의 개수
    : $\frac{44}{2}$=22구간
  - 오이도행 열차의 위치 순번 : 47−22=25번
  - 1번째 역과 25번째 역의 중간역 : (1+25)÷2=13번째 역
- ㉰열차의 경우
  - ㉰열차와 오이도행 열차의 출발 시각 차이
    : 6시 48분−5시 40분=68분
  - 오이도행 열차의 6시 48분까지 이동구간의 개수
    : $\frac{68}{2}$=34구간
  - 오이도행 열차의 위치 순번 : 47−34=13번
  - 1번째 역과 13번째 역의 중간역 : (1+13)÷2=7번째 역

40 정답 ③

한국(A)이 오전 8시일 때, 오스트레일리아(B)는 오전 10시(시차 +2), 아랍에미리트(C)는 오전 3시(시차 : −5), 러시아(D)는 오전 2시(시차 : −6)이다. 따라서 업무가 시작되는 오전 9시를 기준으로 오스트레일리아는 이미 2시간 전에 업무를 시작했고, 아랍에미리트는 5시간 후, 러시아는 6시간 후에 업무를 시작한다. 이를 표로 정리하면 다음과 같다(색칠한 부분이 업무시간이다).

한국 시각 국가	7 am	8 am	9 am	10 am	11 am	12 pm	1 pm	2 pm	3 pm	4 pm	5 pm	6 pm
A사 (서울)												
B사 (시드니)												
C사 (두바이)												
D사 (모스크바)												

따라서 화상회의 가능 시각은 한국 시간으로 오후 3시 ~ 오후 4시이다.

| 03 | 정보능력(사무)

41	42	43	44	45	46	47	48	49	50
①	③	②	①	②	④	③	④	③	⑤

41 정답 ①

[E2:E7]은 평균점수를 소수점 둘째 자리에서 반올림한 값이다. 따라서 [E2] 셀에 「=ROUND(D2,1)」를 넣고 채우기 핸들을 드래그하면 표와 같은 값을 구할 수 있다.

오답분석
② INT : 정수부분을 제외한 소수부분을 모두 버림하는 함수이다.
③ TRUNC : 원하는 자리 수에서 버림하는 함수이다.
④ COUNTIF : 조건에 맞는 셀의 개수를 구하는 함수이다.
⑤ ABS : 절댓값을 구하는 함수이다.

42 정답 ③

문자는 숫자와 달리 두개의 셀을 드래그한 뒤 채우기를 했을 때 선택한 값이 반복되어 나타나므로 A가 입력된다.

43 정답 ②

도형 선택 후 〈Shift〉를 누르고 도형을 회전시키면 15° 간격으로 회전시킬 수 있다.

44 정답 ①

오답분석
② 목표값 찾기 : 수식의 결괏값은 알고 있지만 그 결괏값을 계산하기 위한 입력값을 모를 때, 입력값을 찾기 위해 사용한다.
③ 부분합 : 전체 데이터를 부분(그룹)으로 분류하여 분석한다.
④ 통합 : 동일시트나 다른 여러 시트에 입력된 데이터들을 일정한 기준에 의해 합쳐서 계산한다.
⑤ 데이터 표 : 특정 값의 변화에 따른 결괏값의 변화 과정을 표로 표시한다.

45 정답 ②

〈Shift〉+〈F5〉는 현재 슬라이드부터 프레젠테이션을 실행하는 단축키이다.

오답분석
① 〈Ctrl〉+〈S〉 : 저장하기
③ 〈Ctrl〉+〈P〉 : 인쇄하기
④ 〈Shift〉+〈F10〉 : 바로가기 메뉴 표시하기
⑤ 〈Ctrl〉+〈M〉 : 새 슬라이드 추가하기

46

- COUNTIF 함수 : 지정한 범위 내에서 조건에 맞는 셀의 개수를 구한다.
- 함수식 : 「=COUNTIF(D3:D10, ">=2024-07-01"」

오답분석

① COUNT 함수 : 범위에서 숫자가 포함된 셀의 개수를 구한다.
② COUNTA 함수 : 범위가 비어 있지 않은 셀의 개수를 구한다.
③ SUMIF 함수 : 주어진 조건에 의해 지정된 셀들의 합을 구한다.
⑤ MATCH 함수 : 배열에서 지정된 순서상의 지정된 값에 일치하는 항목의 상대 위치 값을 찾는다.

47

정답 ③

오답분석

①·② AND 함수는 인수의 모든 조건이 참(TRUE)일 경우에 성별을 구분하여 표시할 수 있으므로 옳지 않다.
④ 함수식에서 "남자"와 "여자"가 바뀌었다.
⑤ 함수식에 "2"와 "3"이 아니라, "1"과 "3"이 들어가야 한다.

48

정답 ④

여러 셀에 숫자, 문자 데이터 등을 한 번에 입력하려면 여러 셀이 선택된 상태에서 〈Ctrl〉+〈Enter〉를 눌러서 입력해야 한다.

49

정답 ③

- yy : 연도 중 뒤의 2자리만 표시
- mmm : 월을 Jan∼Dec로 표시
- dd : 일을 01∼31로 표시
따라서 ③은 '25−Jun−20'이 되어야 한다.

50

정답 ⑤

주어진 메일 내용에서 검색기록 삭제 시 기존에 체크되어 있는 항목 외에도 모든 항목을 체크하라고 되어 있으나, '즐겨찾기 웹 사이트 데이터 보존 부분은 체크 해제할 것'이라고 명시되어 있으므로 모든 항목을 체크하는 행동은 적절하지 않다.

| 04 | 기술능력(배전·송변전)

41	42	43	44	45	46	47	48	49	50
④	③	③	⑤	⑤	③	③	③	④	④

41

정답 ④

동일한 업종이지만 윤리적 문제가 발생할 여지가 없는 이유는 고객을 공유하지 않는 비경쟁적 관계에 해당하기 때문이다. 또한 문화와 제도적 차이가 있다는 내용으로 보아 국가가 다른 '글로벌 벤치마킹'에 해당된다는 것을 추론할 수 있다.

42

정답 ③

기사는 공공연해진 야근 문화와 이로 인한 과로사에 대한 내용으로 산업 재해의 기본적 원인 중 작업 관리상 원인에 속한다. 작업 관리상 원인에는 안전 관리 조직의 결함, 안전 수칙 미지정, 작업 준비 불충분, 인원 배치 및 작업 지시 부적당 등이 있다.

오답분석

① 충분하지 못한 OJT는 산업 재해의 기본적 원인 중 교육적인 원인이지만, 제시된 기사의 산업 재해 원인으로는 적절하지 않다.
② 노후화된 기기의 오작동으로 인한 작업 속도 저하는 산업 재해의 기본적 원인 중 기술적 원인에 속하고, 기기의 문제로 작업 속도가 저하되면 야근을 초래할 수 있지만, 제시된 기사의 산업 재해 원인으로는 적절하지 않다.
④ 작업 내용 미저장, 하드웨어 미점검 등은 산업 재해의 직접적 원인 중 불안전한 행동에 속하며, 야근을 초래할 수 있지만, 제시된 기사의 산업 재해 원인으로는 적절하지 않다.
⑤ 시설물 자체 결함, 복장·보호구의 결함은 산업 재해의 직접적 원인 중 불안전한 상태에 속하며, 제시된 기사의 산업 재해 원인으로는 적절하지 않다.

43

정답 ③

설명서에 따르면 두께 100∼160micron 사이의 코팅지를 사용할 수 있으므로 120micron 코팅지는 사용할 수 있다.

오답분석

① 스위치를 'ON'으로 놓고 3∼5분 정도 예열을 해야 하며, 예열 표시등이 파란불에서 빨간불로 바뀌고 코팅을 할 수 있다.
② 코팅지는 봉합된 부분부터 코팅 투입구에 넣어야 한다.
④ 코팅지는 코팅기를 통과하며 기기 뒷면 코팅 배출구에서 나오고, 임의로 코팅지를 잡아당기면 안 된다.
⑤ 사용 완료 후 1∼2시간 정도 열을 충분히 식힌 후에 이동 및 보관을 해야 한다.

44
정답 ⑤

접착액이 다량으로 붙어 있는 경우는 기기에 코팅 필름이 들어가지 않을 때의 원인에 해당한다.

45
정답 ⑤

코팅지가 기기에 걸렸을 경우 앞면의 스위치를 'OFF'로 돌려 전원을 차단시킨 다음 기기 뒷면에 있는 'REMOVE' 스위치를 화살표 방향으로 밀면서 코팅 서류를 조심스럽게 당겨 뽑아야 한다.

46
정답 ③

전자레인지를 사용하면서 불꽃이 튀는 경우와 조리 상태에 만족하지 않을 때 확인해야 할 사항에 사무실, 전자레인지의 전압을 확인해야 한다는 내용은 명시되어 있지 않다.

47
정답 ③

기술능력이 뛰어난 사람의 특징
- 실질적 해결을 필요로 하는 문제를 인식한다.
- 인식된 문제를 위한 다양한 해결책을 개발하고 평가한다.
- 실제적 문제를 해결하기 위해 지식이나 기타 자원을 선택하고 최적화시키며 적용한다.
- 주어진 한계 속에서 제한된 자원을 가지고 일한다.
- 기술적 해결에 대한 효용성을 평가한다.
- 여러 상황 속에서 기술의 체계와 도구를 사용하고 습득한다.

48
정답 ③

1 ~ 2월 이앙기 관리방법에 모두 방청유를 발라 녹 발생을 방지하는 내용이 있다.

오답분석
① 트랙터의 브레이크 페달 작동 상태는 2월의 점검 목록이다.
② 이앙기에 커버를 씌워 먼지 및 이물질에 의한 부식을 방지하는 것은 1월의 점검 목록이다.
④ 트랙터의 유압실린더와 엔진 누유 상태의 점검은 트랙터 사용 전 점검이 아니라 보관 중 점검 목록이다.
⑤ 매뉴얼에 없는 내용이다.

49
정답 ④

하인리히의 법칙은 큰 사고로 인해 산업 재해가 일어나기 전에 작은 사고나 징후인 '불안전한 행동 및 상태'가 보인다는 주장이다.

50
정답 ④

기술 시스템의 발전 단계는 기술 시스템이 탄생하고 성장하며(발명·개발·혁신의 단계), 이후 성공적인 기술이 다른 지역으로 이동하고(기술 이전의 단계), 기술 시스템 사이의 경쟁이 발생하며(기술 경쟁의 단계), 경쟁에서 승리한 기술 시스템이 관성화되면서(기술 공고화 단계) 나타난다.

3일 차 기출응용 모의고사 정답 및 해설

| 01 | 공통영역

01	02	03	04	05	06	07	08	09	10
②	④	②	⑤	③	③	⑤	④	①	②
11	12	13	14	15	16	17	18	19	20
③	③	④	④	⑤	⑤	⑤	②	⑤	⑤
21	22	23	24	25	26	27	28	29	30
④	③	④	①	③	④	③	④	②	①	③

01
정답 ②

제시문에 따르면 르네상스의 야만인 담론은 이전과는 달리 현실적 구체성을 띠고 있지만 전통 야만인관에 의해 각색되는 것은 여전하다.

02
정답 ④

두 번째 문단에서 마이크로비드는 '면역체계 교란, 중추신경계 손상 등의 원인이 되는 잔류성유기오염물질을 흡착한다.'고 설명하고 있다.

03
정답 ②

제시된 문단에서는 광고의 정의에 대해 이야기하고 있다. 따라서 이어질 문단은 광고에 대한 구체적인 설명과 단점에 대해서 이야기하는 (가), 광고의 첫 번째 사례에 대해서 이야기하는 (다), 광고의 두 번째 사례를 이야기하는 (나), 광고를 보는 소비자가 가져야 할 자세에 대해 이야기하는 (라) 순으로 나열해야 한다.

04
정답 ⑤

연예인 혹은 유명인이 광고를 했다고 회사는 품질과 성능을 담보하지 않는다. 또한 해당 연예인이 사용하지 않았지만 사용했다고 언급하지 않는 이상 광고료를 지불받은 광고 모델일 뿐 문제가 되지 않는다. 따라서 ⑤가 허위 · 과장 광고의 사례로 적절하지 않음을 알 수 있다.

05
정답 ③

보기의 '이'는 앞 문장의 내용을 가리키므로, 기업의 이익 추구가 사회 전체의 이익과 관련된 결과를 가져왔다는 내용이 앞에 와야 한다. 이때 (다) 앞의 '가장 저렴한 가격으로 상품 공급'이 '사회 전체의 이익'과 연관되므로 보기는 (다)에 들어가는 것이 가장 적절하다.

06
정답 ③

제시문에 따르면 인류는 오른손을 선호하는 반면 왼손을 선호하지 않는 경향이 있다. '기시감'은 처음 보는 인물이나 처음 겪는 일을 어디서 보았거나 겪었던 것처럼 느끼는 것을 말하므로 '기시감'으로 수정하는 것은 적절하지 않다.

오답분석

① '선호하다'에 이미 '다른 요소들보다 더 좋아하다.'라는 의미가 있으므로 '더'를 함께 사용하는 것은 의미상 중복이다. 따라서 '선호하는' 또는 '더 좋아하는'으로 수정해야 한다.
② '-ㄹ뿐더러'는 하나의 어미이므로 앞말에 붙여 쓴다.
④ 제시문은 인류가 오른손을 선호하고 왼손을 선호하지 않는 이유에 대한 글이다. 따라서 왼손잡이를 선호하는 사회가 발견된다면 새로운 이론이 등장할 것이라는 내용은 글의 일관성을 해칠 뿐만 아니라 ⓔ의 '이러한 논란'에 대한 내용도 제시문에서 다루고 있지 않다.
⑤ 문맥상 '이성 대 직관의 힘겨루기, 뇌의 두 반구 사이의 힘겨루기'가 '오른손과 왼손의 힘겨루기'로 '표면화된' 것이 자연스러우므로 ⓜ을 피동표현인 '표면화된'으로 수정하는 것이 적절하다.

07
정답 ⑤

(마) 문단의 주제는 공포증을 겪는 사람들의 상황 해석 방식과 공포증에서 벗어나는 방법이다. 공포증을 겪는 사람들의 행동 유형은 나타나 있지 않다.

08

정답 ④

충전지를 최대 용량을 넘어서 충전할 경우 발열로 인한 누액이나 폭발의 위험이 있다. 충전지를 충전하는 과정에서 충전지의 온도가 과도하게 상승한다면 최대 용량을 넘은 과충전을 의심할 수 있으므로 충전을 중지하는 것이 좋다.

오답분석
① 충전지를 크게 만들면 충전 용량과 방전 전류 세기를 증가시킬 수 있으나, 전극의 물질을 바꾸지 않는 한 공칭 전압은 변하지 않는다.
② 충전기의 전원 전압은 충전지의 공칭 전압보다 높아야 한다. 이때, 용량과 관계없이 리튬 충전지의 공칭 전압은 3.6V이므로 전원 전압이 3.6V보다 높은 충전기를 사용해야 한다.
③ 충전지를 방전 하한 전압 이하까지 방전시키면 충전지의 수명이 줄어들기 때문에 오래 사용하기 위해서는 방전 하한 전압 이하까지 방전시키지 않는 것이 좋으나, 니켈카드뮴 충전지의 경우 메모리 효과로 인해 완전히 방전되기 전 충전을 반복하면 충·방전 용량이 줄어든다.
⑤ 충전기로 리튬 충전지를 충전할 경우 만충전 전압에 이르면 정전압 회로로 전환하여 정해진 시간 동안 충전지에 공급하는 전압을 일정하게 유지한다. 그러나 공칭 전압은 변화하는 단자 전압의 평균일 뿐이므로 리튬 충전지의 만충전 전압이 3.6V인 것은 아니다.

09

정답 ①

조직은 다양한 사회적 경험과 사회적 지위를 토대로 한 개인의 집단이므로 동일한 내용을 제시하더라도 각 구성원은 서로 다르게 받아들이고 반응한다. 그렇기 때문에 조직 내에서 적절한 의사소통을 형성한다는 것은 결코 쉬운 일이 아니다.

오답분석
② 메시지는 고정되고 단단한 덩어리가 아니라 유동적이고 가변적인 요소이기 때문에 상호작용에 따라 다양하게 변형될 수 있다.
③·④·⑤ 제시된 갈등 상황에서는 표현 방식의 문제보다는 서로 다른 의견이 문제가 되고 있으므로 적절하지 않다.

10

정답 ②

제시문과 ②의 '나누다'는 '즐거움이나 고통, 고생 따위를 함께하다.'의 의미이다.

오답분석
① 몫을 분배하다.
③ 여러 가지가 섞인 것을 구분하여 분류한다.
④ 같은 핏줄을 타고나다.
⑤ 말이나 이야기, 인사 따위를 주고받다.

11

정답 ③

전체 실적은 $45+50+48+42=185$억 원이며, $1\sim2$분기와 $3\sim4$분기의 실적의 비중을 각각 구하면 다음과 같다.

• $1\sim2$분기 비중 : $\dfrac{45+50}{185}\times100\fallingdotseq51.4\%$

• $3\sim4$분기 비중 : $\dfrac{48+42}{185}\times100\fallingdotseq48.6\%$

12

정답 ③

정육면체는 면이 6개이고 회전이 가능하므로 윗면을 기준면으로 삼았을 때, 경우의 수는 다음과 같다.
• 기준면에 색을 칠하는 경우의 수 : $6=6$가지
• 아랫면에 색을 칠하는 경우의 수 : $6-1=5$가지
• 옆면에 색을 칠하는 경우의 수 : $(4-1)!=3!=6$가지
따라서 $6\times5\times6=180$가지의 서로 다른 정육면체를 만들 수 있다.

13

정답 ④

ㄴ. 2021년 대비 2024년 모든 분야의 침해사고 건수는 감소하였으나, 50% 이상 줄어든 것은 스팸릴레이 한 분야이다.
ㄹ. 기타 해킹 분야의 2024년 침해사고 건수는 2022년 대비 증가했으므로 옳지 않은 설명이다.

오답분석
ㄱ. 단순침입시도 분야의 침해사고는 매년 스팸릴레이 분야의 침해사고 건수의 두 배 이상인 것을 확인할 수 있다.
ㄷ. 2023년 홈페이지 변조 분야의 침해사고 건수가 차지하는 비중은 $\dfrac{5,216}{16,135}\times100\fallingdotseq32.3\%$로, 35% 이하이다.

14

정답 ④

세제 1스푼의 양을 xg이라 하자.

$$\frac{5}{1,000}\times2,000+4x=\frac{9}{1,000}\times(2,000+4x)$$

$$\therefore x=\frac{2,000}{991}$$

물 3kg에 들어갈 세제의 양을 yg이라 하자.

$$y=\frac{9}{1,000}\times(3,000+y)$$

$$\to 1,000y=27,000+9y$$

$$\therefore y=\frac{27,000}{991}$$

따라서 $\dfrac{\dfrac{27,000}{991}}{\dfrac{2,000}{991}}=13.5$스푼을 넣으면 된다.

15

정답 ⑤

사망자가 30명 이상인 사고를 제외한 나머지 사고는 A, C, D, F이다. 네 사고를 화재규모가 큰 순, 복구비용이 많은 순으로 각각 나열하면 다음과 같다.
- 화재규모 : A – D – C – F
- 복구비용 : A – D – C – F
따라서 ⑤는 옳은 설명이다.

[오답분석]

① 터널길이가 긴 순, 사망자가 많은 순으로 사고를 각각 나열하면 다음과 같다.
- 터널길이 : A – D – B – C – F – E
- 사망자 수 : E – B – C – D – A – F
따라서 터널길이와 사망자 수는 관계가 없다.

② 화재규모가 큰 순, 복구기간이 긴 순으로 사고를 각각 나열하면 다음과 같다.
- 화재규모 : A – D – C – E – B – F
- 복구기간 : B – E – F – A – C – D
따라서 화재규모와 복구기간은 관계가 없다.

③ 사고 A를 제외하고 복구기간이 긴 순, 복구비용이 많은 순으로 사고를 각각 나열하면 다음과 같다.
- 복구기간 : B – E – F – C – D
- 복구비용 : B – E – D – C – F
따라서 옳지 않은 설명이다.

④ 사고 A ~ E의 사고비용을 구하면 다음과 같다.
- 사고 A : 4,200억+1×5억=4,205억 원
- 사고 B : 3,276억+39×5억=3,471억 원
- 사고 C : 72억+12×5억=132억 원
- 사고 D : 312억+11×5억=367억 원
- 사고 E : 570억+192×5억=1,530억 원
- 사고 F : 18억+0×5억=18억 원
따라서 사고 A의 사고비용이 가장 많다.

16

정답 ⑤

B업체 견인차의 속력을 $x$km/h(단, $x \neq 0$)라 하자.
A업체 견인차의 속력이 63km/h일 때, 40분 만에 사고지점에 도착하므로 A업체부터 사고지점까지의 거리는 $63 \times \dfrac{40}{60} = 42$km이다.

사고지점은 B업체보다 A업체에 40km 더 가까우므로 B업체에서 사고지점까지의 거리는 42+40=82km이다.
B업체의 견인차가 A업체의 견인차보다 늦게 도착하지 않으려면 사고지점에 도착하는 데 걸리는 시간이 40분보다 적거나 같아야 한다.

$\dfrac{82}{x} \leq \dfrac{2}{3}$

$\rightarrow 2x \geq 246$

$\therefore x \geq 123$

따라서 B업체의 견인차가 내야 하는 최소 속력은 123km/h이다.

17

정답 ⑤

신용카드의 공제율은 15%이고, 체크카드의 공제율은 30%이기 때문에 공제받을 금액은 체크카드를 사용했을 때 더 크다.

[오답분석]

② 연봉의 25%를 초과 사용한 범위가 공제의 대상에 해당된다. 연봉 35,000,000원의 25%는 8,750,000원이므로 현재까지 사용한 금액 6,000,000원에 2,750,000원을 초과하여 더 사용해야 공제받을 수 있다.

③ 사용한 금액 5,000,000원에서 더 사용해야 하는 금액인 2,750,000원을 뺀 2,250,000원이 공제대상금액이 된다. 이는 체크카드 사용금액 내에 포함되므로 공제율 30%를 적용하여 675,000원이 소득공제금액이다.

④ 사용한 금액 5,750,000원에서 더 사용해야 하는 금액인 2,750,000원을 뺀 3,000,000원이 공제대상금액이 된다. 이는 체크카드 사용금액 내에 포함되므로 공제율 30%를 적용하여 900,000원이 소득공제금액이다.

18

정답 ②

K씨의 신용카드 사용금액은 총 6,500,000원이고, 추가된 현금영수증 금액은 5,000,000원이다. 그리고 변경된 연봉의 25%는 40,000,000×0.25=10,000,000원이다. 즉, 15,000,000원에서 10,000,000원을 차감한 5,000,000원에 대해 공제가 가능하며, 현금영수증 사용금액 내에 포함되므로 공제율 30%를 적용한 1,500,000원이 소득공제금액이 된다. 제시된 과표에 따르면 연봉 40,000,000원에 해당하는 세율은 15%이고, 이를 소득공제금액에 적용하면 세금은 1,500,000×0.15=225,000원이다.

19

정답 ⑤

편의를 위해 선택지를 바꾸면, 'GDP 대비 에너지 사용량은 B국이 A국보다 작다.'로 나타낼 수 있다. 이때 GDP 대비 에너지 사용량은 원점에서 해당 국가를 연결한 직선의 기울기이므로 그래프에서 이를 살펴보면 B국이 A국보다 더 크다는 것을 알 수 있다. 따라서 옳지 않은 내용이다.

[오답분석]

① 에너지 사용량이 가장 많은 국가는 최상단에 위치한 A국이고, 가장 적은 국가는 최하단에 위치한 D국이므로 옳은 내용이다.

② 원의 면적이 각 국가의 인구수에 정비례한다고 하였으므로 C국과 D국의 인구수는 거의 비슷하다는 것을 알 수 있다. 그런데 총 에너지 사용량은 C국이 D국에 비해 많으므로 1인당 에너지 사용량은 C국이 D국보다 많음을 알 수 있다.

③ GDP가 가장 낮은 국가는 가장 왼쪽에 위치한 D국이고, 가장 높은 국가는 가장 오른쪽에 위치한 A국이므로 옳은 내용이다.

④ 분모가 되는 인구수는 B국이 더 크고, 분자가 되는 GDP는 B국이 더 작으므로 1인당 GDP는 H국이 B국보다 높다는 것을 알 수 있다.

20

정답 ⑤

조건을 분석하면 다음과 같다.

• 첫 번째 조건에 의해 ㉠ ~ ㉣ 국가 중 연도별로 8위를 두 번 한 두 나라는 ㉠과 ㉣이므로 둘 중 한 곳이 한국, 나머지 하나가 캐나다임을 알 수 있다.

• 두 번째 조건에 의해 2020년 대비 2024년의 이산화탄소 배출량 증가율을 구하면 ㉡과 ㉢이 각각 $\frac{556-535}{535}\times100 ≒ 3.93\%$와 $\frac{507-471}{471}\times100 ≒ 7.64\%$이므로 ㉢은 사우디아라비아가 되며, ㉡은 이란이 된다.

• 세 번째 조건에 의해 이란의 수치는 고정값으로 놓고 2015년을 기점으로 ㉠이 ㉣보다 배출량이 커지고 있으므로 ㉠이 한국, ㉣이 캐나다임을 알 수 있다.

따라서 ㉠ ~ ㉣은 순서대로 한국, 이란, 사우디아라비아, 캐나다이다.

21

정답 ④

수호는 주스를 좋아하므로 디자인 담당이 아니다. 또한, 편집 담당과 이웃해 있으므로 기획 담당이다. 편집 담당은 콜라를 좋아하고, 검은색 책상에 앉아 있다. 그런데 경수는 갈색 책상에 앉아 있으므로 경수는 디자인 담당이며, 민석이는 검은색 책상에 앉아 있고, 수호는 흰색 책상에 앉아 있다. 이를 정리하면 다음과 같다.

수호	민석	경수
흰색 책상	검은색 책상	갈색 책상
기획	편집	디자인
주스	콜라	커피

오답분석

ㄷ. 수호는 기획을 하고, 민석이는 콜라를 좋아한다.

ㄹ. 민석이는 편집 담당이므로 검은색 책상에 앉아 있다.

22

정답 ③

팀장의 나이를 x세라고 했을 때, 과장의 나이는 $(x-4)$세, 대리는 31세, 사원은 25세이다. 과장과 팀장의 나이 합이 사원과 대리의 나이 합의 2배이므로 다음과 같은 식이 성립한다.

$x+(x-4)=2\times(31+25)$

→ $2x-4=112$

∴ $x=58$

따라서 팀장의 나이는 58세이다.

23

정답 ③

오답분석

• A지원자 : 9월에 복학 예정이기 때문에 인턴 기간이 연장될 경우 근무할 수 없으므로 적합하지 않다.

• B지원자 : 경력 사항이 없으므로 적합하지 않다.

• D지원자 : 근무 시간(9 ~ 18시) 이후에 업무가 불가능하므로 적합하지 않다.

• E지원자 : 포토샵을 활용할 수 없으므로 적합하지 않다.

24

정답 ①

두 번째 조건에서 경유지는 서울보다 1시간 빠르고, 출장지는 2시간 느리므로 서울과 출장지는 −1시간 차이이다.

김대리가 서울에서 경유지를 거쳐 출장지까지 가는 과정을 서울시각 기준으로 정리하면 다음과 같다.

서울시각 5일 오후 1시 35분 출발 → 오후 1시 35분+3시간 45분 =오후 5시 20분 경유지 도착 → 오후 5시 20분+3시간 50분(대기시간)=오후 9시 10분 경유지에서 출발 → 오후 9시 10분+9시간 25분=6일 오전 6시 35분 출장지 도착

따라서 출장지에 도착했을 때의 현지 시각은 오전 5시 35분이다.

25

정답 ③

두 번째 조건에서 사원 옆자리와 앞자리는 비어있을 수 없다고 했으므로 B, C, E, F, G를 제외한 A, D는 빈자리가 된다. 세 번째 조건에 따라 부서장 앞자리에 이상무 또는 최부장이 앉으며, 첫 번째 조건에 따라 같은 직급은 옆자리로 배정할 수 없어 한대리는 F 또는 G에 앉을 수 있다. 따라서 F와 G에 과장 두 명이 앉으면 성대리 양옆 중 한 자리에 한대리가 앉아야 하므로 옳지 않다.

부서장	빈자리	B	성대리	C	빈자리
	최부장 또는 이상무	김사원	F	이사원	G

오답분석

① · ② A와 D는 빈자리이다.

④ B, C, F, G 중 한 곳을 최부장이 앉으면, E에는 이상무가 앉게 된다.

⑤ 한대리가 앉을 수 있는 자리는 F 또는 G이다.

26

정답 ③

2024년 축구 동호회 인원 증가율은 $\frac{131-114}{114}\times100 ≒ 15\%$이다.

따라서 2025년 축구 동호회 인원은 $131\times1.15 ≒ 151$명이다.

27

정답 ④

2022년 전체 동호회의 평균 인원은 $419 \div 7 ≒ 60$명이다. 2022년 족구 동호회 인원은 62명이므로 전체 동호회의 평균 인원보다 더 많다.

오답분석
① 족구와 배구 동호회의 순위가 2021년과 2022년에 다르다.
② 2022년과 2023년을 비교하면, 분모증가율은
$\dfrac{554 - 419}{419} ≒ \dfrac{1}{3}$ 이고, 분자증가율은 $\dfrac{42 - 35}{35} = \dfrac{1}{5}$ 이다.
따라서 2023년에는 비중이 감소했다.
③ 2021년과 2022년을 비교하면, 분모증가율은
$\dfrac{419 - 359}{359} ≒ \dfrac{1}{6}$ 이고, 분자증가율은 $\dfrac{56 - 52}{52} = \dfrac{1}{13}$ 이다.
따라서 2022년에는 비중이 감소했다.
⑤ 2021년부터 등산과 여행 동호회 인원의 합은 각각 31, 60, 81, 131명으로 2024년에는 축구 동호회 인원과 동일하다.

28

정답 ②

C사원은 혁신성, 친화력, 책임감이 '상 – 상 – 중'으로 영업팀의 중요도에 적합하며, 창의성과 윤리성은 '하'이지만 영업팀에서 중요하게 생각하지 않는 역량이므로 영향을 주지 않는다. E사원은 혁신성, 책임감, 윤리성이 '중 – 상 – 하'로 지원팀의 핵심역량에 부합한다. 따라서 C사원은 영업팀에, E사원은 지원팀에 배치하는 것이 적절하다.

29

정답 ①

문제란 발생한 상황 자체를 의미하는 것으로, 그 상황이 발생한 원인인 문제점과 구분된다. 따라서 사례에서 발생한 상황은 '아이의 화상' 자체이다.

오답분석
②·③·④·⑤ 아이의 화상이라는 문제가 발생한 것에 대한 원인을 나타내는 것으로 문제점에 해당한다.

30

정답 ③

제시된 사례에 따르면 혼잡한 시간대에도 같은 노선의 앞차를 앞지르지 못하는 버스 운행 규칙으로 인해 버스의 배차 간격이 일정하지 않은 문제가 나타났다.

| 02 | 자원관리능력(사무 / 배전 · 송변전)

31	32	33	34	35	36	37	38	39	40
①	③	④	②	①	⑤	②	①	③	⑤

31

정답 ①

네 번째 결과에 따라 L팀장은 토마토 파스타, S대리는 크림 리소토를 주문한다. 이때, A과장은 다섯 번째 결과에 따라 토마토 리소토나 크림 리소토를 주문할 수 있는데, 만약 A과장이 토마토 리소토를 주문한다면, 두 번째 결과에 따라 M대리는 토마토 파스타를 주문해야 하고, 사원들은 둘 다 크림소스가 들어간 메뉴를 주문할 수밖에 없으므로 결과와 모순이 된다. 따라서 A과장은 크림 리소토를 주문했다. 다음으로 사원 2명 중 1명은 크림 파스타, 다른 한 명은 토마토 파스타나 토마토 리소토를 주문해야 하는데, H사원이 파스타면을 싫어하므로 J사원이 크림 파스타, H사원이 토마토 리소토, M대리가 토마토 파스타를 주문했다.
다음으로 일곱 번째 결과에 따라 J사원이 사이다를 주문하였고, H사원은 J사원과 다른 음료를 주문해야하지만 여덟 번째 결과에 따라 주스를 함께 주문하지 않으므로 콜라를 주문했다. 또한 여덟 번째 결과에 따라 주스를 주문한 사람은 모두 크림소스가 들어간 메뉴를 주문한 사람이어야 하므로 S대리와 A과장이 주스를 주문했다. 마지막으로 여섯 번째 결과에 따라 M대리는 사이다를 주문하고, L팀장은 콜라를 주문했다. 이를 표로 정리하면 다음과 같다.

구분	L팀장	A과장	S대리	M대리	H사원	J사원
토마토 파스타	○			○		
토마토 리소토					○	
크림 파스타						○
크림 리소토		○	○			
콜라	○				○	
사이다				○		○
주스		○	○			

따라서 사원들 중 주스를 주문한 사람은 없다.

32

정답 ③

31번의 결과로부터 S대리와 A과장은 모두 주스와 크림 리소토를 주문했다는 것을 알 수 있다.

33

정답 ④

25일과 26일은 예측농도가 '약간 나쁨', '보통'이며, 워크숍 마지막 날은 토요일도 가능하므로 적절하다.

오답분석

① 1일은 미세먼지 예측농도가 '매우 나쁨'이며, 2~3일은 '나쁨'에 속한다.
② 8~10일은 미세먼지 예측농도는 적절하지만 매달 2·4주 수요일마다 기획회의가 있으므로 10일인 수요일은 불가능하다.
③ 17일과 18일은 예측농도가 '나쁨'이며, 19일에는 우수성과팀 시상식이 있기 때문에 적절하지 않다.
⑤ 29~31일은 중국 현지에서 열리는 컨퍼런스에 참여해야 하므로 적절하지 않다.

34

정답 ②

A·C센터는 수용인원이 65명 미만이므로 대여할 수 없다. D센터는 컴퓨터를 보유하지 않았고, 사용 가능시간이 2시간 미만이므로 대여할 수 없다. E센터는 회의실을 보유하지 않아 대여할 수 없다. 따라서 조건을 충족하는 교육 장소는 B센터이다.

35

정답 ①

교육 참여자가 30명으로 변경되면 A~E센터 모두 수용인원 조건을 만족하게 된다. 그중 모든 조건을 만족하는 장소는 A·B센터이며, 이 중 더 저렴한 A센터에서 교육을 진행한다.

36

정답 ⑤

A대리는 2021년 11월에 입사해 현재 입사한 지 2년 차에 해당한다. 올해 직원 복지 지원금을 한 번도 못 받았으므로 생일, 결혼, 출산, 학자금 모두 신청이 가능한 상황이다.
생일 10만 원, 결혼 50만 원, 결혼 축하금을 받고 아이는 등본상 둘째이므로 출산과 관련하여 150+20=170만 원을 받는다. 또한 첫째 아이가 중학생이므로 학자금 50만 원을 받아 총 10+50+170+50=280만 원의 혜택을 받을 수 있다.

37

정답 ②

대학원 학자금은 입사 2년 차 이상이므로 1년 차인 직원 B는 받을 수 없고, 주택 대출 5,000만 원 중 절반인 2,500만 원은 최대한도 초과이므로 최대한도인 2,000만 원만 대출받을 수 있다.

38

정답 ①

재작년 3월 초에 입사했다면 입사 2년 차에 해당하므로 대학원 학자금 대출원금의 80%를 지원받을 수 있으므로, 1,500×0.8= 1,200만 원을 지원받을 수 있다. 또한 주택 지원 대출의 한도가 3,000만 원으로 증가하는데, 주택 대출 5,000만 원 중 절반인 2,500만 원은 최대한도 내에 해당되므로 2,500만 원 전액 대출이 가능하다. 따라서 직원 B가 지원받을 총금액은 1,200+2,500= 3,700만 원이다.

39

정답 ③

A~E인턴 중에 소비자들의 불만을 접수해서 처리하는 업무를 맡기기에 가장 적절한 인턴은 C인턴이다. 잘 흥분하지 않으며, 일처리가 신속하고 정확하다고 책임자의 관찰 사항에 명시되어 있으며, 직업선호 유형은 'CR'로 관습형·현실형에 해당된다. 따라서 현실적이며 보수적이고 변화를 좋아하지 않는 유형으로 소비자들의 불만을 들어도 감정적으로 대응하지 않을 성격인 C인턴이 이 업무에 가장 적합하다.

40

정답 ⑤

기사에 따르면 관세청은 QR코드 방식의 통관표지를 사용하여 병행수입물품을 관리하고 있다. QR코드의 경우 바코드에 비해 인식률이 우수하며, 코드 모양이 정사각형이므로 360도 어느 방향으로 읽어도 정확하게 인식할 수 있다.

오답분석

① QR코드는 1차원적 구성의 바코드와 달리 사각형의 가로세로 격자무늬의 2차원 코드에 정보를 담는다.
② QR코드는 기존 바코드에 비해 많은 양의 정보를 넣을 수 있으며, 정보의 인식 속도 역시 뛰어나다.
③ QR코드는 오류 복원 기능이 있어 코드 일부분이 오염되거나 손상되어도 정보를 복원할 수 있다.
④ 일반적으로 바코드의 정보를 파악하기 위해서는 전용 단말기가 필요하지만, QR코드의 경우 스마트폰만 있으면 상품 정보를 파악할 수 있다.

41	42	43	44	45	46	47	48	49	50
④	③	②	④	⑤	④	④	③	⑤	④

41 　　정답 ④

[틀 고정] 기능은 선택한 셀을 기준으로 좌측과 상단의 모든 셀을 고정하게 된다. 따라서 A열과 1행을 고정하기 위해서는 [B2] 셀을 클릭한 후 틀 고정을 해야 한다.

42 　　정답 ③

for 반복문은 i 값이 0부터 1씩 증가하면서 10보다 작을 때까지 수행하므로 i 값은 각 배열의 인덱스(0 ~ 9)를 가리키게 되고, num에는 i가 가르키는 배열 요소 값의 합이 저장된다. arr 배열의 크기는 10이고 초기값들은 배열의 크기 10보다 작으므로 나머지 요소들은 0으로 초기화된다. 따라서 배열 arr는 {1, 2, 3, 4, 5, 0, 0, 0, 0, 0}으로 초기화되므로 이 요소들의 합 15와 num의 초기값 10에 대한 합은 25이다.

43 　　정답 ②

그림에서 제시하는 사용자 지정 자동 필터를 해석하면 160,000 이하이거나 250,000 초과의 경우 추출됨을 알 수 있다. 따라서 A열에 추출되는 성명은 박슬기, 이민지, 김인수, 조상애이다.

44 　　정답 ④

그림에서 제시하는 중복된 항목 제거 기능을 통해 A열의 총무부, 인사부, 영업부, 기획부 각 하나의 행만 남게 되므로 유지되는 행의 개수는 4개이다.

45 　　정답 ⑤

OR조건은 조건을 모두 다른 행에 입력해야 한다.

46 　　정답 ④

데이터베이스 시스템의 특징
- 데이터의 중복을 최소화한다.
- 데이터베이스의 구조가 변해도 영향을 받지 않는다는 데이터의 물리적, 논리적 독립성을 유지한다.
- 서로 다른 여러 사용자가 데이터베이스를 동시에 함께 사용할 수 있는 데이터의 공유성을 가진다.
- 허용된 사용자에게만 데이터 접근을 허용하여 다른 사용자로부터 데이터를 보호할 수 있는 데이터의 보안성이 유지된다.
- 정의된 데이터베이스와 구축된 데이터베이스는 갱신과 유지를 통해 항상 일치하도록 정확성을 보장하는 데이터의 무결성이 유지된다.
- 일부 데이터가 변경되어도 관련 있는 데이터가 함께 변경되는 데이터의 일관성이 유지된다.

47 　　정답 ④

워크시트의 화면 하단에서는 통합문서를 '기본', '페이지 레이아웃', '페이지 나누기 미리보기' 3가지 형태로 볼 수 있다. 머리글이나 바닥글을 쉽게 추가할 수 있는 형태는 '페이지 레이아웃'이며, '페이지 나누기 미리보기'에서는 파란색 실선을 이용해서 페이지를 손쉽게 나눌 수 있다.

48 　　정답 ③

〈Ctrl〉+〈3〉은 글꼴 스타일에 기울임 꼴을 적용하는 바로가기 키이다. 〈Ctrl〉+〈4〉를 사용해야 선택한 셀에 밑줄이 적용된다.

49 　　정답 ⑤

피벗 테이블의 셀에 메모를 삽입한 경우 데이터를 정렬하여도 메모는 피벗 테이블의 셀에 고정되어 있다.

50 　　정답 ④

UNIX의 특징
- 사용자가 명령을 내리면 수행 후 결과를 보여주는 대화식 운영체제(CUI환경)이다.
- 여러 사용자가 동시에 사용(Multi User)할 수 있고 동시에 여러 가지 작업을 수행(Multi Tasking)할 수 있다.
- C언어로 구성되어 있어 타 기종과의 이식성이 뛰어나다.
- 간결하고 사용하기 쉬운 명령어들로 구성되어 있다.
- 네트워크 및 보안 기능이 뛰어나고 버전 간 호환성이 뛰어나다.

| 04 | 기술능력(배전 · 송변전)

41	42	43	44	45	46	47	48	49	50
①	④	①	⑤	③	③	②	②	⑤	②

41
정답 ①

세탁기와 수도꼭지와의 거리에 대해서는 설치 시 주의사항에서 확인할 수 없는 내용이다.

42
정답 ④

세탁기 내부온도가 70℃ 이상이거나 물 온도가 50℃ 이상인 경우 세탁기 문이 열리지 않는다. 따라서 내부온도가 내려갈 때까지 잠시 기다려야 하며, 이러한 상황에 대해 투숙객에게 설명해야 한다.

<u>오답분석</u>
① 세탁조에 물이 남아 있다면 탈수를 선택하여 배수하여야 한다.
② 세탁기 내부온도가 높다면 내부온도가 내려갈 때까지 잠시 기다려야 한다.
③ 탈수 시 세탁기가 흔들릴 때의 해결방법이다.
⑤ 세탁기가 얼었을 경우 미온수가 아니라 60℃ 정도의 뜨거운 물을 넣어 세탁기를 녹여야 한다.

43
정답 ①

'수시'는 '일정하게 정하여 놓은 때 없이 그때그때 상황에 따름'을 의미한다. 즉, 하루에 한 번 청소할 수도 있고, 아닐 수도 있다. 따라서 정수기 청소는 하루에 1곳만 할 수도 있다.

<u>오답분석</u>
② '제품 이상 시 조치방법' 마지막에 설명되어 있다.
③ 적정 시기에 필터를 교환하지 않으면 물이 나오지 않거나 정수물이 너무 느리게 채워지는 문제가 발생한다.
④ 10mm=1cm이므로 외형치수를 환산하면 옳은 설명임을 알 수 있다.
⑤ 설치 시 주의사항에 설명되어 있다.

44
정답 ⑤

필터 수명이 종료됐을 때와 연결 호스가 꺾였을 때는 물이 나오지 않는다. 연결 호스의 꺾인 부분을 편다면 서비스센터에 연락하지 않고도 해결이 가능하다.

45
정답 ③

ㄱ. 정수기에 사용되는 필터는 세디멘트 필터, 프리카본 필터, UF중공사막 필터, 실버블록카본 필터이다.
ㄹ. 설치 시 주의사항에 따르면 벽면에서 20cm 이상 띄워 설치하라고 했다. 따라서 지켜지지 않을 경우 문제가 발생할 수 있다.

<u>오답분석</u>
ㄴ. 신나 및 벤젠은 제품의 변색이나 표면이 상할 우려가 있으므로 사용하지 말라고 명시되어 있다. 따라서 급한 경우라도 사용하지 않는 것이 옳다.
ㄷ. 프리카본 필터의 교환주기는 약 8개월이다. 3년은 36개월이므로 4번 교환해야 한다.

46
정답 ③

설치 시 주의사항에 따르면 난방기기 주변은 과열되어 고장의 염려가 있으므로 피해야 한다. 따라서 ③은 고려할 사항과 거리가 멀다.

47
정답 ②

전원이 갑자기 꺼진다면 전력 소모를 줄일 수 있는 기능인 '취침예약'이나 '자동전원끄기' 기능이 설정되어 있는지 확인해야 한다.

<u>오답분석</u>
① 전원이 켜지지 않을 경우 전원코드, 안테나 케이블, 케이블 방송 수신기의 연결이 제대로 되어 있는지 확인해야 하지만, 위성 리시버는 문제해결에서 확인할 수 없다.
③ 제품에서 뚝뚝 소리가 나는 것은 TV 외관의 기구적 수축이나 팽창 때문에 나타날 수 있는 현상으로 안심하고 사용해도 된다.
④ 제품 특성상 장시간 시청 시 패널에서 열이 발생하므로 열이 발생하는 것은 결함이나 동작 사용상의 문제가 되는 것이 아니니 안심하고 사용해도 된다.
⑤ 리모컨 동작이 되지 않을 때는 새 건전지로 교체하고, 교체 후에도 문제가 해결되지 않는다면 서비스센터로 문의해야 한다.

48
정답 ②

의미 전달을 명확하게 하기 위해서는 수동태보다는 능동태의 동사를 사용하는 것이 좋다.

49
정답 ⑤

기술교양을 지닌 사람들의 특징
• 기술학의 특성과 역할을 이해한다.
• 기술과 관련된 이익을 가치화하고 위험을 평가할 수 있다.
• 기술에 의한 윤리적 딜레마에 대해 합리적으로 반응할 수 있다.
• 기술체계가 설계되고, 사용되고, 통제되는 방법을 이해한다.

50
정답 ②

근로자가 업무에 관계되는 건설물, 설비, 원재료, 가스, 증기, 분진 등에 의하거나, 직업과 관련된 기타 업무에 의하여 사망 또는 부상, 질병 등의 피해를 입는 것을 산업 재해로 정의하고 있기 때문에 휴가 중 일어난 사고는 업무와 무관하므로 산업 재해가 아니다.

4일 차 기출응용 모의고사 정답 및 해설

| 01 | 공통영역

01	02	03	04	05	06	07	08	09	10
⑤	⑤	③	④	⑤	④	④	④	②	④
11	12	13	14	15	16	17	18	19	20
③	①	①	③	②	⑤	③	①	①	①
21	22	23	24	25	26	27	28	29	30
⑤	③	②	⑤	⑤	⑤	④	④	②	①

01
정답 ⑤

ⓔ의 앞뒤 문장은 생활 속에서 초미세먼지에 적절히 대응하기 위한 방안을 나열하고 있으므로 ⓔ에는 문장을 병렬적으로 연결할 때 사용하는 접속어인 '그리고'가 들어가는 것이 적절하다.

02
정답 ⑤

제시문과 ⑤의 '지키다'는 '어떠한 상태나 태도 따위를 그대로 계속 유지하다.'의 의미이다.

오답분석
① 지조, 절개, 정조 따위를 굽히지 아니하고 굳게 지니다.
② 규정, 약속, 법, 예의 따위를 어기지 아니하고 그대로 실행하다.
③ 길목이나 통과 지점 따위를 주의를 기울여 살피다.
④ 재산, 이익, 안전 따위를 잃거나 침해당하지 아니하도록 보호하거나 감시하여 막다.

03
정답 ③

'또한'이라는 접속사를 보면 외래문화나 전통문화의 양자택일에 대한 내용이 앞에 있고, (다) 다음의 내용이 '전통문화는 계승과 변화가 다 필요하고 외래문화의 수용과 토착화를 동시에 요구하고 있기 때문이다.'이기 때문에 보기는 (다)에 들어가는 것이 적절하다.

04
정답 ④

글쓴이는 동물들이 사용하는 소리는 단지 생물학적인 조건에 대한 반응 또는 본능적인 감정 표현의 수단일 뿐, 사람의 말과 동물의 소리에 근본적인 차이가 존재한다고 말한다. 즉, 동물들이 나름대로 가지고 있는 본능적인 의사소통능력은 인간의 것과 다르다는 것이다. 따라서 소리를 내는 동물의 행위는 대화나 토론·회의 같이 서로 의미를 주고받는 인간의 언어활동으로 볼 수 없다는 ④가 글쓴이의 주장으로 가장 적절하다.

05
정답 ⑤

모든 문서의 내용을 이해는 했더라도 그 내용 전체를 기억하는 것은 현실적으로 어렵고 비효율적이다. 따라서 각 문서에서 핵심적 내용만 골라 필요한 정보를 획득하고 종합하는 것이 바람직하다.

문서이해 절차
- 문서의 목적 이해
- 문서 작성의 배경과 주체 파악
- 문서 정보 파악, 현안 문제 파악
- 상대방의 욕구, 의도 및 요구사항 분석
- 목적달성을 위한 행동 결정
- 상대의 의도를 도표, 그림 등으로 요약, 정리

06
정답 ④

첫 번째 빈칸에는 앞뒤 문장의 내용이 반대이기 때문에 '그러나'가 와야 한다. 두 번째 빈칸에는 앞 문장의 예가 뒤 문장에 제시되고 있기 때문에 '예컨대'가 적절하다.

07
정답 ④

제시문과 ④의 '비다'는 '일정한 공간에 사람, 사물 따위가 들어 있지 아니하게 되다.'의 의미이다.

오답분석
① 손에 들거나 몸에 지닌 것이 없게 되다.
② 진실이나 알찬 내용이 들어 있지 아니하게 되다.
③ 지식이나 생각, 판단하는 능력이 없어지다.
⑤ 일정한 액수나 수량에서 얼마가 모자라게 되다.

08

정답 ④

다문화정책의 두 가지 핵심을 밝히고 있는 (다)가 가장 처음에 온 뒤 (다)의 내용을 뒷받침하기 위해 프랑스를 사례로 든 (가)를 두 번째에 배치하는 것이 자연스럽다. 그 다음으로는 이민자에 대한 지원 촉구 및 다문화정책의 개선 등에 관한 내용이 이어지는 것이 글의 흐름상 적절하므로 이민자에 대한 배려의 필요성을 주장하는 (라), 다문화정책의 패러다임 전환을 주장하는 (나) 순서로 연결되어야 한다. 따라서 (다) → (가) → (라) → (나)의 순서로 나열하는 것이 적절하다.

09

정답 ②

• (가) : 계몽의 작업이 공포를 몰아내는 작업이라는 것이 명시되어 있듯이 인간의 계몽 작업이 왜 이루어져 왔는지를 요약하는 ⓒ이 적절하다.
• (나) : 이해가 역사 속에서 가능하다는 ⓐ이 두 번째 입장을 잘 요약하고 있는 문장이다.
• (다) : 권력과 지식의 관계가 대립이 아니라는 세 번째 입장에 비추어 볼 때 ⓑ이 적절하다.

10

정답 ④

테아플라빈(Theaflavins)은 녹차가 아닌 홍차의 발효과정에서 생성된 것으로, 혈관기능을 개선하며 혈당 수치를 감소시키는 역할을 한다. 녹차의 경우 카테킨에 함유된 EGCG(Epigallocatechin-3-gallate)가 혈중 콜레스테롤 수치를 낮추는 역할을 한다.

11

정답 ③

버스와 지하철을 모두 이용하는 직원은 $1,200 \times 0.23 = 276$명이고, 도보를 이용하는 직원 수는 $1,200 \times 0.39 = 468$명이다. 따라서 버스와 지하철 모두 이용하는 직원 수는 도보를 이용하는 직원 수보다 $468 - 276 = 192$명 적다.

[오답분석]
① 통근시간이 30분 이하인 직원은 $1,200 - (260 + 570 + 160)$
$= 210$명으로 전체 직원 수의 $\frac{210}{1,200} \times 100 = 17.5\%$를 차지한다.
② 전체 직원이 900명이라고 할 때, 자가용을 이용하는 인원은 $900 \times 0.16 = 144$명이다.
④ 통근시간이 45분 이하인 직원은 $210 + 260 = 470$명이고, 60분 초과인 직원은 160명이므로 $\frac{470}{160} = 2.9$배이다.
⑤ 대중교통을 이용하는 직원 수는 $1,200 \times 0.45 = 540$명이고, 이 중 25%는 $540 \times 0.25 = 135$명이다. 따라서 60분 초과 인원의 80%인 $160 \times 0.8 = 128$명보다 많다.

12

정답 ①

도보 또는 버스만 이용하는 직원 중 25%는 $1,200 \times (0.39 + 0.12) \times 0.25 = 153$명이다. 30분 초과 45분 이하인 인원에서 도보 또는 버스만 이용하는 직원을 제외하면 $260 - 153 = 107$명이다. 따라서 이 인원이 자가용으로 출근하는 전체 인원에서 차지하는 비중은 $\frac{107}{1,200 \times 0.16} \times 100 = 56\%$이다.

13

정답 ①

제시된 표의 빈칸을 구하면 다음과 같다.

구분	2022년		
	유배우 가구	맞벌이 가구	비율
전체	11,780	5,054	42.9
남자	10,549	4,568	43.3
여자	1,231	486	39.5

구분	2023년		
	유배우 가구	맞벌이 가구	비율
전체	11,825	5,186	43.9
남자	10,538	4,611	43.8
여자	1,287	575	44.7

구분	2024년		
	유배우 가구	맞벌이 가구	비율
전체	11,858	5,206	43.9
남자	10,528	4,623	43.9
여자	1,330	583	43.8

ⓐ + ⓑ는 2022년 전체 맞벌이 가구의 수와 같으므로 5,054천 가구이다.
ⓒ는 $\frac{4,611}{10,538} \times 100 = 43.8\%$이고 ⓓ는 $\frac{583}{1,330} \times 100 = 43.8\%$이므로 ⓒ + ⓓ = $43.8 + 43.8 = 87.6\%$이다.

14

정답 ③

2023년 전년 대비 각 시설의 증가량은 축구장 $618 - 558 = 60$개소, 체육관 $639 - 581 = 58$개소, 간이운동장 $11,458 - 10,669 = 789$개소, 테니스장 $549 - 487 = 62$개소, 기타 $1,783 - 1,673 = 110$개소이다. 따라서 전년 대비 시설이 가장 적게 늘어난 체육관과 가장 많이 늘어난 간이운동장의 2023년 시설 수의 합은 $639 + 11,458 = 12,097$개소이다.

15

정답 ②

2021년 전체 공공체육시설 중 체육관이 차지하고 있는 비율은 $\frac{529}{467 + 529 + 9,531 + 428 + 1,387} \times 100 = 4.3\%$이다.

16

정답 ⑤

2024년 공공체육시설의 수는 총 $649+681+12,194+565+2,038=16,127$개소이다.

오답분석

① 테니스장은 2023년에 전년 대비 $\frac{549-487}{487}\times100≒12.7\%$ 증가했으므로 옳은 설명이다.

② 2022년 간이운동장의 수는 같은 해 축구장 수의 $\frac{10,669}{558}≒19.1$배이므로 옳은 설명이다.

③ 2024년 1인당 체육시설 면적은 2021년에 비해 $\frac{3.29}{2.54}≒1.3$배 증가했으므로 옳은 설명이다.

④ 2022년 축구장 수는 전년 대비 $558-467=91$개소 증가했다.

17

정답 ③

조건을 만족하는 경우의 수는 다음과 같다.
ⅰ) 집 – 도서관 : $3\times2=6$가지
    도서관 – 영화관 : $4\times1=4$가지 → $6\times4=24$가지
ⅱ) 집 – 도서관 : $3\times1=3$가지
    도서관 – 영화관 : $4\times3=12$가지 → $3\times12=36$가지
∴ $24+36=60$가지

18

정답 ①

9월 말 이후의 지표가 모두 하향곡선을 그리고 있다.

오답분석

② 환율이 하락하면 반대로 원화가치가 높아진다.

③·⑤ 지표를 통해 확인할 수 있다.

④ 유가 범위는 $125\sim85$ 사이의 변동 폭을 보이고 있다.

19

정답 ①

2024년 학생 만 명당 사교육비는 $178,000\div609≒292$억 원으로 통계 기간 중 가장 많다.

20

정답 ①

• 1학년 전체 학생 중 빨강을 좋아하는 학생 수의 비율
 : $\frac{50}{250}\times100=20\%$

• 2학년 전체 학생 중 노랑을 좋아하는 학생 수의 비율
 : $\frac{75}{250}\times100=30\%$

21

정답 ⑤

먼저 모든 연구위원의 경력은 10년 이상이어야 한다는 다섯 번째 조건에 따라 A·E·F·H·I·L직원은 연구위원으로 선정될 수 없다. 따라서 A, E, L직원이 포함된 ①·②·③은 제외된다.

④의 경우 총 6명의 의원 중 3명이 남성이므로 두 번째 조건을 만족한다. 또한 5명이 석사 이상의 학위를 소지하고 있으므로 세 번째 조건 역시 만족한다. 그러나 동일 전공자는 회계학 2명과 철학 2명으로 각각 30% 이상을 차지하므로 네 번째 조건을 충족하지 못한다.

⑤의 경우 총 8명의 의원 중 4명이 남성이므로 두 번째 조건을 만족하고, 7명이 석사 이상의 학위를 소지하고 있으므로 세 번째 조건도 만족한다. 또한 8명 중 동일 전공자는 경영학 2명, 회계학 2명, 철학 2명으로 각각 차지하는 비율이 25%이므로 네 번째 조건을 만족한다. 따라서 위원회가 구성될 수 있는 경우는 ⑤뿐이다.

22

정답 ③

A사와 B사의 제품 판매가를 x원(단, $x>0$)이라 하자.
두 번째 조건에 따라 A사와 B사의 어제 판매수량의 비는 $4:3$이므로 A사와 B사의 판매수량을 각각 $4y$개, $3y$개라고 하자.
세 번째 조건에 의하여 오늘 A사와 B사의 제품 판매가는 각각 x원, $0.8x$원이고, 네 번째 조건에 의하여 오늘 A사의 판매수량은 $4y$개, 오늘 B사의 판매수량은 $(3y+150)$개이다.
다섯 번째 조건에 의해 두 회사의 오늘 전체 판매액은 동일하므로
$4xy=0.8x(3y+150)$
→ $4y=0.8(3y+150)$
∴ $y=75$
따라서 오늘 B사의 판매수량은 $3\times75+150=375$개이다.

오답분석

①·⑤ $4xy=0.8x(3y+150)$에 y값을 대입하면 $300x=300x$이다. 즉, x에 어떤 수를 대입해도 식이 성립하므로 A사와 B사의 제품 판매 단가를 알 수 없다.

② • 오늘 A사의 판매수량 : $4\times75=300$개
 • 어제 B사의 판매수량 : $3\times75=225$개
  ∴ 오늘 A사의 판매수량과 어제 B사의 판매수량의 차
   : $300-225=75$개

④ 오늘 A사와 B사의 판매수량 비는 $300:375=4:5$이므로 동일하지 않다.

23

정답 ②

도색이 벗겨진 차선과 지워지기 직전의 흐릿한 차선은 현재 직면하고 있으면서 바로 해결 방법을 찾아야 하는 문제이므로 눈에 보이는 발생형 문제에 해당한다. 발생형 문제는 기준을 일탈함으로써 발생하는 일탈 문제와 기준에 미달하여 생기는 미달 문제로 나누어 볼 수 있는데, 기사에서는 정해진 규격 기준에 미달하는 불량 도료를 사용하여 문제가 발생하였다고 하였으므로 이를 미달 문제로 분류할 수 있다. 따라서 기사에 나타난 문제는 발생형 문제로, 미달 문제에 해당한다.

24

주어진 예산은 3천만 원이므로 월 광고비용이 3,500만 원인 KTX
는 제외된다. TV, 버스, 지하철, 포털사이트의 광고효과를 구하면
다음과 같다.

- TV : $\dfrac{3 \times 1,000}{30,000} = 0.1$

- 버스 : $\dfrac{1 \times 30 \times 100}{20,000} = 0.15$

- 지하철 : $\dfrac{60 \times 30 \times 2}{25,000} = 0.144$

- 포털사이트 : $\dfrac{50 \times 30 \times 5}{30,000} = 0.25$

따라서 A사원은 광고효과가 가장 높은 포털사이트를 선택한다.

25
정답 ②

각자의 총점이 0이고 각 영역의 점수 합이 0이므로 인화력 점수를
매긴 후 차례대로 경우의 수를 확인하면 다음과 같다.

영역 사원	업무 능력	리더십	인화력
A	−1	0	1
B	0	0	0
C	1	0	−1

영역 사원	업무 능력	리더십	인화력
A	−1	0	1
B	1	−1	0
C	0	1	−1

영역 사원	업무 능력	리더십	인화력
A	0	−1	1
B	0	0	0
C	0	1	−1

영역 사원	업무 능력	리더십	인화력
A	0	−1	1
B	−1	1	0
C	1	0	−1

따라서 가능한 평가 결과표의 개수는 4개이다.

26
정답 ⑤

글피는 모레의 다음날로 15일이다. 15일은 비는 내리지 않고 최저
기온은 영하이다.

오답분석

① 12 ~ 15일의 일교차를 구하면 다음과 같다.
  - 12일 : 11−0=11℃
  - 13일 : 12−3=9℃
  - 14일 : 3−(−5)=8℃
  - 15일 : 8−(−4)=12℃
  따라서 일교차가 가장 큰 날은 15일이다.
② 제시된 자료에서 미세먼지에 관한 내용은 확인할 수 없다.
③ 14일의 경우 비가 예보되어 있지만 낙뢰에 관한 예보는 확인할
  수 없다.
④ 14일의 최저기온은 영하이지만, 최고기온은 영상이다.

27
정답 ⑤

오늘 아침의 상황 중 은희의 취향과 관련된 부분을 뽑아내면 다음
과 같다.
- 스트레스를 받음
- 배가 고픔
- 피곤한 상황
- 커피만 마심
- 휘핑크림은 넣지 않음
먼저, 스트레스를 받았다고 하였으므로 휘핑크림이나 우유거품을
추가해야 하나 마지막 조건에서 휘핑크림을 넣지 않는다고 하였으
므로 우유거품만을 추가함을 알 수 있다. 또한 배가 고픈 상황이므
로 데운 우유가 들어간 커피를 마시게 된다. 따라서 이 모두를 포
함한 카푸치노를 주문할 것임을 추론할 수 있다.

28
정답 ④

오답분석

① 분석 자료에서 자사의 유통 및 생산 노하우가 부족하다고 분석
  하였으므로 적절하지 않은 판단이다.
② 20대 지향 디지털마케팅 전략을 구사하기에 역량이 미흡하다
  고 분석하였으므로 적절하지 않은 판단이다.
③ 분석 자료를 살펴보면 경쟁자들 중 상위업체가 하위업체와의
  격차를 확대하기 위해서 파격적인 가격정책을 펼치고 있다고
  하였으므로 잘못 판단한 내용이다.
⑤ 브랜드 경쟁력을 유지하기 위해 20대 SPA 시장 진출이 필요하
  며 자사가 높은 브랜드 이미지를 가지고 있다는 내용은 자사의
  상황분석과 맞지 않는 내용이기에 적절하지 않은 판단이다.

29

면접평가 결과를 점수로 변환하면 다음과 같다.

(단위 : 점)

구분	A	B	C	D	E
의사소통능력	100	100	100	80	50
문제해결능력	80	75	100	75	95
조직이해능력	95	90	60	100	90
대인관계능력	50	100	80	60	85

변환된 점수에 최종 합격자 선발기준에 따른 평가비중을 곱하여 최종 점수를 도출하면 다음과 같다.

- A : $100 \times 0.4 + 80 \times 0.3 + 95 \times 0.2 + 50 \times 0.1 = 88$점
- B : $100 \times 0.4 + 75 \times 0.3 + 90 \times 0.2 + 100 \times 0.1 = 90.5$점
- C : $100 \times 0.4 + 100 \times 0.3 + 60 \times 0.2 + 80 \times 0.1 = 90$점
- D : $80 \times 0.4 + 75 \times 0.3 + 100 \times 0.2 + 60 \times 0.1 = 80.5$점
- E : $50 \times 0.4 + 95 \times 0.3 + 90 \times 0.2 + 85 \times 0.1 = 75$점

따라서 최종 합격자는 B, C이다.

30

ⅰ) 게임 결과 총 14점을 획득하였고 두더지를 맞힌 횟수를 모두 더하면 12번이므로 대장 두더지 2번, 부하 두더지 10번을 맞혔음을 알 수 있다.

ⅱ) A는 대장이든 부하든 상관없이 2번 맞았다고밖에 볼 수 없다. 왜냐하면, 대장 두더지가 2번 맞은 것이 확정된 상황에서 만약 A가 2번이 아닌 다른 짝수 횟수만큼(4번) 맞았다고 한다면 A는 맞은 두더지 중에 가장 적게 맞은 것이 아니기 때문이다. 또한 A는 '맞은 두더지 중'에 가장 적게 '맞았다'는 부분을 통해 0이 될 수도 없다.

ⅲ) 한 번도 맞지 않은 두더지가 1마리라는 점에서 B와 C는 모두 0이 아님을 알 수 있으며 D 역시 자신의 발언을 통해 0이 아님을 확정할 수 있다. 따라서 한 번도 맞지 않은 두더지는 E이다.

ⅳ) A, C, D가 맞은 횟수의 합이 9이므로 이를 만족하는 경우를 따져보면 다음과 같다.

A	B	C	D	E	합계
2		2	5	0	
2		3	4	0	
2		4	3	0	
2		5	2	0	

ⅴ) B와 C가 맞을 횟수가 같다는 조건과 전체 맞은 횟수의 합이 12라는 점을 고려하면 아래의 표와 같이 정리할 수 있다.

A	B	C	D	E	합계
2	2	2	5	0	11(×)
2	3	3	4	0	12
2	4	4	3	0	13(×)
2	5	5	2	0	14(×)

ⅵ) 위의 표에서 두 번째 경우만 모든 조건을 충족하며 이 중 2번 맞은 것은 A뿐이므로 A가 대장 두더지임을 알 수 있다.

| 02 | 자원관리능력(사무 / 배전 · 송변전)

31	32	33	34	35	36	37	38	39	40
③	④	③	③	②	⑤	①	①	③	②

31

각각의 조건을 고려하여 입지마다의 총 운송비를 산출한 후 이를 비교한다.

- A가 공장입지일 경우
  - 원재료 운송비 : 3톤×4km×20만 원/km·톤+2톤×8km×50만 원/km·톤=1,040만 원
  - 완제품 운송비 : 1톤×0km×20만 원/km·톤=0원
  - ∴ 총 운송비 : 1,040만 원+0원=1,040만 원
- B가 공장입지일 경우
  - 원재료 운송비 : 3톤×0km×20만 원/km·톤+2톤×8km×50만 원/km·톤=800만 원
  - 완제품 운송비 : 1톤×4km×20만 원/km·톤=80만 원
  - ∴ 총 운송비 : 800만 원+80만 원=880만 원
- C가 공장입지일 경우
  - 원재료 운송비 : 3톤×8km×20만 원/km·톤+2톤×0km×50만 원/km·톤=480만 원
  - 완제품 운송비 : 1톤×8km×20만 원/km·톤=160만 원
  - ∴ 총 운송비 : 480만 원+160만 원=640만 원
- D가 공장입지일 경우
  - 원재료 운송비 : 3톤×4km×20만 원/km·톤+2톤×4km×50만 원/km·톤=640만 원
  - 완제품 운송비 : 1톤×6km×20만 원/km·톤=120만 원
  - ∴ 총 운송비 : 640만 원+120만 원=760만 원
- E가 공장입지일 경우
  - 원재료 운송비 : 3톤×3km×20만 원/km·톤+2톤×6km×50만 원/km·톤=780만 원
  - 완제품 운송비 : 1톤×3km×20만 원/km·톤=60만 원
  - ∴ 총 운송비 : 780만 원+60만 원=840만 원

따라서 총 운송비를 최소화할 수 있는 공장입지 부지는 C이다.

32

각 지역에 가중치를 적용한 총점은 다음과 같다.

(단위 : 점)

지역	접근성	편의성	활용도	인지도	총점
갑	5×0.4 $=2.0$	7×0.2 $=1.4$	6×0.1 $=0.6$	3×0.3 $=0.9$	4.9
을	3×0.4 $=1.2$	7×0.2 $=1.4$	8×0.1 $=0.8$	4×0.3 $=1.2$	4.6
병	5×0.4 $=2.0$	8×0.2 $=1.6$	2×0.1 $=0.2$	6×0.3 $=1.8$	5.6
정	8×0.4 $=3.2$	7×0.2 $=1.4$	5×0.1 $=0.5$	2×0.3 $=0.6$	5.7
무	7×0.4 $=2.8$	7×0.2 $=1.4$	1×0.1 $=0.1$	4×0.3 $=1.2$	5.5

따라서 5.7점으로 총점이 가장 높은 정 지역이 개최지로 선정된다.

33

접근성과 편의성의 가중치를 바꾸어 계산한 항목의 점수는 다음과 같다.

(단위 : 점)

지역	접근성	편의성	활용도	인지도	총점
갑	5×0.2 $=1.0$	7×0.4 $=2.8$	6×0.1 $=0.6$	3×0.3 $=0.9$	5.3
을	3×0.2 $=0.6$	7×0.4 $=2.8$	8×0.1 $=0.8$	4×0.3 $=1.2$	5.4
병	5×0.2 $=1.0$	8×0.4 $=3.2$	2×0.1 $=0.2$	6×0.3 $=1.8$	6.2
정	8×0.2 $=1.6$	7×0.4 $=2.8$	5×0.1 $=0.5$	2×0.3 $=0.6$	5.5
무	7×0.2 $=1.4$	7×0.4 $=2.8$	1×0.1 $=0.1$	4×0.3 $=1.2$	5.5

따라서 6.2점으로 총점이 가장 높은 병 지역이 선정된다.

34

A와 D는 각각 문제해결능력과 의사소통능력에서 과락이므로 제외한다. 남은 면접자의 점수를 합격 점수 산출법에 따라 계산하면 다음과 같다.
- B : $65\times0.6+70\times0.3+55\times0.4=82$점
- C : $60\times0.6+55\times0.3+50\times0.4=72.5$점
- E : $90\times0.6+80\times0.3+49\times0.4=97.6$점
따라서 합격자는 B와 E이다.

35

물품관리 대장에서는 관리팀에서 2017년에 구매한 문구류(MN - 17 - 0010)는 찾을 수 없다.

오답분석
① 총무팀에서 2022년에 구매한 사무용 가구 : ST - 22 - 0100
③ 대출팀에서 2012년에 구매한 사무용 가구 : LA - 12 - 0100
④ 신용팀에서 2016년에 구매한 전자기기 : CD - 16 - 1000
⑤ 판매팀에서 2021년에 구매한 문구류 : SL - 21 - 0010

36

'ST - 14 - 0100'은 총무팀에서 2014년에 구매한 회의실 책상이다. 구매한 지 10년(9년 이상) 정도 경과했으므로 교체할 수 있다.

37

파손된 물품은 볼펜, TV, 사무실 서랍장, 회의실 의자이며, 각 물품의 중고판매 시 수익금은 다음과 같다.
- 볼펜 : $0.3\times20\times0=0$원
- TV : $120\times1\times0.55=66$만 원
- 사무실 서랍장 : $10\times3\times0.35=10.5$만 원
- 회의실 의자 : $5\times10\times0.55=27.5$만 원
따라서 총판매수익금은 $66+10.5+27.5=104$만 원이다.

38

- 경도를 이용한 시간 구하는 법
  - 같은 동경 혹은 서경에 위치했을 때 : [(큰 경도)−(작은 경도)]÷15°
  - 동경과 서경에 각각 위치했을 때 : [(동경)+(서경)]÷15°
이에 따라 우리나라와 LA의 시차는 $(135°+120°)\div15=17$시간이다.

4월 14일 오전 6시
− 17시간
4월 13일 오후 1시

따라서 한국이 4월 14일 오전 6시일 때 LA의 시각은 4월 13일 오후 1시이다.

39

P팀장의 업무지시에 따르면 L대리는 총 8대의 복합기를 구매해야 한다. 이때, 2층에서는 출력 속도가 구매 기준이 되며, 3층에서는 컬러출력 복합기 1대를 반드시 포함해야 한다. 4층과 5층에서는 양면 복사 가능 여부가 구매 기준이 되므로 양면 복사가 모두 가능 하면서 가장 저렴한 제품을 선택하면 된다. 층별 요구 사항에 따라 구매할 복합기를 정리하면 다음과 같다.

구분	제품	금액
2층	F회사 3060CFPS 2대	$1,900,000 \times 2$ $= 3,800,000$원
3층	S회사 D430CFPS 1대, C회사 IR2204F 1대	$3,050,000 + 970,000$ $= 4,020,000$원
4층	C회사 IR2204F 2대 (양면 복사 기능 추가)	$(970,000 + 200,000) \times 2$ $= 2,340,000$원
5층	C회사 IR2204F 2대 (양면 복사 기능 추가)	$(970,000 + 200,000) \times 2$ $= 2,340,000$원

따라서 L대리가 복합기 구매에 사용할 금액은 총 $3,800,000 + 4,020,000 + 2,340,000 + 2,340,000 = 12,500,000$원이다.

40

주어진 정보에 따라 할인금액을 정리하면 다음과 같다.
- 사무용품 판매점의 경우 총금액에서 S회사 제품의 가격을 제외 한 금액의 10%를 할인해 주므로 $(12,500,000 - 3,050,000) \times 0.1 = 945,000$원을 할인받을 수 있다.
- 인터넷 쇼핑몰의 경우 S회사 제품만 15% 할인해 주므로 $3,050,000 \times 0.15 = 457,500$원을 할인받을 수 있다.

따라서 L대리가 복합기를 주문할 곳은 945,000원을 할인받을 수 있는 사무용품 판매점이다.

| 03 | 정보능력(사무)

41	42	43	44	45	46	47	48	49	50
①	②	③	②	⑤	①	①	②	④	①

41

「$=MOD(17, -5)$」는 17을 -5로 나누었을 때 나오는 나머지의 값을 뜻하므로 -3이 옳다.

42

「$=INDEX(범위, 행, 열)$」는 해당하는 범위 안에서 지정한 행, 열 의 위치에 있는 값을 출력한다. 따라서 [B2:D9]의 범위에서 2행 3열에 있는 값 23,200,000이 적절하다.

43

와일드카드 문자인 '?'는 해당 위치의 한 문자를 대신할 수 있으며, '*'는 모든 문자를 대신할 수 있다. 따라서 찾을 내용에 '가?'는 '가'로 시작하는 두 글자 단어를 나타내며, 모두 바꾸기를 실행하 였을 경우 나타나는 결과로 ③이 옳다.

44

날짜는 숫자로 취급을 받아서 기본적으로 오른쪽 정렬이 된다.

45

의심이 가는 메일은 열어보지 않는다.

46

WEEKDAY 함수는 일정 날짜의 요일을 나타내는 1에서 7까지의 수를 구하는 함수다. WEEKDAY 함수의 두 번째 인수에 '1'을 입 력해 주면 '일요일(1)~토요일(7)' 숫자로 표시되고 '2'를 넣으면 '월요일(1)~일요일(7)'로 표시되며 '3'을 입력하면 '월요일(0)~일 요일(6)'로 표시된다.

47

LEN 함수는 문자열의 문자 수를 구하는 함수이므로 숫자를 반환 한다. 「$=LEN(A2)$」은 '서귀포시'로 문자 수가 4이며 여기서 -1 을 하면 [A2] 열의 3번째 문자까지를 지정하는 것이므로 [C2] 셀 과 같이 나온다. 텍스트 문자열의 시작지점부터 지정한 수만큼의 문자를 반환하는 LEFT 함수를 사용하면 「$=LEFT(A2, LEN(A2) -1)$」가 옳다.

48
정답 ②

3차원 대부분의 차트와 원형, 도넛형, 표면형, 방사형과 같은 항목 축과 값축의 구분이 명확하지 않은 차트 종류는 추세선을 추가할 수 없다.

49
정답 ④

데이터 중복을 최소화하는 것이 데이터베이스 관리 시스템의 가장 중요한 특징이다.

50
정답 ①

오답분석

② 웹 마이닝 : 웹 자원으로부터 의미 있는 패턴, 프로파일 등의 정보를 추출하는 데이터 마이닝의 일부이다.
③ 오피니언 마이닝 : 웹 사이트와 소셜 미디어 등에서 특정 주제에 대한 이용자의 여론 등을 수집하고 분석하여 정보를 도출하는 빅테이터 처리 기술이다.
④ 소셜 마이닝 : 소셜 미디어에 게시되는 글과 사용자를 분석하여 소비자의 흐름 및 패턴을 파악하여 트렌드 및 여론 추이를 읽어내는 기술이다.
⑤ 현실 마이닝 : 휴대폰 등 모바일 기기를 통해 현실에서 발생하는 정보를 바탕으로 인간행동의 패턴 등을 파악하는 기술이다.

| 04 | 기술능력(배전 · 송변전)

41	42	43	44	45	46	47	48	49	50
③	①	③	①	②	①	④	②	①	③

41
정답 ③

사용 전 알아두기 네 번째에 제습기의 물통이 가득 찰 경우 작동이 멈춘다고 하였으므로 서비스센터에 연락해야 한다.

오답분석

① 실내 온도가 18℃ 미만일 때 냉각기에 결빙이 시작되어 제습량이 줄어들 수 있다.
② 컴프레서 작동으로 실내 온도가 올라갈 수 있다.
④ 여섯 번째 사항에서 10분 꺼두었다가 다시 켜서 작동하면 정상이라고 하였다.
⑤ 희망 습도에 도달하면 운전이 멈추고, 습도가 높아지면 다시 자동 운전으로 작동한다.

42
정답 ①

보증서가 없으면 영수증이 대신하는 것이 아니라, 제조일로부터 3개월이 지난 날이 보증기간 시작일이 된다.

오답분석

② 보증기간 안내 두 번째 항목 보증기간 산정 기준을 보면 제품 보증기간 정의가 나와 있다. '제품 보증기간이라 함은 제조사 또는 제품 판매자가 소비자에게 정상적인 상태에서 자연 발생한 품질 성능 기능 하자에 대하여 무료 수리해 주겠다고 약속한 기간'이므로 옳은 내용이다.
③ · ④ 2017년 이전 제품은 2년이고, 나머지는 1년이 보증기간이다.
⑤ 제습기 부품 보증기간에 2016년 1월 이후 생산된 제품은 10년이라고 하였다.

43
정답 ③

체온 측정을 위한 주의사항에 따르면 체온을 측정할 때는 정확한 측정을 위해 과다한 귀지가 없도록 해야 한다.

오답분석

① 체온을 측정하기 전 새 렌즈필터를 부착하여야 한다.
② 오른쪽 귀에서 측정한 체온과 왼쪽 귀에서 측정한 체온은 다를 수 있으므로 항상 같은 귀에서 체온을 측정해야 한다.
④ 영점조정에 대한 사항은 제시문에서 확인할 수 없는 내용이다.
⑤ 체온을 측정하기 전 새 렌즈필터를 부착하여야 하며, 렌즈를 알코올 솜으로 닦는 사항은 제시문에서 확인할 수 없는 내용이다.

44

정답 ①

'POE' 에러 메시지는 체온계가 렌즈의 정확한 위치를 감지할 수 없어 정확한 측정이 어렵다는 메시지이다. 따라서 〈ON〉 버튼을 3초간 길게 눌러 화면을 지운 다음 정확한 위치에 체온계를 넣어 다시 측정해야 한다.

오답분석

② '――' 에러 메시지가 떴을 때의 해결 방법에 해당한다.
③ 제시문에서 확인할 수 없는 내용이다.
④ '―――' 에러 메시지가 떴을 때의 해결 방법에 해당한다.
⑤ 'HI℃', 'LO℃' 에러 메시지가 떴을 때의 해결 방법에 해당한다.

45

정답 ②

제시문은 기술혁신 예측의 어려움, 즉 불확실성에 대해 설명하고 있으므로 ②가 가장 적절하다.

46

정답 ①

시스템적인 관점에서 인식하는 능력은 기술적 능력에 대한 것으로, 기술경영자의 역할이라기보다는 기술관리자의 역할에 해당하는 내용이다.

47

정답 ④

하향식 기술선택은 중장기적인 목표를 설정하고, 이를 달성하기 위해 핵심고객층 등에 제공하는 제품 및 서비스를 결정한다.

48

정답 ②

무어(Moore)의 법칙은 반도체의 성능은 24개월마다 2배씩 증가한다는 법칙으로 고든 무어가 주장하였다.

오답분석

① 카오(Kao)의 법칙 : 창조성은 네트워크에 접속되어 있는 다양성에 지수함수로 비례한다는 법칙이다.
③ 황(Hwang)의 법칙 : 반도체 메모리 용량은 1년마다 두 배로 증가한다는 법칙이다.
④ 메트칼프(Metcalfe)의 법칙 : 네트워크의 가치는 사용자 수의 제곱에 비례한다는 법칙이다.
⑤ 던바(Dunbar)의 법칙 : SNS 계정이 확대되어도 인맥은 150명까지만 된다는 법칙이다.

49

정답 ①

컴퓨터 연결, 원하는 시간만큼 학습 가능, 멀티미디어 이용 등의 특징을 볼 때, 제시문은 E-Learning(전자 매체를 통한 학습 시스템)을 활용한 기술교육을 설명한 글이다.

오답분석

④ OJT : 조직 안에서 피교육자인 종업원이 직무에 종사하면서 받게 되는 교육 훈련방법이다. 직장 상사나 선배가 지도・조언을 해주는 형태로 훈련이 이루어지기 때문에, 교육자와 피교육자 사이에 친밀감을 조성하며, 시간의 낭비가 적고, 조직의 필요에 합치되는 교육훈련을 할 수 있다는 장점이 있다. 그러나 지도자의 높은 자질이 요구되며, 교육훈련 내용의 체계화가 어렵다는 등의 단점도 있다.

50

정답 ③

추운 지역의 LPG는 따뜻한 지역보다 프로판 비율이 높다.

한국전력공사 고졸채용 직무능력검사 답안카드

성명	
지원 분야	
문제지 형별기재란	( )형 Ⓐ Ⓑ

수험번호

⓪	⓪	⓪	⓪	⓪	⓪	⓪
①	①	①	①	①	①	①
②	②	②	②	②	②	②
③	③	③	③	③	③	③
④	④	④	④	④	④	④
⑤	⑤	⑤	⑤	⑤	⑤	⑤
⑥	⑥	⑥	⑥	⑥	⑥	⑥
⑦	⑦	⑦	⑦	⑦	⑦	⑦
⑧	⑧	⑧	⑧	⑧	⑧	⑧
⑨	⑨	⑨	⑨	⑨	⑨	⑨

감독위원 확인

(인)

번호	답란	번호	답란	번호	답란
1	① ② ③ ④ ⑤	21	① ② ③ ④ ⑤	41	① ② ③ ④ ⑤
2	① ② ③ ④ ⑤	22	① ② ③ ④ ⑤	42	① ② ③ ④ ⑤
3	① ② ③ ④ ⑤	23	① ② ③ ④ ⑤	43	① ② ③ ④ ⑤
4	① ② ③ ④ ⑤	24	① ② ③ ④ ⑤	44	① ② ③ ④ ⑤
5	① ② ③ ④ ⑤	25	① ② ③ ④ ⑤	45	① ② ③ ④ ⑤
6	① ② ③ ④ ⑤	26	① ② ③ ④ ⑤	46	① ② ③ ④ ⑤
7	① ② ③ ④ ⑤	27	① ② ③ ④ ⑤	47	① ② ③ ④ ⑤
8	① ② ③ ④ ⑤	28	① ② ③ ④ ⑤	48	① ② ③ ④ ⑤
9	① ② ③ ④ ⑤	29	① ② ③ ④ ⑤	49	① ② ③ ④ ⑤
10	① ② ③ ④ ⑤	30	① ② ③ ④ ⑤	50	① ② ③ ④ ⑤
11	① ② ③ ④ ⑤	31	① ② ③ ④ ⑤		
12	① ② ③ ④ ⑤	32	① ② ③ ④ ⑤		
13	① ② ③ ④ ⑤	33	① ② ③ ④ ⑤		
14	① ② ③ ④ ⑤	34	① ② ③ ④ ⑤		
15	① ② ③ ④ ⑤	35	① ② ③ ④ ⑤		
16	① ② ③ ④ ⑤	36	① ② ③ ④ ⑤		
17	① ② ③ ④ ⑤	37	① ② ③ ④ ⑤		
18	① ② ③ ④ ⑤	38	① ② ③ ④ ⑤		
19	① ② ③ ④ ⑤	39	① ② ③ ④ ⑤		
20	① ② ③ ④ ⑤	40	① ② ③ ④ ⑤		

※ 본 답안지는 마킹연습용 모의 답안지입니다.

한국전력공사 고졸채용 직무능력검사 답안카드

번호	①	②	③	④	⑤	번호	①	②	③	④	⑤	번호	①	②	③	④	⑤
1	①	②	③	④	⑤	21	①	②	③	④	⑤	41	①	②	③	④	⑤
2	①	②	③	④	⑤	22	①	②	③	④	⑤	42	①	②	③	④	⑤
3	①	②	③	④	⑤	23	①	②	③	④	⑤	43	①	②	③	④	⑤
4	①	②	③	④	⑤	24	①	②	③	④	⑤	44	①	②	③	④	⑤
5	①	②	③	④	⑤	25	①	②	③	④	⑤	45	①	②	③	④	⑤
6	①	②	③	④	⑤	26	①	②	③	④	⑤	46	①	②	③	④	⑤
7	①	②	③	④	⑤	27	①	②	③	④	⑤	47	①	②	③	④	⑤
8	①	②	③	④	⑤	28	①	②	③	④	⑤	48	①	②	③	④	⑤
9	①	②	③	④	⑤	29	①	②	③	④	⑤	49	①	②	③	④	⑤
10	①	②	③	④	⑤	30	①	②	③	④	⑤	50	①	②	③	④	⑤
11	①	②	③	④	⑤	31	①	②	③	④	⑤						
12	①	②	③	④	⑤	32	①	②	③	④	⑤						
13	①	②	③	④	⑤	33	①	②	③	④	⑤						
14	①	②	③	④	⑤	34	①	②	③	④	⑤						
15	①	②	③	④	⑤	35	①	②	③	④	⑤						
16	①	②	③	④	⑤	36	①	②	③	④	⑤						
17	①	②	③	④	⑤	37	①	②	③	④	⑤						
18	①	②	③	④	⑤	38	①	②	③	④	⑤						
19	①	②	③	④	⑤	39	①	②	③	④	⑤						
20	①	②	③	④	⑤	40	①	②	③	④	⑤						

※ 본 답안지는 마킹연습용 모의 답안지입니다.

성 명

지원 분야

문제지 형별기재란
( )형 Ⓐ Ⓑ

수 험 번 호

⓪	①	②	③	④	⑤	⑥	⑦	⑧	⑨
⓪	①	②	③	④	⑤	⑥	⑦	⑧	⑨
⓪	①	②	③	④	⑤	⑥	⑦	⑧	⑨
⓪	①	②	③	④	⑤	⑥	⑦	⑧	⑨
⓪	①	②	③	④	⑤	⑥	⑦	⑧	⑨
⓪	①	②	③	④	⑤	⑥	⑦	⑧	⑨
⓪	①	②	③	④	⑤	⑥	⑦	⑧	⑨

감독위원 확인
(인)

한국전력공사 고졸채용 직무능력검사 답안카드

성 명

지원 분야

문제지 형별기재란

( )형 Ⓐ Ⓑ

수험번호

⓪	⓪	⓪	⓪	⓪	⓪	⓪	
①	①	①	①	①	①	①	
②	②	②	②	②	②	②	
③	③	③	③	③	③	③	
④	④	④	④	④	④	④	
⑤	⑤	⑤	⑤	⑤	⑤	⑤	
⑥	⑥	⑥	⑥	⑥	⑥	⑥	
⑦	⑦	⑦	⑦	⑦	⑦	⑦	
⑧	⑧	⑧	⑧	⑧	⑧	⑧	
⑨	⑨	⑨	⑨	⑨	⑨	⑨	

감독위원 확인

(인)

1	① ② ③ ④ ⑤	21	① ② ③ ④ ⑤	41	① ② ③ ④ ⑤
2	① ② ③ ④ ⑤	22	① ② ③ ④ ⑤	42	① ② ③ ④ ⑤
3	① ② ③ ④ ⑤	23	① ② ③ ④ ⑤	43	① ② ③ ④ ⑤
4	① ② ③ ④ ⑤	24	① ② ③ ④ ⑤	44	① ② ③ ④ ⑤
5	① ② ③ ④ ⑤	25	① ② ③ ④ ⑤	45	① ② ③ ④ ⑤
6	① ② ③ ④ ⑤	26	① ② ③ ④ ⑤	46	① ② ③ ④ ⑤
7	① ② ③ ④ ⑤	27	① ② ③ ④ ⑤	47	① ② ③ ④ ⑤
8	① ② ③ ④ ⑤	28	① ② ③ ④ ⑤	48	① ② ③ ④ ⑤
9	① ② ③ ④ ⑤	29	① ② ③ ④ ⑤	49	① ② ③ ④ ⑤
10	① ② ③ ④ ⑤	30	① ② ③ ④ ⑤	50	① ② ③ ④ ⑤
11	① ② ③ ④ ⑤	31	① ② ③ ④ ⑤		
12	① ② ③ ④ ⑤	32	① ② ③ ④ ⑤		
13	① ② ③ ④ ⑤	33	① ② ③ ④ ⑤		
14	① ② ③ ④ ⑤	34	① ② ③ ④ ⑤		
15	① ② ③ ④ ⑤	35	① ② ③ ④ ⑤		
16	① ② ③ ④ ⑤	36	① ② ③ ④ ⑤		
17	① ② ③ ④ ⑤	37	① ② ③ ④ ⑤		
18	① ② ③ ④ ⑤	38	① ② ③ ④ ⑤		
19	① ② ③ ④ ⑤	39	① ② ③ ④ ⑤		
20	① ② ③ ④ ⑤	40	① ② ③ ④ ⑤		

※ 본 답안지는 마킹연습용 모의 답안지입니다.

한국전력공사 고졸채용 직무능력검사 답안카드

성 명		
지원 분야		

문제지 형별기재란	Ⓐ	
( )형	Ⓑ	

수 험 번 호

⓪	①	②	③	④	⑤	⑥	⑦	⑧	⑨
⓪	①	②	③	④	⑤	⑥	⑦	⑧	⑨
⓪	①	②	③	④	⑤	⑥	⑦	⑧	⑨
⓪	①	②	③	④	⑤	⑥	⑦	⑧	⑨
⓪	①	②	③	④	⑤	⑥	⑦	⑧	⑨
⓪	①	②	③	④	⑤	⑥	⑦	⑧	⑨
⓪	①	②	③	④	⑤	⑥	⑦	⑧	⑨

감독위원 확인	인

번호	1	2	3	4	5		번호	1	2	3	4	5		번호	1	2	3	4	5
1	①	②	③	④	⑤		21	①	②	③	④	⑤		41	①	②	③	④	⑤
2	①	②	③	④	⑤		22	①	②	③	④	⑤		42	①	②	③	④	⑤
3	①	②	③	④	⑤		23	①	②	③	④	⑤		43	①	②	③	④	⑤
4	①	②	③	④	⑤		24	①	②	③	④	⑤		44	①	②	③	④	⑤
5	①	②	③	④	⑤		25	①	②	③	④	⑤		45	①	②	③	④	⑤
6	①	②	③	④	⑤		26	①	②	③	④	⑤		46	①	②	③	④	⑤
7	①	②	③	④	⑤		27	①	②	③	④	⑤		47	①	②	③	④	⑤
8	①	②	③	④	⑤		28	①	②	③	④	⑤		48	①	②	③	④	⑤
9	①	②	③	④	⑤		29	①	②	③	④	⑤		49	①	②	③	④	⑤
10	①	②	③	④	⑤		30	①	②	③	④	⑤		50	①	②	③	④	⑤
11	①	②	③	④	⑤		31	①	②	③	④	⑤							
12	①	②	③	④	⑤		32	①	②	③	④	⑤							
13	①	②	③	④	⑤		33	①	②	③	④	⑤							
14	①	②	③	④	⑤		34	①	②	③	④	⑤							
15	①	②	③	④	⑤		35	①	②	③	④	⑤							
16	①	②	③	④	⑤		36	①	②	③	④	⑤							
17	①	②	③	④	⑤		37	①	②	③	④	⑤							
18	①	②	③	④	⑤		38	①	②	③	④	⑤							
19	①	②	③	④	⑤		39	①	②	③	④	⑤							
20	①	②	③	④	⑤		40	①	②	③	④	⑤							

※ 본 답안지는 마킹연습용 모의 답안지입니다.

2025 최신판 시대에듀 사이다 모의고사 한국전력공사(한전) 고졸채용 NCS

개정4판1쇄 발행	2025년 04월 15일 (인쇄 2025년 03월 21일)
초 판 발 행	2021년 08월 10일 (인쇄 2021년 07월 08일)
발 행 인	박영일
책 임 편 집	이해욱
편 저	SDC(Sidae Data Center)
편 집 진 행	김재희 · 황성연
표지디자인	박종우
편집디자인	양혜련 · 임창규
발 행 처	(주)시대고시기획
출 판 등 록	제10-1521호
주 소	서울시 마포구 큰우물로 75 [도화동 538 성지 B/D] 9F
전 화	1600-3600
팩 스	02-701-8823
홈 페 이 지	www.sdedu.co.kr
I S B N	979-11-383-9096-5 (13320)
정 가	18,000원

※ 이 책은 저작권법의 보호를 받는 저작물이므로 동영상 제작 및 무단전재와 배포를 금합니다.
※ 잘못된 책은 구입하신 서점에서 바꾸어 드립니다.

싸이다

사일 동안
이것만 풀면
다 합격!

한국전력공사
고졸채용 NCS